拍卖理论与算法

在生产优化调度中的应用

曾程宽 唐加福 ◎ 著

中国财经出版传媒集团

经济科学出版社

Economic Science Press

图书在版编目（CIP）数据

拍卖理论与算法在生产优化调度中的应用／曾程宽，唐加福著. -- 北京：经济科学出版社，2023.6
ISBN 978 - 7 - 5218 - 4828 - 1

Ⅰ.①拍…　Ⅱ.①曾…②唐…　Ⅲ.①工业生产 - 生产调度 - 最优化算法　Ⅳ.①F406.2

中国国家版本馆 CIP 数据核字（2023）第 100970 号

责任编辑：白留杰　杨晓莹
责任校对：郑淑艳
责任印制：张佳裕

拍卖理论与算法在生产优化调度中的应用
曾程宽　唐加福　著
经济科学出版社出版、发行　新华书店经销
社址：北京市海淀区阜成路甲 28 号　邮编：100142
教材分社电话：010 - 88191309　发行部电话：010 - 88191522
网址：www. esp. com. cn
电子邮箱：bailiujie518@ 126. com
天猫网店：经济科学出版社旗舰店
网址：http://jjkxcbs. tmall. com
北京密兴印刷有限公司印装
710 × 1000　16 开　15. 75 印张　240000 字
2023 年 8 月第 1 版　2023 年 8 月第 1 次印刷
ISBN 978 - 7 - 5218 - 4828 - 1　定价：68. 00 元
（图书出现印装问题，本社负责调换。电话：010 - 88191545）
（版权所有　侵权必究　打击盗版　举报热线：010 - 88191661
QQ: 2242791300　营销中心电话：010 - 88191537
电子邮箱：dbts@ esp. com. cn）

前　言

　　拍卖，作为一种商品交易机制，应用十分广泛。在市场经济中，巨额的经济活动是通过拍卖的方式进行的。拍卖的最大特点是，价格由竞争的方式来决定，不是由卖方说了算，也不是由买卖双方讨价还价来确定。竞争决定价格的优越性源于非对称信息。卖方不完全知道潜在买方愿意出的真实价格，这种信息通常只有买方自己知道。每一潜在买方也不知道其他买方可能的意愿出价。拍卖的竞价过程可以帮助卖方收集这些信息，从而把物品卖给愿意支付最高价的买方。这不仅达到资源有效配置，也为卖方取得最高收益。

　　在现实生产领域中，许多典型的调度问题涉及资源配置优化。本书成功地将拍卖机制和理论与智能优化算法相结合，用于求解作业车间调度、批处理调度和单元生产调度问题。我们撰写此书，一方面旨在进一步总结我国生产领域的典型科学问题，为我国管理学界特别是工业工程与管理领域的青年学者和研究生进一步了解和深入研究生产领域优化调度问题提供理论文献；另一方面期望能够将拍卖机制与理论介绍给我国的生产企业，特别是离散加工业和钢铁流程工业企业，为其生产管理提供决策支持。

　　感谢国家自然科学基金委管理学部对面上项目（72272029，72071036），重点项目（71831003）和重大项目（72293563）研究的支持。感谢作者所在课题组老师们多年来的辛勤工作和奉献精神；感谢日本东京都市大学的郭伟宏教授；感谢大连理工大学的于洋教授。

　　由于笔者水平有限，书中难免存在不足，恳请读者批评指正。

曾程宽

2023 年 5 月

目
录
Contents

>   >   >   >   > ·   >

第1章 引　言

1.1　制造业的发展与现状

制造业在国民经济增长中占有重要的地位，在 GDP 中占有相当的比例。伴随着社会需求层次的多样化和经济的全球化，现代制造业面临的生产规模大、复杂性高、管理水平较低、工艺水平低下、能耗较高和市场环境复杂多变等问题日益突出，制约了制造业的快速发展（何伟，2012）。为了应对上述问题，迎接竞争与挑战，企业必须通过合理分配和高效利用资源来提高经济效益、降低生产成本，才能使之立于长久不衰之地。生产调度是企业优化资源配置的主要手段之一，而车间调度作为生产调度的重要组成部分，在生产过程中是连接计划和生产的关键活动，对整个制造过程能否顺利进行起着重要的作用（张静，2014）。

20 世纪是大量生产、大量消费的时代，21 世纪则是少量生产、多样化消费的时代。传统的流水线生产方式优势在于大规模投入、大规模产出，但这却难以满足小批量多样化的市场需求。如今，随着社会的进步、经济的发展，客户需求由原来的大批量少品种逐步转变成小批量多品种，客户需求个性化越来越突出。越来越多的产品种类、越来越高的个性化要求、越来越短的产品周期和交货期、越来越大的价格和成本压力，使得传统流水组装线的生产方式难以适应这种买方市场的出现。规模生产带来的时间、空间、资金和资源等方面的巨大压力，更制约着企业制造水平的提高。因此许多跨国企业通过各种方式来提高生产效率，其中通过生产方式的变革来提高生产效率的方法被广泛地予以采纳（门田安弘等，2001）。

目前我国绝大多数制造企业采用大批量生产粗放经营方式，过分关注生产产量，忽略了多品种小批量的市场需求，且忽视了传统大批量生产方式下存在的库存、人力、物料、时间、空间和搬运等巨大浪费，对当今买方市场缺乏适应力和竞争力。我国制造企业的生产管理模式，是在 20 世纪 50 年代学习苏联的基础上发展起来的，与单一品种大批量生产方式是相适应的。归纳起来，我国制造企业的生产管理模式是"以产品为中心"组织生产，"以生产调度为中心"控制整个生产，与单一品种大批量生产方式相适应的生产管理模式。这种生产管理模式存在着诸多弊端。首先，以产品为单位编制生产计划的做法导致产品调整或新产品导入都对整个计划影响较大。再加上企业生产信息反馈较慢，无法实现动态调查，生产严重滞后，导致生产系统对市场需求的反应能力偏低。且由于厂级计划是以产品为单位编制的，对各车间以零件为单位的生产作业计划不能起到控制作用，导致企业生产计划与作业计划相脱节、计划控制力弱，给产品的质量管理、成本管理以及生产效率和市场反应能力的提升等方面都带来极其不利的影响。为此，通过进行生产革新和改造生产方式来建立因需而变的满足个性化需求的弹性生产系统，使国内制造企业迎接多品种、小批量、多批次、短交货期需求形态的挑战，提升核心竞争力，向集约化经营迈进，保持与世界先进制造水平同步的重要途径，是企业生存和发展的根本所在（王晓晴，2009）。

因此，在新形势下，企业急需向以客户为导向、以核心能力为依托、以协作为基础、以敏捷制造战略为指导的生产经营模式转变。面向全球经济、全球制造，在更大范围内优化利用企业外部的各种资源。以动态灵活、先进的柔性生产技术进行全面集成，使企业能对持续变化、不可预测的市场需求作出快速反应（王晓晴，2009）。

1.2 离散加工业的现状与典型问题

1.2.1 离散加工业的概念与现实意义

离散制造型企业生产过程是由不同零部件加工子过程或并联或串联组成

的复杂过程，过程中包含着更多的变化和不确定因素。从这个意义上来说，离散制造型企业的过程控制更为复杂和多变。并且在离散制造中产品的生产过程通常被分解成很多加工任务来完成，每项任务仅占用企业的一小部分能力和资源。企业一般将功能类似的设备按照空间和行政管理形式建成一些生产组织（部门、工段或小组）。在每个生产组织中，工件从一个工作中心到另外一个工作中心进行不同类型的工序加工。众所周知，在传统机械制造为代表的离散制造中，从机械加工设备运转的角度出发，加工制造所需总时间中加工设备平均有效时间仅占25%，但是无效时间却一般占到了75%；而如果站在从零部件流动的角度来看，大约95%以上的时间，零件是处于等待、储存、检验、搬运等价值非增值活动环节当中（林仁，2010）。由此可见，传统机械制造企业在制造过程中表现出效率低下的现象，说明流程优化与改善存在着较大的空间。显然，生产效率低下是多方面综合影响的结果，而非一个或少数几个影响因素，但调度优化问题处理得不够完善无疑是导致效率低下最为主要的原因。目前学者们通过大量的研究与实践发现，我国制造企业的很多车间调度工作仍然依赖于人工经验，科技落后现状堪忧，这种现实状况严重影响我国制造业生产效率，成为阻碍我国制造业提升生产效率甚至整个产业升级转型的重大瓶颈。其最主要的原因如下：第一，车间调度优化问题所涉及因素众多，而且相关过程极其复杂，是一类典型的 NP 难组合优化问题，而单纯凭经验给出的调度指导方案难以达到最优或比较满意的调度预期和效果，同时还造成了资源的严重浪费；第二，加工制造车间往往面临着来自不同客户的众多产品订单，而当多种产品同时需要生产时，同一资源又难以满足多种产品的生产需求，必然导致资源的占用冲突，此时，单纯凭经验给出的调度方案往往显得无能为力；第三，大量的不确定性因素在生产制造过程中的频繁出现给车间作业调度增加了难度，不确定性因素主要包括产品需求量波动、客户订单被撤销、产品交货期限变更、机器设备突发故障等，这些不确定性扰动因素使得调度工作成为异常繁杂的日常性工作，如果缺乏娴熟的调度技术的支持，生产资源的配置就难以及时准确地对随时出现的各类扰动作出响应；第四，很多大型企业即使具备先进制造设备而且已经广泛采用信息化的辅助管理工具，然而不幸的是，车间级的调度管理功能往往是这些功能软件所不具备的。由此可见，目前调度优化技术的缺失成为影响传统机械制造业制造效率提升的主要现实原因。同时，生产计划与调度又是现代企业精细化管理技术的重要组成部分，在整个制造管理系统中的地位更是不可或缺。对于一个企业来说，生产调度问题不仅是生产制造和企业管理过程中的核心问题之一，也是全面提升企业经济效益的重要途径，它对于节约生产制造成本，提升生产管理水平，提高服务意识与质量，增强企业核心竞争力，快速取得投资回报和切实实现更高的经济效益是非常重要的。

1.2.2　离散加工业中的典型优化问题

车间生产调度是制造系统的基础，生产调度的优化是先进制造技术和现代管理技术要解决的核心问题。生产调度是指针对一项可分解的工作（如产品制造），在尽可能满足工艺路线、资源情况、交货期等约束条件的前提下，通过下达生产指令，安排其组成部分（操作）所使用的资源、加工时间及加工的先后顺序，以获得产品制造时间或成本的最优化（张超勇，2006）。科学地制定生产调度方案，对于缩短产品生产周期，控制车间的在制品库存，提高产品交货期满足率和提高企业生产率起着至关重要的作用。近年来，世界各国对现代制造系统的模式展开了广泛而深入的研究，国际生产学会（CIRP）曾总结了多达34种的先进制造模式，无论哪一种制造模式都是以优化的生产调度为基础的（朱剑英，2000）。有关资料表明，制造过程中95%的时间消耗在非切削过程中（何霆等，2000），因此制造过程中的调度技术在很大程度上影响制造的成本和效益。有效的车间调度方法与优化技术的研究，对于实现先进制造企业的现代化理论具有重要的理论价值和实际意义（张国辉，2009）。

传统的生产车间大体分为两类：作业车间和流水车间，其代表问题分别为 Job Shop 和 Flow Shop。20 世纪 50 年代，约翰逊（Johnson）提出了解决 $n/2/f/C_{max}$ 和部分特殊的 $n/3/f/C_{max}$ 问题的优化算法（马正元等，2005），开始了对 Job Shop 调度问题理论的研究。最早的 Job Shop 调度问题研究的是在工序的加工工艺路线确定，并且每道工序的加工设备也确定情况下，以总完工时间（make-span）最小为目标函数，确定每个工序的开始时间。随着研究的深入与发展，Job Shop 调度问题理论的研究从简单的模型转向更加复杂的实际生产系统，从传统的模型转向更加柔性化的调度问题，考虑的目标函数也从单一目标转向多目标。在发展的过程中，国内外的研究学者对 Job Shop 调度问题进行了一系列的研究（唐铭春，2010）。

单元生产方式（cellular manufacturing，CM）又被称作单元制造，是当代最有效的生产方式之一，为美国、欧洲和日本企业所广泛采用。单元生产方式作为成组技术的应用，是在生产单元中根据设备功能的相似性对其进行分组从而对零件族进行生产加工的一种先进生产方式（Burbidge，1971）。单元生产方式提高了生产制造的柔性，能够快速响应多品种、小批量的市场需求，同时基于单元生产方式的设备布局是实现精益生产的重要硬件支撑。实践证明，单元生产系统具有在制品库存少、成品库存少、生产物流量小、订单响应时间短、运输时间短、设备调整时间短以及生产费用低等优点（Wemmerlov et al.，1997）。同时，单元生产方式是一种比较容易实现的精益生产方式，能以尽可能小的成本来制造出多样的满足客户要求的产品，能迅速适应市场订单品种和数量高低起伏的变化，适合多品种小批量短交期的市场需求。实践证明，单元生产方式不仅能提升生产效率，而且能提高生产线对变更的适应性。更为重要的是，单元生产方式不但有经济效益，也有社会效益和环境效益。能够使员工的自主性增强，工作更富于挑战性、责任感和成就感，减少了重复的单调，增强了工作乐趣，因此单元生产方式具备一定的社会改良功能。单元生产减少了库存、搬运浪费，降低了物耗和能耗，也产生了一定的环境效益。所以单元生产在某些发达国家被誉为环保和经济双赢的生产方式（崔继辉，2005）。

在现阶段，由于市场上激烈的竞争，使得无论以传统车间模式还是单元模式生产的企业都不得不从多方面去考虑如何节约生产成本。提高设备（生产资源）的使用率，减少设备占地空间、产品的库存，以及应用合理的机制，使得调度方案更加有效地节约企业的生产成本，提高生产效率。

1.3　钢铁流程工业的现状与典型问题

1.3.1　钢铁流程工业的概念与现实意义

钢铁工业作为国民经济的基础原材料产业，被称为工业的"骨骼"，也是重要的支柱产业，其产品是机械制造业、建筑业、运输业等行业的基础原料。20 世纪 70 年代，美国率先提出计算机集成制造系统（computer integrated manufacturing system，CIMS）的概念，在生产、经营各个范围内，广泛采用集成（即早期一体化的概念），将企业工厂的各种计算机应用系统集成起来，实现企业经营、技术，即人、机制的集成。到 20 世纪 80 年代，日本和欧美一些大型钢铁企业开始致力于一体化生产管理的研究，并取得巨大进步。我国的相关研究起步较晚，20 世纪 90 年代，我国在"以连铸为中心"的生产技术方针的指导下，生产技术发展经历了"以连铸为中心、炼钢为基础、设备为保证"阶段，"以炼钢炉—炉外处理—连铸机三位一体组合优化"阶段，和"以发展高效、高速连铸技术和近终形连铸技术为重点，进一步大跨度协调优化"三个阶段，逐步优化了工艺流程结构和产品结构，开始有了以流程整体优化为目的的一体化研究雏形。同时，"紧凑型"钢厂的发展使得制造流程的过程时间越来越短，进一步强调了制造过程中时间因素调控的重要性。进入 21 世纪以来，国内一体化发展迅猛，理论研究已经取得一定的成果，但在实践方法和工程应用上仍然有很多工作要做。2004 年，殷瑞钰院士在已有的基础科学、技术科学基础之上，提出了冶金流程工程学概念，从微观研究扩展到宏观研究，从冶金生产流程的整体去考虑。随着冶金流程工程学理论的推广与进一步发展，钢铁生产流程运行本质规律的研究得到重视，如制造流程的工序功能解析、耗散理论的引入等（吴双平，2021）。在此基础上，近 10 年我国的钢铁行业飞速发展。总部设在英国的钢铁工业与市场分析公司发布的全球钢铁产量和不锈钢产量报告指出，2013 年，我国粗钢产量为 7.79 亿吨，居世界首位，占全球粗钢产量的 48.5%，不锈钢产量约 1800 万吨，占全球总产量的 48.3%，已经成为世界上最大的粗钢和不锈钢生产国家。与其他制造业一样，产品质量是钢铁企业生产水平和能力的重要指标。虽然我国钢铁产量已经超越其他国家，但是，由于我国钢铁产业起步较晚，钢铁生产技术较欧美、韩国和日本等传统钢铁生产大国相比还有一定差距，钢铁产品的质量有待提高。作为产业链的重要环节，钢铁产业上游连接煤炭、铁矿石等重要资源，下游连接机械、交通运输设备、建筑、房地产等重要行业，在我国实现工业化和国民经济发展中具有重要地位（何伟，2012）。钢铁制造业的加工对象是高温液体或高温固体，时间和温度条件以及整个生产过程的工序衔接非常重要。钢铁生产流程非常复杂，既是一个连续和离散混合的生产过程，主要包括炼钢、连铸、轧制、热处理、精整多个环节，也包括许多物理、化学变化。在生产过程中，既要保证生产工艺的要求，同时又要节约能源，这就要求各环节的生产管理与调度不仅要考虑各环节本身，更要考虑与上下游各环节的集成与衔接。

轧辊是钢铁企业轧钢机上的重要零件，通过利用一对或一组轧辊滚动时产生的压力来轧碾钢材。轧辊制造业作为钢铁生产的配套产业是钢铁行业的一个重要分支。经过几十年的发展，中国轧辊制造业不断壮大，产量由 1999 年的 98000 吨增加到 2003 年的 154000 吨，在制造技术上也有长足进步，为中国钢铁工业的腾飞作出巨大的贡献。但随着行业的飞速发展，一些问题也相应而生。基本现状是，一方面由于钢铁行业的迅速发展，轧钢轧辊的生产供不应求；另一方面国内轧辊生产企业管理方法普遍落后，信息化程度很低，轧辊生产计划基本靠人工根据经验编排，生产现场存在大量不规范的低效操作，以至于在生产效率、成本和质量方面远远落后于国外先进企业，企业面临着严重的客户流失和销售损失的问题，在市场竞争中处于不利的位置。据调查，国外轧辊制造厂劳动生产率普遍在 100 万元/人·年以上，有的甚至达到了 150 万元/人·年；而我国轧辊生产厂劳动生产率最高为 20 万元/人·年，大部分在 10 万元/人·年 ~ 20 万元/人·年，与国外先进企业差距巨大。另外，在能耗指标方面也远远落后于国外先进企业，还有很大的改进空间（马天牧，2013；薛灵虎，2002）。

轧辊生产的热处理过程具有并行批量生产的典型特征，即其生产设备可以同时加工若干个工件。这一特征要求将待生产的产品按照对应生产设备的容量大小组成批次进行生产以提高生产效率，这一问题就是热处理计划中的组批问题，也被称作批处理问题。此问题存在于某些生产设备可以同时对多个工件进行加工的行业中，例如，钢铁生产和陶瓷制品生产中的热处理环节，加热炉可以同时对多个板坯进行处理；集成电路生产的多个环节也都存在这种情况。因此，在此问题理论方法上的创新成果，对半导体工业和钢铁、陶瓷生产中类似问题的解决具有普遍的指导意义和推广应用价值（薛灵虎，2002）。

1.3.2 钢铁流程工业中的典型优化问题

钢铁生产是一个高温、高能耗、物流量巨大的加工过程，整个生产流程工艺复杂，工序很多，各工序的工艺约束和生产调度目标也不尽相同。钢铁企业的生产调度是一个极为复杂的工业生产调度问题，涉及多方面的问题工件聚类与加工优先级约束、机器设置和移除时间以及工件等待的高费用等。高效实用的钢铁生产调度必须建立在对钢铁生产流程充分了解的基础之上。

钢铁生产流程如图 1-1 所示，主要包括以下几个生产环节：炼钢、连铸、加热炉保温、轧制（热轧、冷轧）、热处理和精整。炼钢的主要任务就是按照所炼钢种的质量要求将炼钢原料生铁、废钢熔化，通过氧化作用及加入铁合金将其中的碳、锰、硫、磷及其他元素含量调整到规定的范围，并达到一定的出钢温度准备浇铸。高炉铁水运到炼钢炉后，和废钢一起倾倒入炼钢炉中。然后通过加热将炼钢炉中的铁水和废钢加工成均匀的液态钢水，去除其中的杂质和其中所含的碳使其达到希望的比例。钢铁生产一般用两类炼钢炉：转炉和电弧炉，其中转炉更为常见。精炼后的钢水运往连铸机进行加工，钢水经由连铸机浇铸成为具有一定钢级和规格的钢坯，每次钢水在连铸机上浇铸出来的板坯一般为 10～20 块（Potts et al.，2000）。轧制将板坯加工

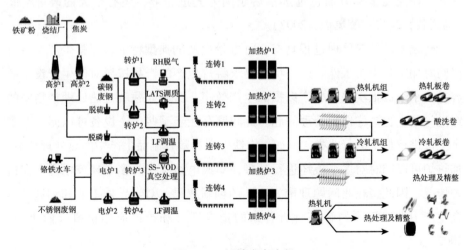

图 1-1 钢铁生产流程

成为形状和规格符合主炼钢生产要求的成品，一般为钢卷。在进行轧制加工之前，绝大多数板坯需要在加热炉中加热到轧机组要求的温度。轧制工序一般包括粗轧和精轧机组。热处理工艺一般包括加热、保温、冷却三个过程，有时只有加热和冷却两个过程。热处理一般不改变板坯的形状和整体的化学成分，而是通过改变板坯内部的显微组织，或改变板坯表面的化学成分，赋予或改善板坯的使用性能。钢铁生产的精整加工包括多种用于进一步加工主炼钢生产的半成品，目的是进一步达到用户的要求（尺寸、表面精度、机械性能、涂镀要求）（宁树实，2006）。

与普通钢材相比，特种钢具有更高的强度和韧性、物理性能、化学性能、生物相容性和工艺性能，而这些性能的提升主要通过热处理工序实现（徐宗本等，1996）。根据产品的工艺流程特征，热处理包括一次或多次热处理，多次热处理之间，往往伴随着轧制和精整环节，以保证产品在尺寸、表面精度、机械性能等方面的要求（王元清等，2012）。在轧制过程中，在同一工作辊上进行轧制的板坯的集合称为一个轧制单元。轧制（批）调度是指以轧制单元为基本单位，确定每个轧制单元由哪些板坯组成，并给出轧制单元内板坯的轧制顺序（杨阳，2010），属于串行批调度。热处理（批）调度属于并行批调度，是指将具有相同加工工艺要求（温度曲线、时间等）的产品（板坯）组成一个批次（称为组批）放入同一个加热炉中进行热处理，并确定这些批次的加工顺序。如何针对轧制和精整环节动态频繁到达的板坯进行组批装炉，将直接影响热处理阶段并行批调度的效率。因此，在特种钢生产管理中，针对热处理频繁出现且存在需要多次热处理的现实，围绕轧制、热处理和精整的生产调度，需要基于协同调度的思想，建立基于节能降耗的协同批调度，对于提高生产效率、降低企业能耗和成本具有重要的现实意义，也因此引起业界和学界的广泛关注（谢其湘，2016）。

从调度的角度来看，炼钢环节需要针对给定的生产任务或订单，决策哪些板坯原料编制在同一炉次内进行冶炼，以及所有编排炉次的调度计划。连铸环节的原料是炼钢钢水，需要根据炼钢环节到来的钢水进行无等待浇铸，所以炼钢、连铸两个环节的协调配合至关重要。加热炉的控制多为针对工艺上的控制，其目的是使板坯保持温度，为下一步的轧制做好准备，可视为调度过程中板坯的缓冲区间。轧制生产调度的主要内容是轧制批量生产计划的编制，轧制生产中存在众多的生产约束，编制批量生产计划主要是确定板坯在轧制工序的分组，板坯在组内的轧制位置和组间轧制顺序。热处理生产调度主要涉及热处理批量计划编制，需要将热处理工艺曲线相同或相似的板坯组合在一起，形成一个批次，将这个批次作为一个整体进行热处理工艺的加工，同时需要将已组成的板坯批次合理地分配到每个热处理炉中进行加工，即批次指派。精整环节多为机加工操作，属于作业车间离散工序调度。从目前的研究来看，研究问题主要分为以下三类：

（1）炼钢连铸协同调度问题。此类问题通常以最小完工时间或生产成本为目标，确定哪些原料（钢水、废钢等）可以组成一炉进行冶炼，以及冶炼及铸造过程中，在依据加工路线所对应各台设备上面的起始加工时间。

（2）轧制批调度问题。此类问题属于串行批调度问题，对于确定的生产任务，需要决策的信息包括确定哪些工件需要组成一个批次，每个批次在哪台设备上面进行加工，每个批次内工件在指定设备上面的加工顺序以及不同批次之间的顺序。

（3）热处理批调度问题。此问题属于并行批调度问题，与串行批调度需要决策的信息相似，对于确定的生产任务，包括确定哪些工件需要组成一个批次，每个批次指定到哪台设备进行加工，以及同一台设备上不同批次的加工顺序。

事实上，现有多数面向钢铁生产调度的研究对象为普通钢，其主要针对炼钢、连铸和（热）轧制环节的调度进行研究（孟盈，2011），而对于热处理环节相对忽视。因此关于批调度问题的报道主要集中在对串行批的研究（杨阳，2010），对于并行批的研究则较少（孟盈，2011）。串行批与并行批在工件加工方式上具有本质的区别，对串行批的研究成果很难直接应用在并行批的计划与调度问题中。在调度目标方面，也多以追求时间成本和空间成本最小化，如最小化总完工时间 make-span（张超勇，2006）、最小化延迟惩罚（何霆等，2000）、最小化设备使用数量（张国辉，2009），鲜有从节能降耗视角研究批调度问题。另外，目前关于轧制批调度和热处理批调度的研究也存在以下局限（何霆，2000）：

（1）在轧制批调度研究方面，多数只关注于轧制环节，没有与其下游热处理环节进行协同考虑。在轧制—热处理过程中，完成轧制的板坯将直接组成批次进入热处理炉进行加工，对于需要热处理操作比较频繁的钢种，轧制环节输出的板坯将作为热处理环节动态地输入，轧制环节板坯如何动态到达将直接影响到热处理环节调度的结果。以节能降耗为目标的情境下，热处理阶段针对动态到达的板坯应如何批调度；轧制串行批阶段应采用何种调度方案，使得输出的板坯更有利于热处理阶段组批装炉以提高总体效率等都是需要重点研究的问题。目前，尚无学者从节能降耗的视角，针对轧制串行批—热处理并行批的协同调度进行研究。

（2）在热处理批调度研究方面，大多只考虑单阶段，且鲜有从节能降耗的视角，研究多阶段热处理并与其相邻生产环节（精整）的协同调度。精整环节调度属于离散工序调度，而热处理环节调度属于批调度，过渡到离散调度需要将已组成的批次进行分拆。仅有少数文献（George et al.，2005；Fu et al.，2012）考虑离散工序与批处理协同调度，而对于存在多（两）阶段热处理的生产情境，如何尽量消除两阶段并行批调度中的瓶颈工序，使得两阶段无缝衔接，是需要深入探索的问题；在中间夹杂离散（精整）工序的情况下，板坯需要进行组批、分拆、再组批的过程，如何将批调度与离散调度集成考虑是需要解决的重要问题。目前尚无学者从节能降耗的视角，针对两阶段连续并行批协同调度、热处理并行批调度—离散工序调度—热处理并行批协同调度的研究。

1.4 本章小结

基于此，本书旨在综合利用生产管理、优化理论和系统工程技术，以离散加工业的现实需求为背景，针对轧制、热处理和精整环节，通过分析离散加工业生产流程中不同环节的工艺特征，提取相对应的科学问题，并运用拍卖理论与相关算法进行求解，不仅更加贴近实际生产，也符合国家节能降耗需求。研究成果不仅丰富和发展生产管理领域的单元生产调度，多阶段协同批调度理论与方法，也为我国钢铁企业生产管理提供决策支持，同时也对具有多阶段批处理生产特征的混合型制造业生产调度具有借鉴和推广作用。

第 2 章　生产优化调度问题及拍卖理论与算法的研究综述

本章对传统车间调度和单元调度研究现状进行了系统性的综述，分析了传统车间调度和单元调度的特征及影响调度的因素，总结了针对两类问题求解的方法，为后文提出具有现实意义的生产情境以及求解算法提供了充分的理论依据。

2.1　车间调度问题概述

2.1.1　车间调度的分类

车间调度问题的分类，根据研究的侧重点不同有多种分类方式（孙志峻，2002）。

（1）资源约束种类和数量。

①单资源车间调度：只有一种资源制约着车间的生产能力。在绝大多数的相关科技文献中，单资源一般指车间生产环境中，只有机床设备的数量不能同时满足所有可加工工序立即被加工的要求。

②双资源车间调度：同时有两种资源制约着车间的生产能力。机床设备往往是制约资源之一，车间有时会缺乏有经验或一技之长的工人，也可能某种类型的刀具数量有限，因此这两种资源可以是机床设备和工人或刀具。这种情况表现形式之一，就是工人数量少于机床设备的数量。车间中也常常会发生一些辅助资源有限的情况，如一个车间只有一辆或两辆自动物料运送车，

然而需要同时传送的零件数量很可能较多，在这种情况下，自动物料运送车也会成为制约车间提高生产能力的一个重要因素。同理，奇缺的刀具、夹具以及运送零件的叉车、吊车和货盘等都可能成为第二种制约资源。

③多资源车间调度：同时有两种以上的生产所需资源制约着车间的生产能力。这些资源包括员工、机床设备、机器人、物料运送系统和辅助资源，如货盘、夹具和刀具等。

单资源车间调度是双资源车间调度的特例，双资源车间调度又是多资源车间调度的特例，所以多资源车间调度问题是最复杂的一种。

（2）零件和车间构成。

①作业车间调度（Job Shop）：在这种车间中，机床设备的布局可以是任意的。因此零件的加工路径也是任意的，并且各零件的工序内容和数量也是任意的。这是车间调度的一般形式。图 2-1 为 Job Shop 简易示例图。

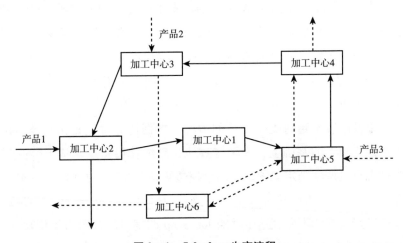

图 2-1　Job-shop 生产流程

②流水车间调度（Flow Shop）：在这种车间中，每个零件都有相同的加工路径。这样机床设备的布局如同流水线一样，零件依次从流水线的一端进入，最后从另一端流出。图 2-2 为 Flow Shop 简易示例图。

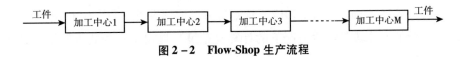

图 2-2　Flow-Shop 生产流程

（3）加工特点。

①静态车间调度：所有的零件在开始调度时刻已经准备就绪。车间的调度不考虑零件在加工过程中出现的意外情况，如机床突然损坏、零件的交货期提前、有更紧迫的零件要求被加工等。

②动态车间调度：车间的调度要求考虑零件在加工过程中出现的各种意外情况。这种调度方式要求调度能随时响应车间加工能力的变化，在有突发事件出现后，能立即根据当时的车间加工能力，对待加工的零件重新展开调度，以确保在任何时候，都能保持车间的加工性能指标处于最优或次优状态。

熊等（Xiong et al.，2006）针对批次分拆下的动态 Job Shop 问题，提出了相对工序的概念，并给出了系统性的数学描述，建立动态 Job Shop 问题的优化模型，分别提出一种组合优化和一种启发式算法对问题进行求解，通过与 7 种调度规则的比较，证明了算法的有效性。谢等（Xie et al.，2008）针对在实际生产中具有 non-close-joining 工序的动态 Job Shop 调度问题，提出了标准工序、延迟工序和扩展加工工艺树的概念，提出联合关键路径法和最优适应法针对问题进行求解。通过实验测试证明，提出的算法不仅适用于具有 non-close-joining 工序的动态 Job Shop 调度问题，同时也适用于具有 close-joining 工序的动态 Job Shop 调度问题。王等（Wang et al.，2013）针对车间内存在不定时的干扰以及顾客不定时提交订单的情况，根据博弈理论提出动态 Job Shop 模型。在建立模型的基础上，为了有效地找到纳什均衡点，基于事件驱动策略提出动态重复调度判定规则，并结合遗传算法（GA）对问题进行求解，并通过算例实验证明了算法的有效性。多米尼克等（Dominic et al.，2004）针对随着生产进行，连续不断到达工件的 Job Shop 调度问题，运用优化软件 ARENA 动态规划模型，并结合几种分配规则进行求解。通过实验证明，在 ARENA 动态规划模型下，FIFO 和 SPT 规则要优于其他规则。萨维诺等（Savino et al.，2014）针对多目标 Flow Shop 调度问题，建立 multi-agent 模型，在两种不同情境下通过系统仿真进行求解。拉赫曼等（Rahman et al.，2013）针对工件以随机时间间隔到来的 Flow Shop 问题，基于遗传算法提出动态排序规则进行求解。姚等（Yao et al.，2012）针对具有批处理设备的两阶段 Flow Shop 问题，分析了工件动态到达情况下的计算复杂度，提出了多项式求解算法，并给出了算法在最坏情境下的上界。基安法等（Kianfar et al.，2009）考虑工件动态到达下的柔性 Flow Shop 问题。对于新到达的工件，生产系统有权决定接受或是拒绝，以最小化生产延迟为目标，建立 0 - 1 混合整数规划模型，运用离散仿真系统并提出四种分配方法对目标问题进行求解。格斯特纳等（Gerst et al.，2013）针对存在批处理环节，且设备能力存在过剩情况的两阶段 Flow Shop 问题，讨论不同情况下是否使用全部设备，并提出动态调度算法，以最小化 make-span 为目标对问题进行求解。

2.1.2　车间调度的规则与性能指标以及考虑因素

（1）车间调度分配规则。实行分派规则的目的就是在一大堆可加工的工序中，依据某一规则为每一台机床设备和相应的生产资源选择工序。值得注意的是，英文术语 dispatching rule，scheduling rule，sequencing rule，heuristic 常常是同义词。实际中常用的一些分配规则如表 2 - 1 所示。

表 2 - 1　　　　　　　　　　　车间调度的规则

规则	全称	描述
SPT	Shortest Processing Time first	优先选择最短加工时间的工序
LPT	Longest Processing Time first	优先选择最长加工时间的工序
WSPT	Weighted Shortest Processing Time first	优先选择最短加工时间的工序（考虑权重）
EDD	Earliest Due Date	优先选择具有最早交货期的零件
EOPNDD	Earliest Operation Due Date	优先选择具有最早交货期的工序
FCFS	First Come First Serve	选择同一机床上零件队列中最先到达的工序
MS	Minimum Slack	优先选择具有最少迟缓时间的工序
LWR	Least Work Remaining	优先选择剩余总加工时间最短的零件的工序
MWR	Most Work Remaining	优先选择剩余总加工时间最长的零件的工序
MOR	Most Operation Remaining	优先选择剩余工序数最多的零件的工序
LOR	Least Operation Remaining	优先选择剩余工序数最少的零件的工序

（2）车间调度性能指标。车间调度的性能指标是调度人员和生产管理人员评价调度的标尺。表 2 - 2 给出了实际中常用的一些性能指标。

表2-2 车间调度性能指标

名称	目标	描述
生产周期（makespan）	最小	在零件集合中最后完工的零件时刻
平均流动时间（mean flow time）	最小	零件的平均加工时间
平均延误时间（mean tardiness）	最小	零件不能按期完工的平均时间
机床利用率（machine utilization）	最大	机床设备的使用效率
人员利用率（worker utilization）	最大	加工人员的使用效率

实际的调度问题往往是多目标的，而且这些目标往往相互冲突。这时，需要同时考虑多种性能指标，这就是所谓的多目标调度。奥卡达等（Okuda et al.，2000）针对不同种类设备需要不同工人操作的 Job Shop 调度问题，使用遗传算法，通过分别对设备和工人进行染色体编码求解。王等（Wang et al.，2010）针对存在瓶颈设备以及设备随机损坏的 Job Shop 问题，提出瓶颈容积释放率和瓶颈容积释放间隔的概念，运用遗传算法，通过模拟仿真平台对问题进行求解。布拉泽尔等（Brasel et al.，2008）针对具有 N 个工件和 M 台设备的 open shop 调度问题，以最小化工件平均流动时间为目标，讨论并建立了多种启发式算法，并通过包含50个工件、50台设备的算例对算法进行了验证。翁等（Weng et al.，2006）针对不同产品交货期不同的 Job Shop 问题，以最小化交工延迟为目标，提出具有优先规则的动态调度算法，并通过仿真验证了算法的有效性。托帕卢等（Topaloglu et al.，2009）针对工件对同一设备存在重复访问的 Job Shop 问题，以最小化 *make-span* 为目标，将问题分成几个子问题，基于瓶颈工序提出 SBH 算法。通过算例验证，SBH 算法能在可接受的计算时间内得到比较理想的解。塔瓦库利·默罕默德等（Tavakkoli-Moghaddam et al.，2005）针对以最小化 make-span 为目标的 Job Shop 问题，运用仿真优化平台进行求解。

（3）车间调度中所考虑到的因素。关于原始的（经典）生产车间调度和流水车间调度，上一节已作出相应的描述。随着生产的发展，主观上的需求以及客观上的需要，越来越多的因素出现在生产调度问题中，常见的几种因素如表2-3所示。

表 2-3　　　　　　　　　　　　调度问题中的重要因素

因素名称	论文中关键字体现	含义或体现形式
交货期	due date	工件完成的最后期限
生产准备时间	setup time	每个工件在设备上开始加工前的准备时间
机器故障维修	machine break or maintenance	加工过程中设备需要维修或出现故障
设备之间的运输	transportation	工件在不同设备之间转移
设备缓冲空间	buffer/storage	设备上存放待加工或完成工件的空间
工件加工时间	processing time	加工工件每道工序需要的时间
工件到达时间	arrival time	生产中每个工件的到达时间
是否存在并行机	flexible or hybrid machine	同种类的设备是否只有一台

阿迪比等（Adibi et al., 2010）针对 Job Shop 调度问题中的工件随机到达以及设备在一定概率下发生损坏的情况，提出事件驱动二次调度机制，建立含有多种邻域的动态搜索算法进行求解，以最小化完工时间 *make-span* 和生产延迟为目标对算法进行评价。桑热（Singer, 2000）针对由于人工原因使得工件加工时间不确定的 Job Shop 问题，以最小化生产延迟为目标，提出基于工件期望加工时间的启发式算法进行求解。沙玛等（Sharma et al., 2014）针对工件随机到达且考虑生产加工前设备准备时间的 Job Shop 调度问题，提出九种调度规则，分别从最小化 *make-span*、最小化平均流动时间、最小化平均生产延迟和最小化延迟工件数量几个角度对规则进行评估。王（Wang, 2010）针对工件在不同设备之间转移需要使用自动导引小车运输的 Job Shop 问题，提出基于定向搜索的元启发式算法，通过与其他分派规则进行比较验证了算法的有效性。邢等（Xing et al., 2009）针对存在并行机的多目标 Job Shop 问题，使用 MATLAB 软件建立模型进行仿真，通过 5 组实际的数据验证了模型的有效性。李等（Li et al., 2010）针对设备缓冲空间有限，工件存在柔性加工路径的多目标 Job Shop 问题，建立混合整数规划模型，并提出基于邻域搜索的遗传算法进行求解。

2.1.3　车间调度问题的研究现状与求解方法

在对车间调度问题进行的研究中，有许多方法在各种各样有关决策研究的期刊中被报道，它们在不同程度上都获得了成功。这些方法无一例外地吸收了近35年来的一系列先进技术。这些技术包括数学规划（mathematical programming）、专家系统（expert systems）、神经网络（neural networks）、遗传算法（genetic algorithms）和模糊逻辑（fuzzy logic）。

2.1.3.1　数学规划方法

数学规划法在车间调度中被广泛采用。调度问题可以用整数规划法、混合整数规划法和动态规划法来描述。由于调度问题属于NP问题，计算的复杂性使得这些方法的运用一直受到限制。直到最近，随着新的解决技术、更强有力的启发式规则和现代计算机所提供的计算能力，才使得这些方法又焕发了青春活力。为了克服这些方法本身的不足，一些学者开始把调度问题分解成许多子问题，相应地提出了分解技术。然而，公式中的不等式，如物流约束等困难依然制约着这些方法的使用（Kim et al.，1996）。在解决整数规划问题的技术中，应用最多的两个技术是分支定界法（branch and bound）和拉格朗日松弛法（Lagrangian relaxation）。分支定界法是一种枚举技术，尽管有效的定界和剪枝过程可以提高搜索速度，但对于较大的调度问题，它要花费较多的时间。分支定界法的主要问题是整数约束。为了克服这个问题，产生了拉格朗日松弛法，它删除了整数约束而加入了相应的代价，但是与分支定界法相比，拉格朗日松弛法更加耗时。安提格斯等（Artigues et al.，2008）考虑工件加工前设备需要准备时间的 Job Shop 问题，以最小化 *make-span* 为目标，建立 branch and bound 树，基于带有时间窗的旅行商的数学模型对问题进行松弛，并运用动态调度方法进行求解。布鲁克尔等（Brucker et al.，2012）针对具有装配线的循环式加工 Job Shop 问题，考虑设备无缓冲空间的情况下，以最小化循环周期为目标，提出搜索树构造可行解，并结合分支定界进行继续优化搜索。阿特兹等（Aitzai et al.，2013）针对具有 blocking 限制的 Job Shop 问题，分别提出基于隐式枚举的分支定界、连续性 PSO 和并行 PSO 三种方法进行求解，其中基于隐式枚举的分支定界只能求解规模小于 10×10 的算例。恩格等（Ng et al.，2010）考虑存在 deteriorating 工件的 two-machine Flow Shop 问题，deteriorating 工件的加工时长随着其开始加工时间增大而延长，通过启发式算法求得问题的上下界，加快分支定界算法求解问题的搜索速度。阿特兹等（Aitzai et al.，2014）针对无等待 Job Shop 问题，以最小化 *make-span* 为目标，分别提出基于分支定界的精确算法和基于时间表排序的离散 PSO 算法进行求解。塔穆拉等（Tamura et al.，1998）针对 Job Shop 问题，运用分支定界方法对解空间进行分解，并求得每个子解空间的下界，以最小化生产费用为目标运用遗传算法对问题进行求解。孙等（Sun et al.，2015）针对混合 Flow Shop 问题，通过拉格朗日松弛法将问题松弛为工件、批次和设备 3 阶段子问题，并提出多项式动态搜索算法进行求解。

2.1.3.2　人工智能技术

从 20 世纪 80 年代初开始，一系列新的技术被用来求解车间调度问题。它们无一例外地被冠以人工智能技术，这些技术包括专家系统、基于知识的系统和一些搜索技术。专家系统和基于知识的系统在 20 世纪 80 年代早中期相当流行，它们有四大优势：在决策处理过程中同时采用定性和定量的知识；能生成启发式规则，这些规则比分配规则复杂；可以在整个车间信息的基础上选择最好的启发式规则；能敏锐地获得信息之间的复杂关系，并采用特殊的技术来处理这些关系。但也有不足之处，它们需要时间去建立和验证，有时很难去维护和改变，只能产生可行解，不能说明与最优解的接近程度（Kerem，2011）。

（1）专家系统和基于知识的系统：专家系统和基于知识的系统均由两个部分组成：知识库和推理机制。知识库包括一些规则、过程和启发式信息等；推理机制用来选择一种策略处理知识库中的知识，以便随时解决问题。推理机制分数据驱动和目标驱动两种。ISIS（Fox，1983）是最早提出针对车间调度的专家系统。ISIS 采用了面向约束推理的方法，把约束分成三种类型：组织目标约束、物理限制约束和临时约束。ISIS 利用这些约束知识维护调度的一致性和验证最低限度满足约束的调度决策。威斯克等（Wysk et al.，1986）提出了一个将专家系统和仿真集成的调度系统（MPECS），专家系统采用数据驱动和目标驱动两种方式，从知识库的众多分配规则和启发式规则中选择小部分适用的规则。利用这些规则来优化一个单独的性能指标，在不同的调度阶段，性能指标是可以不同的。通过对这些规则的仿真评价，最终选择一个最好的规则。规则的表现性能可以整理成数据，在离线状态下，可以更新知识库。本萨纳等（Bensana et al.，1986）针对存在交货期和加工时间表限制的 Job Shop 问题，将时间管理理论和调度理论相结合，并基于工件的启发式排序提出专家系统对问题进行求解。本瑞甘等（Bezirgan et al.，1993）将几种专家系统中的知识案例、适应性规则和调度规则进行组合，对动态 Job Shop 问题进行求解。

（2）分布式智能体（agents）：由于单一的专家系统或基于知识的系统所具有的知识有限和处理问题能力不强等原因，人工智能学者开始开发分布式调度系统，采用的是"分而治之"的方法。对此，人工智能界的对策就是智能体（agents）。一个智能体有着与其他智能体完全不同的软件处理过程，它完全依赖自己的知识库（Zandieh et al.，2010）。在车间调度问题中，智能体系统叫以由两大类智能体组成：任务智能体和资源智能体。任务智能体负责处理调度中的各种任务类型，如物料运送、加工和监测等。与具体的任务相关联的任何性能指标都可以用来评价这些智能体的工作效果。每一个资源智能体负责单一或某一类资源。任务智能体将资源请求发送给相应的资源智能体，同时捎带那些资源应该进行的一系列操作。在受到这样的一个请求后，资源智能体必须依据自己的性能指标产生一个新的调度，然后根据结果决定是否接受这个请求。为了防止没有资源智能体接受请求的情况发生，必须建立协作机制。到目前还没有统一的规范来设计和实施协作。

2.1.3.3　人工神经网络

神经网络模仿了人类学习和对事物的预测能力，是一种并行处理模型。这种模型根据网络拓扑结构、节点特征和训练或学习规则的不同而变化。拉博罗等（Rabelo et al.，1994）首先采用反向传播神经网络来处理具有各种类型的生产车间调度问题。通过训练使得网络能够正确地根据生产特征来选择合适的调度策略和评价指标。网络的训练是分别采用 3 台、4 台、5 台、8 台、10 台和 20 台机床的加工情况，训练的输入信息有零件特征（如零件种类、加工路径、到期时间和加工时间等）和车间特征（如机床台数和加工性能等）。训练的输出信息是对特定问题所选分配规则和评价指标的评判等级。周等（Zhou et al.，1990）采用双层 Hopfield 网络求解 4×3 和 10×10 规模的调度问题。尤格池等（Eguchi et al.，2008）通过训练神经网络对 Job Shop 问题进行求解。训练分为两步，第一步针对特定的生产情境进行训练；第二步针对存在扰动的环境进行强化训练。杨等（Yang et al.，2010）基于 Job Shop 问题中客观存在的限制条件提出自适应神经网络，网络的结构和神经元之间的连接随着实时约束的变化而改变，并融合几种启发式算法提高了结果的收敛性以及收敛的速度，通过 benchmark 算例测试，证明了神经网络的有效性。

2.1.3.4　遗传算法

遗传算法简称 GA，是基于达尔文的进化论和孟德尔的自然遗传学说，模拟生物在自然环境中的遗传选择和自然淘汰的生物进化过程而形成的一种自适应随机搜索与全局优化概率搜索算法（Van et al.，2005）。早在 20 世纪 50 年代就有将进化原理应用于计算机科学的努力，但缺乏一种普遍的编码方法，只能依赖于变异而非交配产生新的基因结构。20 世纪 50 年代末 60 年代初，生物学家弗雷泽（Fraser）试图通过计算的方法来模拟生物界"遗传与选择"的进化过程，这便是 GA 的雏形（Zhou et al.，2002）。受此启发，美国密歇根大学的教授约翰·霍兰德（John H. Holland）及其学生应用模拟遗传算子研究适应性。1967 年巴格利（Bagley）在其关于自适应下棋程序的论文中，他应用遗传算法搜索下棋游戏评价函数的参数集，并首次提出了遗传算法这一术语。1975 年，霍兰德（Holland）教授出版了遗传算法历史上的经典著作《自然和人工系统中的适应性》（*Adaptation in Natural and Artificial Systems*），第一次明确提出"遗传算法"的概念，并系统地阐述了遗传算法的基本理论和方法，提出了对遗传算法理论发展极为重要的模板理论（schema theory），证明在遗传算子选择、交叉和变异的作用下，具有低阶、短定义距以及平均适应度高于群体平均适应度的模式在子代中将以指数级增长，这里的模式是某一类字符串，其某些位置有相似性。同年，德容（DeJong）完成了他的博士论文《遗传自适应系统的行为分析》，将霍兰德的模式理论与他的计算实验结合起来，进一步完善了选择、交叉和变异操作，提出了一些新的遗传操作技术

（Holland，1992）。20 世纪 80 年代中期以来是遗传算法和进化计算的蓬勃发展期，多个相关国际会议在世界各地定期召开。1985 年，在美国卡耐基·梅隆大学召开第一届国际遗传算法会议 ICGA'85，以后每两年举行一次。1989 年戈德堡（Goldberg）所著的《搜索、优化和机器学习中的遗传算法》对遗传算法理论及多领域的应用展开了较为全面的分析和例证，使遗传算法更加完善。1992 年，米查莱维奇（Michalewicz）出版了《演化程序—遗传算法与数据编码的结合》，推动了遗传算法应用于最优化问题（Chew et al.，2002）。

我国对于 GA 的研究起步较晚，不过从 20 世纪 90 年代以来由于遗传算法求解复杂优化问题的巨大潜力及其在工业工程、人工智能、生物工程、自动控制等各个领域的成功应用，该算法得到了广泛的关注。可以说，遗传算法是目前为止应用最为广泛和最为成功的智能优化方法。

生物在自然界中的生存繁衍，显示了其对自然环境优异的自适应能力。遗传算法所借鉴的生物学基础就是生物的进化和遗传。

生物在其延续生存的过程中，逐渐适应其生存环境，使得其品质不断地得到改良，这种生命现象称为进化（evolution）。生物的进化是以集团的形式共同进行的，这样的一个团体称为群体（population），组成群体的单个生物成为个体（individual），每个个体对其生存环境都有不同的适应能力，这种适应能力成为个体的适应度（fitness）。按照达尔文的进化论，那些具有较强适应环境变化能力的生物个体具有更高的生存能力，容易活下来，并有较多的机会产生后代；相反，具有较低生存能力的个体则被淘汰，或者产生后代的机会越来越少，甚至消亡。达尔文把这一过程和现象叫作"自然选择，适者生存"。通过这种自然的选择，物种将逐渐地向适应于生存环境的方向进化，从而产生优良的物种（Garrett et al.，2005）。

生物从其亲代继承特性或性状，这种生命现象就称为遗传（heredity），研究这种生命现象就称为遗传学（genetics）。由于遗传的作用，使得人们可以种瓜得瓜、种豆得豆，也使得鸟儿仍然在天空中飞翔，鱼仍然在水中遨游。构成生物的基本结构和功能单位是细胞（cell）。细胞中含有一种微小的丝状化合物，称为染色体（chromosome），生物的所有遗传信息都包含在这个复杂而又微小的染色体中。染色体主要由蛋白质和脱氧核糖核酸（DNA）组成。控制生物遗传的物质单元称为基因（gene），它是有遗传效应的 DNA 片段。

生物的各种性状由其相应的基因所控制。细胞在分裂时，遗传物质 DNA 通过复制（reproduction）而转移到新产生的细胞中，新细胞就继承了旧细胞的基因。有性生物在繁殖下一代时，两个同源染色体之间通过交叉（crossover）而重组，即两个染色体某一相同位置处的 DNA 被切断，其前后两串分别交叉组合而形成两个相同的染色体。另外，在进行复制时，可能以很小的概率产生某些差错，从而使 DNA 发生某种变异（mutation），产生出新的染色体（Thomas et al.，1993）。

生物进化的本质体现在染色体的改变和改进上，生物体自身形态和对环境适应能力的变化是染色体机构变化的表现形式。自然界的生物进化是一个不断循环的过程。在这个过程中，生物群体也就不断地完善和发展。可见，生物进化过程本质上是一种优化过程，在计算科学上具有直接的借鉴意义。

遗传算法的基本思想是基于达尔文（Darwin）进化论和孟德尔（Mendel）遗传学说的。达尔文进化论最重要的是适者生存原理。它认为每一物种在发展中越来越适应环境。物种每个个体的基本特征由后代所继承，但后代又会产生一些异于父代的新变化。在环境变化时，只有那些适应环境的个体特征方能保留下来。孟德尔遗传学说最重要的是基因遗传原理。它认为遗传以密码方式存在细胞中，并以基因形式包含在染色体内。每个基因有特殊的位置并控制某种特殊性质，所以，每个基因产生的个体对环境具有某种适应性。基因突变和基因杂交可产生更适应于环境的后代（Dai et al.，1994）。经过存优去劣的自然淘汰，适应性高的基因结构得以保存下来。

由于遗传算法是由进化论和遗传学机理而产生的直接搜索优化方法，故而在这个算法中要用到各种进化和遗传学的概念（Tamzalit et al.，1999）。这些概念如下：

（1）串（string）：它是个体（individual）的形式，在算法中为二进制串、常数串、实数串等，并且对应于遗传学中的染色体（chromosome）。

（2）群体（population）：个体的集合称为群体，串是群体的元素。

（3）群体大小（population size）：在群体中个体的数量称为群体的大小。

（4）基因（gene）：基因是串中的元素，基因用于表示个体的特征。例如，有一个串 S = 1011，则其中的 1、0、1、1 这 4 个元素分别称为基因。它们的值称为等位基因（alleles）。

（5）基因位置（gene position）：一个基因在串中的位置称为基因位置，有时也简称基因位。基因位置从串左向右计算，例如，在串 S = 1101 中，0 的基因位置是 3。基因位置对应于遗传学中的地点（locus）。

（6）基因特征值（gene feature）：在用整数表示串时，基因的特征值与二进制数的权一致；例如在串 S = 1011 中，基因位置 3 中的 1，它的基因特征值为 2；基因位置 1 中的 1，它的基因特征值为 8。

（7）串结构空间：在串中，基因任意组合所构成的串的集合。基因操作是在结构空间中进行的。串结构空间对应于遗传学中基因型（genotype）的集合。

（8）参数空间：这是串空间在物理系统中的映射，它对应于遗传学中表现型（phenotype）的集合。

（9）非线性：它对应遗传学中的异位显性（epitasis）。

（10）适应度（fitness）：表示某一个体对于环境的适应程度。

遗传算法 GA 把问题的解用"染色体"来表示，在算法中也即是以二进制编码的串。并且在执行遗传算法之前，给出一群"染色体"，也即是假设解（徐宗本等，1996）。然后，把这些假设解置于问题的"环境"中，并按适者生存的原则，从中选择出较适应环境的"染色体"进行复制，再通过交叉，变异过程产生更适应环境的新一代"染色体"群。这样，一代一代地进化，最后就会收敛到最适应环境的一个"染色体"上，它就是问题的最优解。

遗传算法摒弃了传统的搜索方式，模拟自然界生物进化过程，采用人工进化的方式对目标空间进行随机化搜索。它将问题域中的可能解看作是群体的一个个体或染色体，并将每一个体编码成符号串形式，模拟达尔文的遗传选择和自然淘汰的生物进化过程，对群体反复进行基于遗传学的操作（遗传、交叉和变异），根据预定的目标适应度函数对每个个体进行评价，依据适者生存、优胜劣汰的进化规则，不断得到更优的群体，同时以全局并行搜索方式来搜索优化群体中的最优个体，求得满足要求的最优解。霍兰德创建的遗传算法是一种概率搜索算法，它是利用某种编码技术作用于被称为染色体的数串，其基本思想是模拟由这些组成的进化过程。算法通过有组织的或是随机的信息交换重新组合那些适应性好的串，在每一代中，利用上一代串结构中较好适应度的位和段来生成一个新的串的群体；作为额外增添，偶尔也要在串结构中尝试用新的位和段来替代原来的部分（Chen et al.，2005）。

遗传算法是一类随机化算法，但它不是简单的随机走动，它可以有效地利用已经有的信息处理来搜索那些有希望改善解质量的串，类似于自然进化，遗传算法通过作用于染色体上的基因，寻找好的染色体来求解问题（玄光男等，2004）。与自然界相似，遗传算法对待求解问题本身一无所知，它所需要的仅是对算法所产生的每个染色体进行评价，并基于适应度值来选择染色体，使适应性好的染色体比适应性差的染色体有更多的繁殖机会。

GA 的计算过程可以表示为：

Step1：选择编码方式；

Step2：产生初始群体；

Step3：计算初始群体的适应性值；

Step4：判断是否满足中止条件，如果满足中止条件，转至 Step9；

Step5：选择；

Step6：交换；

Step7：变异；

Step8：计算新一代群体的适应性值，返回 Step4；

Step9：算法终止。

当最优个体的适应度达到给定的阈值，或者最优个体的适应度和群体适应度不再上升时，则算法的迭代过程收敛、算法结束。否则，用经过选择、交叉、变异所得到的新一代群体取代上一代群体，并返回到选择操作处继续循环执行。对产生的新一代群体进行重新评价、选择、杂交和变异。如此循环往复，使群体中最优个体的适应度和平均适应度不断提高，直至最优个体的适应度达到某一界限或最优个体的适应度和平均适应度值不再提高，则迭代过程收敛，算法结束（Gottlieb et al.，2000）。

遗传算法的特点是几乎不需要所求问题的任何信息而仅需要目标函数的信息，不受搜索空间是否连续或可微的限制就可找到最优解，以有限的代价解决搜索和优化，依据它的并行性，非常适用于大规模并行计算机（Yong，1994）。其与传统搜索方法的区别主要在于：

（1）遗传算法直接处理问题参数的适当编码而不是参数集本身；

（2）遗传算法按并行方式搜索一个种群数目的点，而不是单点；

（3）遗传算法不需要求导或其他辅助知识，只需要适应度函数值；

（4）遗传算法使用概率转换规则，而非确定的转换规则指导搜索；

（5）遗传算法在搜索过程中不易陷入局部最优，有较好的全局优化能力。

遗传算法提供了一种求解复杂系统优化问题的通用模型，不依赖于问题的具体领域和种类，对问题的种类有很强的鲁棒性，适用于解决复杂的非线性和多维空间寻优问题，进入 20 世纪 80 年代后，遗传算法得到了迅速发展，不仅理论研究十分活跃，而且在越来越多的应用领域中得到应用。生产调度问题在很多情况下所建立起来的数学模型难以精确求解，即使经过一些简化之后可以进行求解也会因简化得太多而使求解结果与实际相差太远。现在遗传算法已经成为解决复杂调度问题的有效工具，在单件生产车间调度、流水线调度、生产车间调度、生产规划、任务分配等方面遗传算法都得到有效的应用（李倩，2012）。

马尼亚斯等（Manikas et al.，2009）针对考虑交货时间以及生产准备时间的 Job Shop 问题，提出了适用于不同目标函数的通用遗传算法。浚等（Jun et al.，2011）运用遗传算法求解以最小化 *make-span* 为目标的 Job Shop 问题。杨等（Yang et al.，2012）针对工件具有不同的交货期，以最小化提前完成和延迟总和为目标的 Job Shop 问题，提出三阶段编码的遗传算法进行求解。贾等（Jia et al.，2011）采用遗传算法求解经典 Job Shop 问题，通过选择染色体解码保证了解的可行性。雷（Lei，2011）针对工件加工时间服从指数分布的 Job Shop 问题，以最小化 *make-span* 和生产延迟为目标，提出多目标遗传算法进行求解。

2.1.3.5　邻域搜索技术

邻域搜索算法（local search algorithm）是一类近似算法的通称。它从一个初始解开始，每一步在当前邻域内找到一个更好的解，使目标函数逐步优化，直到不能进一步改进为止。邻域搜索在可行解空间的一个局部区域（即邻域）里搜索，搜索到好的解，就继续；否则，就停止。邻域搜索缺乏全局的信息，因此它常常陷入局部最优的陷阱。虽然邻域搜索算法在大多数情况下，找到的只是问题的局部最优解，但是它简单、灵活且易于实现，因而成为实际求解 NP 难问题的有力工具（曾立平，2006）。

邻域搜索算法从一个初始解 $X \in S$ 出发，然后不断地在解 X（称为当前解）的邻域 $N(X)$ 内搜索比 X 更好的解 X'。如果找到比 X 更好的解 X'，就用 X' 代替 X，继续邻域搜索；否则搜索结束。最终解就是邻域搜索算法搜索到的局部最优解。

一般来说，邻域搜索算法可以描述如下：

（1）初始化：给定一个可行的初始解 X_0，记录当前最好的解 $X = X_0$。

（2）选择：从邻域 $N(X)$ 里选一个解 X'。判断是否满足停止准则，若满足，则结束；否则继续（3）。

（3）接受（更新）：如果 $f(X') < f(X)$，则令 $X = X'$。转（2）。

值得注意的是，第（3）步其实隐含了如果 $f(X') \geq f(X)$，则仍然在原来的邻域里选择解的过程。在邻域搜索算法过程中的第（2）、第（3）步，采用不同的选择和接受解的方式，可以获得不同的更加优异的启发式算法：

在邻域里选择最好的解，便得到贪心算法，例如拟物算法、Hopfield 神经网络算法等。

在邻域里随机选一个解，对改进的解肯定接受，对差的解以一定的概率接受，便得到模拟退火算法等。

在候选邻域（不包括禁忌的解）中选择最好的解，便得到禁忌搜索算法。这里禁忌的解表示在最近搜索的过程中，该解已经被接受过。

（1）邻域搜索的优点：①开始搜索时，通过把搜索空间的所有变量都赋予初值，把一个很大的搜索空间缩小为一个便于处理的空间。②它在邻域内通过测试目标函数来获得改进。如果存在更优点，则取代当前最优点。因为目标函数的输入参数个数是多项式数量的，并且"测试"和"取代"都是非常有效的。所以邻域搜索常常表现得非常高效。

（2）邻域搜索的缺点：①邻域搜索的主要缺点是在局部优化的结构上存在陷入局部极小的趋势。②由于邻域搜索需要多次重复执行，所以，算法运行的时间复杂性较难分析。

邻域搜索技术的应用十分普遍。邻域搜索技术不仅本身可以求得好的结果，而且如果与其他启发式方法相结合，则效果会更佳。这种技术针对一个初始调度，在每次的迭代中加入很小的变化（"干扰"），这些干扰由启发式规则提供。在概念上与爬山法相类似，这种技术不断地刺探和评价调度，直到目标方程的值没有任何进展。在这一类技术当中，应用最为普遍的是禁忌搜索（tabu search）、模拟退火（simulated annealing）和粒子群算法（particle swarm optimization）。这些方法都有自己独特的添加干扰技术、停止搜索规则和防止局部最优等手段。现有的智能算法很多都存在着收敛过慢或者过快的缺点，并且很容易陷入局部最优解。本质原因是很多算法并没有考虑到 Job Shop 和 Flow Shop 问题本身的结构（曾程宽，2012）。土其马兹等（Türkylmaz et al.，2015）基于多邻域的遗传算法针对以最小化生产延迟为目标的柔性 Job Shop 问题进行求解，邻域搜索中通过改变选定设备上工件的加工顺序得到新的邻域。瑞思等（Raeesi et al.，2012）针对经典、柔性和多目标柔性 Job Shop 三种问题，提出基于元启发式算法的邻域搜索算法，其中的邻域搜索基于关键工序，能够大幅度提高解的质量并提高收敛速度。穆罗维等（Murovee et al.，2004）运用邻域搜索的方法对 Job Shop 问题进行求解，并修正过程中产生的各种不可行解。阿萨德扎德（Asadzadeh，2015）提出基于多个体的邻域搜索算法，并结合遗传算法对 Job Shop 问题进行求解。李等（Li et al.，2012）针对多目标柔性 Job Shop 问题，提出基于帕累托前沿的多邻域搜索算法进行求解。

（1）禁忌搜索：是由格洛韦尔（Glover）提出的用于获取组合最优化难题近似解的一种高级启发式方法。用这种方法，搜索从一个可行解开始逐步移向一个最优或次优解。在每次移动前，需要依据某种与问题有关的规则确定在现行解周围的相邻解集。然后评估每一个相邻解，并移动到该相邻解集中的一个最好解。有些移动是禁忌的（禁止的），因为它们会陷入局部最优或导致循环。这些禁忌的移动被加入禁忌表，一般的，禁忌表的长度越长，则搜索陷入局部最优的可能性越小。但是，长禁忌表需要更多地计算扫描时间，并且在每次迭代中限制了搜索空间。最合适的长度与问题有关，但到目前为止还没有确定长度的规则可循。禁忌搜索已经成功地应用在调度问题和混合整数规划问题中（曾程宽，2012）。阿哈尼等（Ahani et al.，2014）采用禁忌搜索算法求解 no-wait Job Shop 问题，并引入邻域进行重复搜索。冈萨雷斯等（González et al.，2013）针对考虑生产准备时间的 Job Shop 问题，以最小化延迟为目标，运用 disjunctive graph（非连通图）进行建模，并提出基于邻域搜索的禁忌搜索算法进行求解。沈（Shen，2014）针对与冈萨雷斯等（González et al.，2013）同样的问题，同样基于 disjunctive graph 的性质，通过禁忌算法搜索改变关键工序的顺序得到新的邻域，进而达到优化目标函数的目的。罗哈宁贾德等（Rohaninejad et al.，2015）针对考虑生产准备费用的 Job Shop 问题，以最小化延迟费用、加班费用和生产准备费用总和为目标，建立混合整数规划模型，将禁忌搜索算法和萤火虫算法相结合对问题进行求解。米拉等（Meeran et al.，2012）将禁忌搜索算法与遗传算法相结合，针对 Job Shop 问题进行求解，两种算法保证了解空间搜索的广度和深度，通过 benchmark 算例验证了算法的有效性。

（2）模拟退火（simulated annealing）：模拟退火模仿金属中结晶体结晶和冷却的物理过程。在车间调度问题中，当前的调度结果类似热动能系统中的当前状态；目标方程类似热动能系统中的能量方程；全局最优解类似基态。模拟退火也能有效地解决车间调度问题。张等（Zhang et al.，2010）基于瓶颈工序提出模拟退火算法求解以最小化生产延迟为目标的 Job Shop 问题。曹等（Cao et al.，2011）运用模拟退火算法求解大规模现实中的动态 Job Shop 问题，提出新的编码模式、初始温度选择和温度更新函数，提高了算法计算速度和收敛速度。罗哈斯·圣地亚哥等（Rojas-Santiago et al.，2013）针对具有批处理设备的 Job Shop 问题，以最小化 make-span 为目标，基于非连通图提出模拟退火算法对问题进行求解。亚兹达尼等（Yazdani et al.，2009）针对以最小化 make-span 为目标的柔性 Job Shop 问题，将模拟退火算法与具有随机邻域的元启发式算法相结合对问题进行求解。苏雷什等（Suresh et al.，2006）针对多目标 Job Shop 问题，包括最小化完工时间 make-span 和工件在系统中的平均停留时间，基于帕累托前沿提出融合模拟退火的元启发式算法，得到多目标下的非支配解。

（3）粒子群算法（particle swarm optimization，PSO）：由肯尼迪等（Kennedy et al.，1995）和艾伯哈特等（Eberhart et al.，1995）提出，称为初始粒子群优化算法/基本粒子群优化算法，或者称为粒子群优化的初始版本。之后史等（Shi et al.，1998）引入惯性权重（inertia weight）来平衡算法的开拓和开掘能力。目前，对于粒子群优化算法的研究大多以带有惯性权重的粒子群优化算法为对象进行分析、扩展和修正，因此大多数文献中将带有惯性权重的粒子群优化算法称为粒子群优化算法的标准版本。

该算法是基于对简化的社会模型的模拟，模拟鸟集群飞行觅食的行为，鸟之间通过集体的协作使群体达到最优目的，是一种基于群体智能（swarm intelligence）的优化方法。1975年，生物社会学家Wilson根据对鱼群的研究，在论文中提出，"至少在理论上，鱼群的个体成员能够受益于群体中其他个体在寻找食物过程中的发现和以前的经验，这种收益是明显的，它超过了个体之间的竞争所带来的利益消耗，不管任何时候食物资源不可预知地分散于四处"。这说明，同种生物之间信息的社会共享能够带来好处，这是PSO的基础。

肯尼迪（Kennedy）和艾伯哈特（Eberhart）在其中加入了一个特定点，定义为食物，鸟根据周围鸟的觅食行为来寻找食物。他们的初衷是希望通过这种模型来模拟鸟群寻找食源的现象，然而实验结果却揭示这个仿真模型中蕴含着很强的优化能力，尤其是在多维空间中寻优。在多目标优化问题领域应用得非常广泛（Chang et al.，2012；Chutima et al.，2012）。

在求解过程中每个优化问题的解都是搜索空间中的一只鸟，称之为"粒子"（particle）。所有的粒子都有一个由被优化的函数决定的适应值，每个粒子还有一个速度决定它们飞翔的方向和距离。然后粒子们就追随当前的最优粒子在解空间中搜索。具体实现方式为：初始化为一群随机粒子；然后通过迭代找到最优解；在每一次迭代中，粒子通过跟踪两个"极值"来更新自己，第一个就是粒子本身所找到的最优解，这个解叫作个体极值pBest，另一个极值是整个种群目前找到的最优解，这个极值是全局极值gBest。另外，也可以不用整个种群而只是用其中一部分的邻居。

当把群体内所有粒子都作为邻域成员时，得到粒子群优化算法的全局版本；当群体内部分成员组成邻域时得到粒子群优化算法的局部版本。局部版本中，一般有两种方式组成邻域，一种是索引号相邻的粒子组成邻域；另一种是位置相邻的粒子组成邻域。粒子群优化算法的邻域定义策略又可以称为粒子群的邻域拓扑结构。

PSO算法最初被用于连续问题求解。近年来其在离散优化问题中的应用日益引起人们的注意，出现了一些离散PSO（discrete PSO，DPSO）算法（Kennedy et al.，1997；Afshinmanesh et al.，2005），我国的一些研究者对PSO

算法的离散化方法尤其关注。蓬查瑞克等（Pongchairerks et al.，2014）提出能够随着实时调度自动调节参数的 PSO 算法求解 Job Shop 问题。沙等（Sha et al.，2010）运用 PSO 算法求解多目标 Job Shop 问题，由于解空间存在离散性，因此对于粒子的移动以及速度进行了重新的定义。塔瓦库利·默罕默德等（Tavakkoli-Moghaddam et al.，2011）针对考虑生产准备时间的 Job Shop 问题，以最小化工件在系统内的停留时间和工件完工时间与交货期上的偏差，基于帕累托前沿，提出具有多邻域的 PSO 算法进行求解。杜斯塔吉等（Dousthaghi et al.，2013）针对存在加工中心的柔性 Job Shop 问题，建立了非线性混合整数规划模型，提出高效的 PSO 算法，可在接受时间内求解大规模的算例。刘等（Liu et al.，1994）针对以最小化 *make-span* 和总生产延迟为目标的 Job Shop 问题，提出 PSO 与遗传算法相结合的方法进行求解，算法在求解过程中对收敛的速度与效率进行了平衡。

2.1.3.6　模糊逻辑

模糊逻辑理论一般用在混合调度方法中。它主要用来解决车间调度问题中不确定的加工时间、约束和辅助时间。这些不确定性可以用模糊数据表示。斯莱尼（Slany，1994）提出了一个在基于知识的调度系统中集成模糊约束松弛的方法。格拉伯特等（Grabot et al.，1994）用模糊逻辑原理将分配规则进行组合来解决多目标调度问题。辻村等（Tsujimura et al.，1993）提出了一个用模糊理论为流水车间中加工时间建模的混合调度系统，采用三角模糊数（tangular fuzzy numbers，TFN）来表示加工时间。每一个零件用两个三角模糊数来定义，一个是下界；另一个是上界。用分支定界过程来优化生产周期（makespan）。

2.2　单元生产问题概述

2.2.1　单元生产的基本概念与产生背景

如今的市场经济，已由传统的卖方市场转变为买方市场。传统的卖方市场特征是：物资较缺乏，产品单一标准化、变化少、寿命长、厂家主导产品价格，买方没有选择的余地。买方市场特征是：物资较丰富，同一种产品品牌、型号数目繁多，更新换代快，产品之间竞争激烈，卖方掌握主动权，产品的售价由市场行情所决定。因此，产品的生产方式已经由少品种大量生产转变为多品种少量生产。传统的生产布局方法、作业的生产调度方法在多品种小批量短交货期的市场中将会面临以下问题（Slomp et al.，2005）：

（1）生产线切换频繁；

（2）工序产能分布与工作量分布不吻合现象十分严重；

（3）订单量的高低起伏变化；

（4）技术落伍；

（5）设备迅速陈旧过时；

（6）厂房空间增大。

订单量高低起伏的变化，意味着工厂产能不足与过剩的损失交替发生。所以，企业面临多品种少批量的买方市场时，必须改变原有的经营思想，调整生产结构。很多公司率先提出了适应性更强的单元生产方式。

单元生产方式是在生产单元中根据设备功能的相似性对其进行分组，从而对零件族进行生产加工的一种先进生产方式。单元生产方式是让员工在一个特定单元区域内负责完整的生产流程，由此提高生产力，取代了原来的流水线作业，劳动者们不是固定在一个位置上，简单重复安装或操作一个工序，他们可以完成多道工序，可以在不同的位置上工作；是基于工人在单元中或者是在一组专门的机器中处理零件族或处理相似部件的集合，而这些机器可能具有不同的功能。单元生产方式兼顾了古代单件生产方式的高弹性及大批量生产方式高效率的优点，又规避了单件生产方式的低效率和大批量生产方式高刚性的缺点，是满足当代多品种、小批量、个性化、短交货期、产品更新换代快之需求特点的生产方式。

2.2.2 单元生产的特征与优势

单元生产方式提高了生产制造的柔性，能够快速响应多品种小批量的市场需求，同时基于单元生产方式的设备布局具有建立容易、调整方便、切换时间短、大型设备投资少等无可比拟的特点。具体表现为：

（1）以极少的产能调整费用，实现生产线随市场变化而同步同量增加产能，则订单高低起伏变化带来的产能不足与过剩被杜绝；

（2）设计在空间上没有断点与隔离的各个工序，即如果拥有一个流动的作业模式，则搬运、堆码、寻找、等待等浪费作业被消除得无影无踪；

（3）压缩机器切换时间，分流切换次数，避免无效的切换，则大大地减少了切换所带来的时间损失；

（4）如果工厂拥有职能一体化的生产单元，则隐藏冗余、闲杂人员的职能机构被撤销，可以减少冗余及闲杂人员；

（5）拥有操作技能娴熟的员工队伍，则不存在因作业速度缓慢形成的作业时间流失；

（6）市场订单量的增加，导致作业工时的增加，根据作业工时增加的多少，生产线随时能增加作业人员；

（7）市场订单量的减少，导致作业工时的减少，根据作业工时减少的数量，生产线随时能抽减作业人员；

（8）劳动生产率的提高，机种切换只需要更少的时间，保证了快速制造的要求。

单元生产方式与传统的大批量生产方式相比，能以尽可能小的成本来制造出多样的满足客户要求的产品，能迅速适应市场订单品种和数量高低起伏的变化，适合多品种小批量短交期的市场需求。实践证明，单元生产系统具有在制品库存少、成品库存少、生产物流量小、订单响应时间短、运输时间短、设备调整时间短，以及生产费用低等优势（Singh et al.，1996）。具体表现为：

（1）时间流逝最少化。①工厂用于制造的所有资源组合成为数目众多、产能较小、工序一体化、职能一体化的生产单元，杜绝作业时间流失。②生产线布置为工作量容易合并、转移的流水线，这样大大地减少了多品种轮番上线生产时各工序生产节拍不统一带来的等待、堆码、清点、寻找的时间流逝。③生产单元产能小，即人员少，也就是工序数目少，当然就意味着每一个工序所需完成的工作量大，生产节拍时间长。这样，各工序与最慢速度之工序时间差相对于较长生产节拍而言，其比例较少，即积累时间流失少。

④流水生产线的建立，单件流动的作业模式，使工序间不存在半成品的堆积和滞留，小批量从投产到产出所需时间少。⑤工序一体化的生产单元，信息流动十分流畅，绝不会因为信息不畅通，而导致等待、生产过量的作业时间流失。

（2）物流畅通。①生产单元工序一体化，以及生产单元内生产流水线的布置，决定了半成品在各工序之间的转移实现了连续化的流动；②生产单元内流水布置，加工件单件连续流动的作业方法，加工工件从第一个工序投产，能够迅速流动到最后一个工序；③由于生产单元流水线的布置，单件流动的作业模式，半成品在各工序之间不会堆积滞留。

（3）便于管理。①由于生产单元产能小、工序数目少，物流、信息流、人流简单，产生异常的机会变少；②因产品型号改变等原因而进行的生产线切换，被众多的生产单元所承受，每一个生产单元的切换次数较少。

（4）降低成本。①单个生产单元产能少，需要的设备少、场地少、人员少、投资少；②职能一体化的生产单元，精简了臃肿的职能机构，削减了许多间接作业人员（如管理人员、文员、秘书、物料控制员）。

（5）激励员工。将员工视为有潜力可挖的对象，采用培养与激励的方法，充分发挥员工智力资源；各种新工艺、新方法、新的资源组合技术不断涌现，提高产品可制造性，改善了工艺技术。同时，单元生产能够使员工的自主性增强、工作更富于挑战性和责任感、成就感，减少了重复的单调，增强了工作乐趣，因此单元生产具备一定的社会改良功能（崔继辉，2005）。

2.2.3　单元生产的发展阶段

单元生产方式是在制造系统中对成组技术的运用，合理地组织生产各个环节的一种组织管理技术。它将企业的多种产品和零件，按照一定的相似性准则分类编组，打破多品种界限，对所有产品零件进行系统的分组，将类似的零件合并、汇集成一组，再针对不同零件的特点组织相应的设备形成不同的加工单元，对其进行加工，经过这样的重新组合可以使不同零件在同一设备上用同一个夹具和同一组刀具，稍加调整就能加工，从而变小批量生产为大批量生产，提高生产效率。可见，单元生产不以单一产品为生产对象，而是按照若干产品零件结构和加工工艺的相似性组织生产，充分发挥了生产合理化的作用。单元生产的理论研究和生产实践大体分为四个阶段（王晓晴，2009）：

（1）单元生产的基础研究和初步实践阶段（20世纪80年代初以前）。研究内容诸如分类编码、分组方法、作业排序以及在设计、制造和生产管理中的应用等。在生产实践方面，早期的生产单元的建立是当时的中心。围绕它有：设计图册的建立、相似零件族的建立、加工批次的确定、成组变异式工艺规程的设计、成组夹具模具的设计、成组作业排序等。当时的研究和实践主要针对机械加工，且只是以工艺为主，在设计、工艺和生产管理三个方面发展并不平衡（门田安弘等，2001）。

（2）单元生产与自动化、计算机技术结合阶段（20世纪80年代中期到90年代）。这个阶段与世界自动化技术和计算机技术的飞速发展有关。这里的自动化技术包括数控（NC，CNC）、柔性制造系统（FMC，FMS）等。随着信息技术的快速发展，计算机集成制造系统（CAD，CAPP，CAPM的CAX，集成后的CIMS）、计算机网络等有关技术也与单元生产技术进行了结合。通过将自动化技术、计算机技术和网络技术引入单元生产中，不仅提高了单元生产的效率，更将生产推向了新的高潮。同时在生产实践方面已经证明，单元生产只有与自动化技术、计算机技术和网络技术相结合，才能在"人、机、物"全面提高（周密等，2008）。

（3）单元生产与先进生产方式相结合（20世纪90年代到世纪之交）。随着单元生产在企业中应用的进一步广泛，单元生产方式开始逐渐地与一些先进的生产方式相结合，如精益生产、计算机集成制造、敏捷制造，以及大批量定制等先进生产方式。不少文章把这些先进生产方式作了静止的对比来说明生产方式的优劣，实际上这些生产方式都是在一定历史条件下产生，这些生产方式彼此之间相互影响、相互渗透。以精益生产与单元生产相结合为例，早期的精益生产主要体现在大量生产中适时生产和自动化的结合上，而单元生产与精益生产的结合，使精益生产的过程中不仅融入了单元生产的特点，更重要的是使精益生产的应用范围扩大到非大量生产中，而单元生产是唯一能把精益生产引入非大量生产中的技术（刘洪利，2008）。

（4）单元生产与先进管理方法相结合（21世纪开始以后）。从21世纪开始以后，在实际中对单元生产性能的提升已经从与其他系统和技术的结合逐步转变为对单元生产系统内部的改善，对单元生产系统实施和运作的提升逐步被细化和分解，单元生产系统的改良从系统的构建、布局、调度等各个环节进行。在理论上，对单元生产的研究已经从定性转变为定量。先进管理方法的运用，尤其是运筹学的运用使对单元生产系统的研究进入了精确、可控的阶段。在此基础上，许多现代进化算法开始介入解决单元生产实际问题中来，并取得了优越的效果。然而单元生产今后发展的道路是错综复杂的，而且面临改造的企业或工厂不仅仅只是大量生产类型，所以单元生产的理论研究和实际技术的提升工作仍在路上（王晓晴，2009）。

2.3　单元调度问题及算法综述

2.3.1　单元调度的基本概念与问题描述

单元生产问题总体上分为三大类：单元构建、单元设计（布局）和单元调度。单元调度为单元生产三大问题的最后一个环节，旨在解决在单元设计完成之后零部件在单元内和单元间的生产排序问题。单元调度在单元制造系统的运作中起着重要作用，安排有限的生产资源对单元内和单元间的一系列零部件进行生产加工，这是一个复杂的生产决策过程（王晓晴，2009）。由于单元调度为单元设计的后续环节，所以跟单元的布局设计密不可分。一般来说，单元设计的结果可分为两大类：流水线布局生产单元与功能布局生产单元。通俗地说，流水线布局生产单元与传统的 Flow Shop 生产相似；功能布局生产单元则与 Job Shop 相似。从调度的角度来说，由于某些特殊设备不能在所有单元均配备，许多工件的加工需要在两个或两个以上单元中进行，这使得在考虑单元内部调度的同时，还要考虑单元之间的联合调度。同时，运输也成为单元调度中一项重要、不可避免的因素。单元调度中的运输大体上分为两类：单元内部工件在不同设备之间的转移（intra-cell）和工件在不同单元之间的转移（inter-cell），前一类的运输与前文提及传统生产调度中考虑的运输环节大体相似。在单元生产中，由于单元内部设备之间的运输距离往往远小于不同单元之间的距离，intra-cell 往往被忽略，研究运输的重点集中在 inter-cell 上。对于不同单元之间的运输，其介质通常为自动导引小车（automatic guided vehicle，后文简称 AGV）和机器人。

单元调度的评价准则与传统调度方法相似，包含 *make-span*、总生产时间、拖期惩罚、提前拖期惩罚等。同时，这些评价准则也可联合使用，形成多目标的单元调度问题（Gröflin et al.，2009）。

2.3.2　单元调度问题的研究现状

由于单元调度问题同样为 NP-hard 问题，许多启发式算法以及调度规则被应用对其进行求解。从单元数量的角度，单元调度可分为单个单元调度（S-CPS）和多个单元调度（M-CPS）。S-CPS 与传统车间调度中的 Flow Shop 和 Job Shop 具有很高的相似性，此处不再赘述。相比 S-CPS，M-CPS 目前得到的关注更少，索利曼普尔等（Solimanpur et al.，2004）针对流水线布局 M-CPS 问题，将其拆分成两个子问题：各单元内部调度（Intra-CPS）和各单元之间的调度（Inter-CPS），提出两阶段 SVS 算法，分别求解每个单元内部工件的排序以及各个单元间的排序。唐等（Tang et al.，2010）针对功能布局 M-CPS 问题，考虑到工件需要访问多个单元的设备，同时需要在不同单元之间（运输）转移，提出分割搜索算法进行求解，对传统分割搜索算法进行了重新设计，并添加了种群多样性和邻域搜索机制，保证了种群的收敛性。塔瓦库利·默罕默德等（Tavakkoli-Moghaddam et al.，2010）针对唐等（Tang et al.，2010）研究中的问题，提出最小化工件在不同单元之间的转移、完工时间 *make-span*、交货延迟、生产准备花费的联合目标，以分割搜索算法为基础，提出元启发式算法进行求解。埃尔米等（Elmi et al.，2011）同样针对唐等（Tang et al.，2010）研究中的问题，并考虑到工件可能会重复访问同一台设备的情况，基于 block 的概念，提出具有邻域结构的模拟退火算法。林等（Lin et al.，2011）针对考虑工件加工前准备时间的流水线布局 M-CPS 问题，以最小化 *make-span* 为目标，结合爬山算法，提出多起点的模拟退火算法，通过与"The-state-of-the-art"元启发式算法进行比较，证明了算法的有效性。布阿卜达等（Bouabda et al.，2011）针对索利曼普尔等（Solimanpur et al.，2004）

研究中同样的问题，基于分支定界将整个问题分成几个子问题，并应用遗传算法进行求解。曾等（Zeng et al.，2014）在唐等（Tang et al.，2010）研究中问题的基础上，考虑运输资源受到限制的约束，同样按照索利曼普尔等（Solimanpur et al.，2004）的模式将问题分成两个子问题，并基于非连通图提出包含邻域搜索的两阶段启发式算法求解。李等（Li et al.，2014）针对考虑工件在不同单元之间转移和生产准备时间的 M-CPS 问题，针对普通设备和批处理设备分别结构模型，提出组合蚁群算法进行求解。

2.4　流程工业中的批调度问题综述

2.4.1　生产批调度问题概述

生产批调度问题，亦称批调度问题，是指在某些工艺约束条件下，将给定的生产任务或工件分配到一个或多个阶段的机组上进行生产（其中至少有一个阶段对应的机组带有批生产模式要求），并确定在所分配机组上的开始时间和结束时间，从而使得某个或某些目标值最优。该类问题广泛存在于钢铁、石化和半导体制造过程。相关研究按优化目标数量分为单目标和多目标两种情况，数学模型分为线性规划（LP）、非线性规划（NLP）、整数规划（IP）、混合整数线性规划（MILP）和混合整数非线性规划（MINLP）。批调度问题包括组批和调度两个子问题，组批问题是指在满足特定工艺约束条件下，将具有相同或相似物理结构或化学成分的工件聚类组成一个批次进行生产，以满足批处理设备的批生产模式要求，目标是使聚类组成的批次数最少。根据批处理设备对应批生产模式的不同，组批问题可分为并行批问题和串行批问题。并行批问题要求同一批次内工件同时进行加工；串行批问题要求同一批次内工件按其在批次内的顺序进行加工（徐文杰，2018）。

2.4.2　轧制工序批调度相关研究现状

根据轧制批调度的生产过程，很多学者将其抽象为 VRP 问题路径选择问题，将组成的每个批次视为给定的车辆，决策各个批次内部工件的生产顺序则等价于针对每辆车给出各自接送乘客的顺序。而根据轧制批调度的问题特征，可视为串行批调度问题。

（1）基于 VRP 视角的轧制批调度。贾等（Jia et al. , 2012, 2013）分别建立具有双时间窗的多目标 VRP 模型和多目标的 prize collecting VRP 模型来描述热轧批调度问题，前者依据模型将原问题分成两个子问题：VRPTW 和 SVRPTW 问题，提出动态规划和遗传算法进行求解；后者依托帕累托前沿，基于最小化相邻板坯尺寸变化，提出新形式的多目标蚁群优化算法。彼得等（Peteri et al. , 2003）针对热轧调度问题，面向客户的不同需求和调度过程中产品可能出现缺陷的环节，提出基于多 agent 的动态调度算法，能够实现多目标优化，并能够通过实时监控，对调度过程中出现的问题进行及时修复。唐等（Tang et al. , 2000）针对宝山钢铁公司热轧工序环节中存在的实际问题，以减少轧制设备的切换为出发点，基于传统的调度方法改进，采用并行处理策略，并从理论上提出 MGA 优化算法，使得企业整年的生产提高 20%。赵等（Zhao et al. , 2009）将热轧批处理问题分解成两个子问题：组批环节和批调度环节，同样建立具有时间窗的 VRP 模型对问题进行描述，并基于禁忌搜索和模拟退火提出混合启发式算法分别对两个子问题进行求解。陈等（Chen et al. , 2008）利用 VRP 模型描述热轧调度问题，提出基于全局搜索的粒子群算法，同时运用模拟退火算法避免搜索过程中陷入局部最优。唐等（Tang et al. , 2009）考虑热轧调度中相邻板坯间长度的变化、温度的波动，以及热身板坯的排序等环节，提出基于邻域搜索的蚁群算法和分割搜索算法进行求解。

（2）串行批调度相关研究。所谓串行批调度，即批次的加工时间，为批次内包含工件的加工时间总和（Jia et al. , 2012），根据轧制环节的生产特征，轧制批调度符合串行批调度。尹等（Yin et al. , 2016）针对可拒绝的串行批调度问题，以最小化生产时间和拒绝费用为目标，提出改进的多项式算法和 ε 近似算法得到有效帕累托最优解。陆等（Lu et al. , 2015）考虑串行批处理机生产和交货的集成调度，以最小化 make-span 为目标，根据加工和运送过程中工件是否可分提出四项子问题，针对子问题一提出多项式时间算法求解，针对后三项子问题提出有效的近似算法进行求解。李等（Li et al. , 2014）考虑同时存在 M 台相同设备的串行批调度，根据每个工件是否允许被拒绝加工将问题分为两种情境进行研究，分别以最小化总加工时间和总拒绝惩罚为目标，提出时间复杂度为 $O(m^2 n^{m+2})$ and $O(m^2 n^{m+5})$ 的多项式算法进行求解。袁等（Yuan et al.，2007）以最小化总加权完工时间为目标，考虑批次体积固定的单机串行批调度问题。证明当批次的体积为 3 时，问题即为 NP 难问题，并给出情境一：工件的加工时间长短与权重值大小相反；情境二：批次的体积为 2，工件加工时间与权重值大小成正比，两种特殊情境下，时间复杂度为 $O(n\log n)$ 的多项式求解算法。沈等（Shen et al.，2012）考虑存在设备准备时间的作业车间环境下的串行批调度，以最小化 make-span 为目标，提出包含多邻域的禁忌搜索算法进行求解。

现有的单阶段轧制批处理（串行批）调度相关成果，已针对问题的关键约束，如设备是否相同，批次是否存在限制，设备与工件的匹配性，以及常用的目标函数，如最小化总延迟，最小化总生产时间 make-span，进行了较深入的研究，但是对于轧制批调度与其下游热处理工序的协同调度尚属空白，需要进行深入研究。

2.4.3　热处理工序批调度相关研究现状

从生产环节的流程与特征，热处理批调度问题属于并行批调度问题（Mathirajan et al.，2007）。针对并行批调度和作业车间调度问题的关键因素，如不同设备是否相同、不同工件是否相容、车间数量、是否存在柔性路径等，在常用的评价指标（目标函数）下开展了较深入的研究。

并行批调度相关研究。所谓并行批调度，即批次的加工时间，为批次内某个工件的加工时间或为固定时间（Jia et al.，2012），以往针对热处理环节调度的研究，批次在热处理炉内的加工时间往往为批次内单个工件的最大加工时间（Mathirajan et al.，2007），与并行批调度的特征相吻合，因此热处理环节调度问题可被视为并行批调度问题。马蒂拉詹等（Mathirajan et al.，2007）考虑热处理炉体积不同，工件体积不同且动态到达的并行批调度问题，以最大化热处理炉使用率为目标，提出启发式算法进行求解。普如诗曼（Purushothaman，2011）考虑存在生产准备时间，工件体积和加工时间均为随机的，且存在并行机的并行批调度问题，以最小化 make-span 为目标，提出贪婪随机自适应搜索算法进行求解。蒋等（Chiang et al.，2010）考虑工件动态到达的并行批调度问题，将问题分为三个子问题，依次为：组批；确定批次对应设备的指派；批次在指定设备上的生产顺序，并提出文化基因算法对三个子问题进行依次求解。周等（Zhou et al.，2016）考虑工件体积随机，不同批处理设备容积不同，且加工效率也不同的并行批调度问题，以最小化 make-span 为目标，建立混合整数规划模型，并提出混合差分进化算法进行求解，通过与已有的遗传算法和粒子群算法进行比较，证明了算法的有效性。迈赫迪等（Mehdi et al.，2015）考虑工件体积不同、释放（出炉）时间不同、批次体积存在限制的并行批调度问题，以双目标最小化 make-span 和最小化加权延迟为目标建立混合整数规划模型，并提出革新的 NSGA－Ⅱ算法进行求解。贾等（Jia et al.，2015）考虑工件体积不同、热处理炉体积不同的并行批调度问题，以最小化 make-span 为目标，根据 First-Fit-Decreasing 准则提出最大最小蚁群算法进行求解。马里奥等（Mario et al.，2010）同样以最小化 make-span 为目标，考虑加热炉体积相同的并行批调度，提出建设性的启发式算法进行求解。钟等（Chung et al.，2009）考虑工件体积不同、不同体积批次准备时间、加工时间不同的并行批调度问题，以最小化总完工时间为目标建立混合整数规划模型，并提出复合启发式算法进行求解。袁等（Yuan et al.，2008）考虑存在设备维修的单机并行批调度问题，以最小化 make-span 为目标，提出多项式时间算法进行求解。王等（Wang et al.，2010）考虑与迈赫迪等（Mehdi et al.，2015）同样的问题，并基于遗传算法和模拟退火算法提出元启发式算法进行求解。付等（Fu et al.，2012）考虑离散工序与批处理并存下的流水车间调度问题，提出基于给定下界的两阶段启发式算法进行求解。

　　现存的热处理（并行）批调度相关研究均为针对单阶段并行批调度，其中鲜有考虑在并行批调度中融入离散工序，尚无在节能降耗的视角下考虑多级并行批调度的研究。因此，针对来自现实的问题，需要针对多级并行批调度问题以及融入离散工序的生产情境模式进行深入研究，来填补这一块空白。

2.5　拍卖理论与算法在生产调度领域的应用情况

拍卖是具有明确规则的市场制度，在参与者竞标的基础上，通过拍卖规则来决定资源的配置和价格。拍卖作为一种交易方式，是价格发现方式之一，它具有很多吸引人的性质。比如分配有效性、收益最大化、低交易成本、公平等（李宝娣，2009）。

1961 年威克瑞在他的论文《反投机、拍卖和竞争性密封投标》中对传统拍卖进行了分类。威克瑞认为，应该按照管理拍卖的不同制度规则来划分拍卖业，因为拍卖规则能影响交易报盘的动机，从而影响交易的条件与效率。根据威克瑞的观点，标准的拍卖分为四类：英式拍卖（或称升价拍卖）；荷式拍卖（或称降价拍卖）；第一价格密封拍卖；第二价格密封拍卖（或称威克瑞拍卖）（李宝娣，2009）。

在升价拍卖中，价格逐步提高，直到只剩一个买方为止，该买方以最后的价格赢得标的物。这一拍卖既可以由卖方报价，又可以由买方各自报价，还可以借助显示当前最高价格的电子报价器来进行。古董和艺术品拍卖通常都是升价拍卖。

降价拍卖与升价拍卖的形式完全相反。卖方设一个极高的开始价格。拍卖开始后，价格逐步降低，直到有人愿意购买为止。最终价格为该时刻所显示的价格。易腐、有保质期的商品，例如鲜花、鱼、烟草等的拍卖通常采用降价拍卖。

在一级价格密封拍卖中，各买方不知道其他买方的出价，每一买方单独提交其报价，出价最高的买方赢得标的物。最终价格为该赢家的报价（即价格是最高的或"第一价格"）。政府拥有土地的采矿权拍卖、房地产拍卖等通常都是一级价格密封拍卖。

在二级价格密封拍卖中，每一买方在看不见彼此出价的情形下独立出价，出价最高的人赢得该标的物。与一级价格密封拍卖不同的是，赢家出的价钱不是他自己的出价，而是第二高的出价，或者"第二价格"。邮票拍卖和某些网络拍卖通常用第二价格密封拍卖（李宝娣，2009）。

维克里（Vickrey，1961）首先考虑了几种常见拍卖方式的均衡策略以及配置效率问题。其中指出，无论竞买人是否对称，英式拍卖中每个竞买人的占优战略都是保持竞价，直到价格达到自己的估价为止，估价最高的竞买人将以大致等于次高估价的价格夺走拍卖品，这种配置结果显然是帕累托有效的。在竞买人对称的荷式拍卖中，每个竞买人的报价应该严格低于自己的估价，估价最高的竞买人必定成为赢家，因而也是帕累托有效的。但是，如果竞买人非对称，那么荷式拍卖的配置结果可能是无效率的。

维克里（1961）还相当精辟地分析并指出，荷式拍卖与第一价格密封拍卖在战略上是完全等价的，因为竞买人在两种情形中所面临的局势完全相同。在此基础上，维克里（1961）独创性地提出了英式拍卖的密封等价形式——第二价格密封拍卖，这种拍卖最显著的特征是每个竞买人的占优战略都是按其真实支付意愿出价（"说真话"），这种拍卖机制显然是激励相容的。由于拍卖品最终归于支付意愿最高的竞买人之手，它也是一种具有帕累托效率的配置机制，其最重要的贡献在于，针对竞买人对称的情形证明，荷式拍卖与英式拍卖所产生的期望价格相同。结合战略等价关系，这实际上意味着四种标准拍卖机制给卖主带来的平均收入相等，这就是著名的"收入等价定理"（revenue equivalence theorem），该定理是整个拍卖理论研究的起点（殷红，2005）。

自从最早期的分配货物与服务，拍卖机制便作为一种非常重要的竞争机制存在（Shen et al.，2018）。拍卖机制被广泛应用于产品的价格由供需关系所决定，价格随时间而变化，或是卖家不了解产品的（大致）价格等情况。最常见的拍卖是以竞标的形式完成，即为买家将自己预期的价格通知卖家，卖家根据所有买家提供的信息（价格），选择是否出售产品以及出售给哪个买家。许多拍卖还有着独特的评价标准，或是涉及买家偏好，这样的拍卖被称为组合拍卖，为 NP 难问题（Zaman et al.，2013）。在解决调度问题上，拍卖机制在许多领域上面得到了应用，例如电力领域、供应链领域、化学领域、交通运输领域以及无线网络领域（Baidas et al.，2012）。在生产调度问题上，拍卖机制也得到了广泛的应用。早在 1988 年，肖恩（Shaw，1988）首先使用拍卖机制针对生产调度问题进行求解，自此以后，20 多年来不断将拍卖理论应用在生产调度问题上面。德万等（Dewan et al.，2001）针对多目标下的 Job

Shop 问题，提出分布式拍卖调度机制，提出 job-machine 拍卖模型，并在其子问题中提出价格预估机制。德万等（Dewan et al.，2002）针对以目标为最小化所有工件 due date 方差的 Job Shop 问题，将目标函数线性化，并使用拉格朗日松弛法对问题进行分解，并使用标准的数学规划工具建立竞标机制和估价机制，通过拍卖对问题进行求解。斯里维纳斯等（Srivinas et al.，2004）在组合拍卖中建立新的买家竞争机制，并结合一系列不同的竞标规则，以最小化生产不平衡和最大化生产量为目标，针对柔性生产系统中的工件分配问题进行求解。阿塔纳西奥等（Attanasio et al.，2006）运用拍卖机制，以最小化通信开销和最大化资源利用率为目标，对并行机调度问题进行分解，并显示了拍卖理论与拉格朗日分解的相关性。威亚玛尼等（Veeramani et al.，2006）针对分布式生产系统，运用拍卖机制作出生产计划，并以拍卖机制为原理，建立动态规划算法控制产品的实时调度。阿德豪等（Adhau et al.，2012）运用拍卖理论求解分布式 multi-agent 生产系统中的资源分配问题，提出 multi-unit 联合调度以及高效的竞争机制，通过实验表明，即使对大规模的算例也有着很高的求解效率。

2.6　本章小结

尽管许多学者针对钢铁生产流程涉及的调度问题开展了比较系统深入的研究，也取得了丰富的研究成果，但上述研究存在以下不足：

（1）针对（热）轧制环节，现有的研究大都只针对（此）单阶段进行研究，并没有将之与其下游热处理工序进行协同考虑。在频繁存在热处理操作的情况下，作为其上游工序，实时动态的轧制调度将对下游热处理的调度有着直接的影响，将上下游两个阶段分别单独考虑将难以获得理想的效果，因此需要将原有只针对轧制环节的单阶段调度扩展到与其下游热处理工序协同考虑的多阶段协同调度。

（2）针对热处理环节，同样现有的研究大都只针对（此）单阶段进行研究，仅有极少量考虑到热处理（并行批）与离散工序的协同调度，且尚无从节能降耗的视角，研究针对存在多次热处理的生产情境，因此需要针对具有多级热处理，以及存在离散工序的生产情境进行深入研究。

　　因此，本书主要针对以上不足，综合生产流程中各环节生产特征及影响调度的重要因素，将轧制、热处理和精整等关键工序中各自存在的调度问题进行有机结合，基于节能降耗，提出面向多阶段的协同调度问题，并探究求解方法。

　　本章对传统车间调度问题和单元调度问题进行了详细的综述。从中可以看出，在生产过程中，设备的选择、工件的指派以及运输过程均能对调度结果产生影响。可见，针对影响调度的因素提出具有现实意义的生产情境的重要性。

第3章　考虑缓冲区间有限下的作业车间调度方法

针对考虑缓冲区间有限下的作业车间调度问题，以最小化 *make-span* 为目标建立了非线性混合整数规划模型，提出了基于邻域搜索的两阶段算法对问题进行求解。算法的第一阶段为迅速找到可行解；第二阶段为基于非连通图，通过邻域搜索对得到的可行解进行优化。针对 benchmark 算例进行测试并与已有的算法进行对比，验证了算法的有效性。对比分析发现，如果工件的加工时间符合均匀分布，当缓冲区间容量与工件数量的比例达到20%，缓冲区间大小对调度结果的影响将会迅速变小。

3.1　问题的提出与研究现状

作业车间调度是最经典的调度问题之一，随着生产系统的发展，对于作业车间调度问题考虑的因素也变得越来越多。本书针对设备缓冲区间有限下的作业车间调度问题。

所谓缓冲区间，是指工件在当前设备完成加工后，停留在当前设备等待下一道工序生产期间所占用的等待空间（Brucker et al. , 2006）。对于以往传统的作业车间调度问题，每台设备的缓冲区间被视为容量无限（Lacomme et al. , 2013）。对于考虑设备缓冲区间有限的情境，若工件在当前设备加工时，此设备的缓冲区间已被占满，且当前工序完成后不能马上进入下一道工序，需要在当前设备上面继续等待，届时工件只能停留在当前设备的加工区间上，使得后续工件无法在此设备上进行加工。在考虑设备缓冲区间有限的情境下，调度问题的复杂性将大大加强，绝大多数相关研究均为针对流水车间调度问题，并提出一系列的有效算法进行求解，包括免疫算法（Hsieh et al.，2009）、混沌和声搜索算法（Pan et al.，2011a）、离散差分进化算法（Pan et al.，2011b）、混合遗传算法（Wang et al.，2006）、混合进化算法（Xie et al.，2015）、离散人工蜂群算法（Pan et al.，2018）等，张等（Zhang et al.，2017）更将设备缓冲区间有限下的流水车间调度问题与批处理问题相结合。而在作业车间调度方面，已有的研究仅针对问题的特征进行了分析，而缺少完整的求解方法。故本书针对此问题，建立了数学模型进行描述，提出了基于邻域搜索的两阶段算法进行求解，并通过对比试验证明了算法的有效性。

3.2　问题描述与数学建模

在作业车间中，有 n 个工件 $J = \{1,2,\cdots,n\}$ 和 m 台设备 $M = \{1,2,\cdots,m\}$。每个工件的加工路线固定已知，包括多道工序。在任何时刻，每台设备只能同时加工一个工件，设备 k 的缓冲区间最多能同时容纳 B_k 个工件。假设所有的设备具有相同的缓冲区间。每个工件的最后一道工序完成加工后，被视为马上离开生产系统，不再需要占用缓冲区间。P_{ij} 为第 i 个工件第 j 道工序的加工时间；$S_{ij}(C_{ij})$ 和 IB_{ij} 为需要决策的变量；$S_{ij}(C_{ij})$ 为第 i 个工件第 j 道工序的开始（结束）加工的时间；IB_{ij} 为第 i 个工件第 j 道工序进入设备缓冲区间的时间。问题的目标是寻找一个合理的调度方案，使得全体工件的完工时间最小。

$$Min \; max\{C_{ij}\}. \tag{3-1}$$

$$S_{ij} + P_{ij} = C_{ij}, \; \forall \, i,j. \tag{3-2}$$

$$IB_{ij} \geqslant C_{ij}, \; \forall \, i,j. \tag{3-3}$$

$$S_{ij} \geqslant IB_{i(j-1)}, \; \forall \, i,j = 2,\cdots,n. \tag{3-4}$$

$$\left.\begin{array}{l} \alpha_{ijk}\,\alpha_{i'j'k}(S_{ij} - IB_{i'j'})(S_{i'j'} - IB_{ij}) \leqslant 0, i \neq i', j,j' = 1,2,\cdots,n-1, \forall \, k \\[4pt] \alpha_{ijk}\,\alpha_{i'j'k}(S_{ij} - IB_{i'j'})(S_{i'j'} - C_{ij}) \leqslant 0, i \neq i', j = n, j' = 1,2,\cdots,n-1, \forall \, k \\[4pt] \alpha_{ijk}\,\alpha_{i'j'k}(S_{ij} - C_{i'j'})(S_{i'j'} - C_{ij}) \leqslant 0, i \neq i', j = n, j' = n, \forall \, k \end{array}\right\}$$

$$\tag{3-5}$$

$$\alpha_{i_1 j_1 k} \alpha_{i_2 j_2 k} \cdots \alpha_{i_{N+1} j_{N+1} k} \left(max\left\{ IB_{i_1 j_1}, IB_{i_2 j_2}, \cdots, IB_{i_{N+1} j_{N+1}} \right\} - min\left\{ S_{i_1(j_1+1)}, \right. \right.$$
$$\left. \left. S_{i_2(j_2+1)}, \cdots, S_{i_{N+1}(j_{N+1}+1)} \right\} \right) \geqslant 0,$$
$$i_1 \neq i_2 \neq \cdots \neq i_{N+1}, j_1, j_2, \cdots, j_{N+1} = 1, 2, \cdots, n-1, \forall k. \qquad (3-6)$$

$$\alpha_{ijk} = \begin{cases} 1, 如果工序 O_{ij} 需要设备 k 加工 \\ 0, 否则 \end{cases} \qquad (3-7)$$

式（3-1）为模型的目标函数：最小化全体工件的完工时间；式（3-2）表明自某道工序开始加工起，直至此工序完成加工前不能被中断；式（3-3）表明工件在当前加工设备完成后，可以进入设备的缓冲区间等待下一道工序的加工；式（3-4）表明当下一道工序设备可用时，工件可以立刻从当前设备缓冲区间离开；式（3-5）表明任何设备在任何时刻都不能同时加工多个工件；式（3-6）给出了工件进入设备缓冲区间在时间上的先后关系；式（3-7）表示工序与加工设备之间的匹配关系，能够加工为 1，否则为 0。

3.3　寻找可行解

3.3.1　小规模算例

针对考虑设备缓冲区间的作业车间调度问题，求解的思路是首先快速寻找到一个可行解，然后针对得到的可行解进行优化。为了找到一个有效的方法，首先通过求解一个小型算例分析解的特征。算例的具体信息如表 3-1 所示。基于以上模型，使用 Lingo 求解此算例，假设设备缓冲区间的容量为 1，得到最终调度方案甘特图如图 3-1 所示。

表 3-1　　　　　　　　　　　　算例基本信息

	工序加工时间		
工件 1	$M_3 : 1$	$M_1 : 3$	$M_2 : 6$
工件 2	$M_2 : 8$	$M_3 : 4$	$M_1 : 10$
工件 3	$M_3 : 5$	$M_1 : 4$	$M_2 : 8$

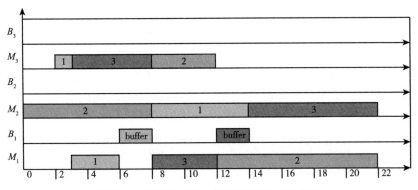

图 3 - 1　使用 Lingo 得到的调度方案甘特图

由图 3 - 1 可知，如果将缓冲区间看作一种特殊的设备，对于每个工件来说，相当于处在无等待的约束下得到的调度方案。无等待约束，即为任何工件前一道工序完成后，后一道工序必须马上开始。对于存在无等待约束条件下的作业车间调度问题，求解的关键是给出一个合理的加工顺序 (Nawaz et al. ，1983)。对于 NEH 算法 (Nawaz et al. ，1983)，主要步骤如下：

步骤 1：计算每个工件的加工时间总和，依照降序排列，得到排序 $\pi = \{\pi(1),\pi(2),\cdots,\pi(n)\}$。

步骤 2：选择排序中最前面的两个工件进行单独排序调度，选择一个结果最好的顺序，作为当前的暂定顺序。

步骤 3：对于剩余的工件 $\pi(j)$，$j = 3,4,\cdots,n$，接下来每次将一个新工件插入现有的排序，保持现有的排序不动，新工件找到一个合适的位置插入，使得插入后形成新排序的调度结果为最佳，得到的排序为新的暂定排序。以此类推，得到 n 个工件最终的排序。

3.3.2　缓冲空间调度机制与方法

根据以上给出的顺序，提出以下缓冲区间调度机制：当某道工序完成当前的加工，如果它下一道工序的设备是可用的，将其直接转向下一台设备；如果下一台设备处于繁忙状态且当前设备的缓冲区间尚未被占满，工件则转入当前设备缓冲区间等待；否则，工件只能继续停留在当前设备的加工区间进行等待。

综上所述，快速得到可行解的步骤如下：

步骤 1：根据 NEH 方法得到工件的顺序，按照顺序依次进行调度；

步骤 2：从零时刻检测各个工序的状态，如果有工序完成当前加工，记录当前时间点，转入步骤 3，否则检测下一时间点直至有工序完成当前加工，转入步骤 3；

步骤 3：如果当前完成工序为某个工件的最后一道工序，转入步骤 4，否则转入步骤 5；

步骤 4：如果所有工件均完成加工，算法结束，否则返回步骤 2；

步骤 5：判断工件当前停留在设备的加工区间或是缓冲区间，转入步骤 6；

步骤 6：如果下一台设备处于繁忙状态并且工件处于设备的加工区间，转入步骤 7，如果工件处于设备的缓冲区间，转入步骤 8，否则转入步骤 9；

步骤 7：如果当前设备的缓冲区间没有被占满，将当前工序移至缓冲区间等待下一台设备，更新设备状态，返回步骤 2，否则只能继续停留在当前设备的加工区间继续等待，返回步骤 2；

步骤 8：如果当前工件需要继续在缓冲区间内等待下一设备，返回步骤 2，否则转入步骤 9；

步骤 9：将工序移向下一台设备进行加工，更新设备状态和工序状态，返回步骤 2。

3.4 基于非连通图的邻域搜索

在得到可行解后，邻域搜索机制对其进一步深入优化，防止其陷入局部最优。

3.4.1 影响调度的关键因素分析

对于不同的调度方案，各道工序在设备缓冲区间的等待时间不同。因此，要通过优化尽量减少或消除工序在缓冲区间的等待，减少整体工件最终的完工时间。借鉴非连通图（disjunctive graph model）在作业车间调度方面已有的研究，通过得到可行解的关键路径，改变工序之间的位置得到新的邻域，来减少工序在缓冲区间内的等待时间。下面通过举例说明如何基于关键路径改变工序顺序得到新的邻域，更多关于非连通图的信息详见曾等（Zeng et al.，2015）的研究。对于表 3－1 中的算例，如果按照 1－2－3 的工件顺序进行加工，得到的调度方案如图 3－2 所示。

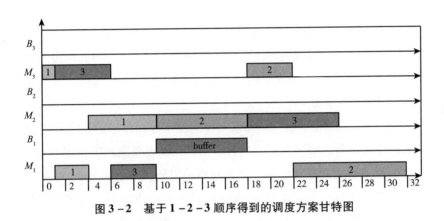

图 3－2　基于 1－2－3 顺序得到的调度方案甘特图

图 3－2 中，虚线的部分将构成关键路径。在关键路径上，O_{32} 在设备 1 的缓冲区间内占用大量的等待时间，通过改变其后续工序所在设备上的加工顺序来减少等待时间。改变 O_{33} 所在设备 2 上工序的加工顺序，交换 O_{13} 和 O_{21} 的顺序，得到新的调度方案如图 3－3 所示。

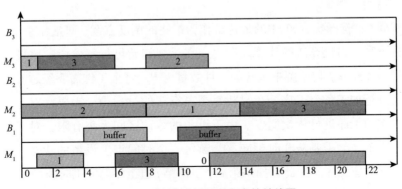

图 3－3　改进后新调度方案的甘特图

3.4.2 基于邻域搜索的两阶段算法

通过上面的例子，说明通过寻找关键路径，改变工序在设备上的加工顺序，能够减少在设备缓冲区间的等待时间，进而减少最终的完工时间 make-span。据此，提出基于邻域搜索的两阶段算法，步骤如下：

步骤 1：参数设置：初始可行解的数量 K，最大迭代次数 $GENNO$，建立集合 s 和 $s1$，$Iter=1$。

步骤 2：得到 K 个初始解，转入步骤 3。

步骤 3：针对每个可行解，计算其关键路径，清空集合 s，选出关键路径中需要在设备缓冲区间进行等待的工序，将它们的等待时间按降序排列，依次加入集合 s，转入步骤 4。

步骤 4：选定集合 s 中第一个元素对应关键工序路径中的工序 O_{ij}，找到工序 $O_{i(j+1)}$ 对应的设备，确定当前调度方案中，在此设备上加工排序在 $O_{i(j+1)}$ 前的工序，尝试改变它们现有的顺序，得到新的邻域，并删除集合 s 中的第一个元素。如果得到邻域的完工时间 $make$-$span$ 比现有的方案小，用得到的邻域更新现有方案，返回步骤 3，如果此时集合 s 是空集，转至步骤 5，否则重复步骤 4。

步骤 5：如果当前所有的初始解均完成了邻域搜索优化过程，将当前所有解中最优的一个加入集合 $s1$，$Iter=Iter+1$，如果 $Iter>GENNO$，转至步骤 6，否则针对现有可行解中某一设备上的加工顺序，进行两两交换，形成新的可行解，返回步骤 3。

步骤 6：选择集合 $s1$ 中的最优解作为最终的调度方案，算法结束。

接下来，讨论算法的计算复杂度。在寻找初始可行解阶段，假设初始解的个数为 A，每个初始解中包含的工件数量为 B，每个工件需要经过 C 个道次的设备进行加工各个工序。在寻找每个可行解的过程中，需要针对每个工件每个道次的工序进行依次调度。由于设备的缓冲区间大小有限，对于每个工件的每道工序，需要从 0 时刻起，判断每一个时间点上设备的状态，能否进行加工其对应工序。因此，如果第 i 个工件第 j 道工序的完工时间为 C_{ij}，那么得到第 i 个工件第 j 道工序的调度方案需要循环计算的次数为 C_{ij}，因此，得到

第 i 个工件调度方案需要的循环计算次数为 $C_{i1} + C_{i2} + \cdots + C_{ic}$。由此可以看出，得到每个工件调度方案的计算复杂度为 $O(C)$，若算例包含 B 个工件，则得到算例的调度方案（一个可行解）的计算复杂度为 $O(BC)$，以此类推，得到 A 个初始可行解的计算复杂度为 $O(ABC)$。在基于非连通图的邻域搜索阶段，在每次搜索中，通过改变关键路径中关键块内关键工序的顺序得到新的邻域（可行解），并根据新的排序得到新的调度方案，其计算方式和过程与初始解相同。假设每个可行解进行邻域搜索的次数为 Q，则邻域搜索阶段的计算复杂度为 $O(QABC)$。综上所述，本书提出的基于邻域搜索的两阶段算法的计算复杂度为 $O(QABC)$。

3.5　实验结果与分析

3.5.1　实验参数设置

为了测试算法的性能，选用标准的作业车间 benchmark 算例进行测试。算例 la01 – 40 来自劳伦斯（Lawrence，1984）和高福林等（Gröflin et al.，2009）。对于每组算例，生成初始解个数为 200，邻域搜索最大迭代次数 $GENNO$ 为 100。

3.5.2　结果分析

首先尝试使用 Lingo 对问题进行求解。结果如表 3 – 2 所示，10 ×5 表示算例中包含 10 个工件，每个工件均含有 5 道工序。表 3 – 2 中信息为不同规模算例在设备缓冲区间容量不同情境下的工件完工时间 make-span。若工件数量为 20，每台设备缓冲区间最多可同时容纳 4 个工件，此时的比例即为 20%。通过与后面的比较可知，通过 Lingo 得到解的质量不是很高，说明 Lingo 不适合求解此类问题，也证明了此问题的复杂性。

表 3 - 2　　　　　　　　　　　　通过 Lingo 求解得到的结果

算例	规模	设备缓冲区间容积与工件数量的比例					
		0%	10%	20%	30%	50%	80%
la01	10×5	951	812	712	703	683	681
la02	10×5	957	837	757	750	740	734
la03	10×5	947	753	684	669	662	660
la04	10×5	944	811	695	689	688	681
la05	10×5	866	708	649	646	639	636
la06	15×5	1539	1312	1203	1182	1172	1162
la07	15×5	1451	1264	1171	1157	1117	1104
la08	15×5	1442	1224	1148	1123	1106	1067
la09	15×5	1642	1390	1204	1203	1183	1162
la10	15×5	1597	1319	1213	1197	1191	1180
la11	20×5	2274	1792	1686	1683	1670	1646
la12	20×5	1994	1592	1424	1350	1343	1327
la13	20×5	2299	1812	1574	1571	1548	1508
la14	20×5	2388	1869	1709	1691	1679	1678
la15	20×5	2292	1805	1617	1587	1567	1554
la16	10×10	1645	1502	1364	1339	1280	1262
la17	10×10	1363	1212	1097	1056	1052	1041
la18	10×10	1572	1311	1197	1183	1177	1159
la19	10×10	1477	1339	1167	1148	1147	1145
la20	10×10	1630	1496	1244	1217	1204	1178
la21	15×10	2382	1862	1557	1506	1487	1446
la22	15×10	2112	1694	1428	1361	1342	1272
la23	15×10	2378	1954	1439	1410	1401	1321
la24	15×10	2322	1770	1432	1347	1314	1285
la25	15×10	2229	1832	1420	1390	1369	1330
la26	20×10	3328	2622	1949	1895	1841	1830
la27	20×10	3385	2570	1957	1900	1880	1810
la28	20×5	3087	2527	1898	1896	1861	1844
la29	20×10	3350	2386	1868	1849	1837	1769
la30	20×10	3279	2564	2113	2051	2044	1943

续表

算例	规模	设备缓冲区间容积与工件数量的比例					
		0%	10%	20%	30%	50%	80%
la31	30 × 10	4949	3371	2761	2741	2714	2645
la32	30 × 10	5377	3593	2911	2815	2803	2749
la33	30 × 10	4744	3275	2597	2584	2583	2503
la34	30 × 10	5015	3313	2795	2771	2666	2637
la35	30 × 10	4978	3474	2955	2919	2884	2859
la36	15 × 15	3021	2514	2054	1940	1920	1910
la37	15 × 15	3147	2692	2292	2250	2170	2144
la38	15 × 15	2873	2499	2010	1969	1937	1842
la39	15 × 15	3119	2534	1969	1926	1924	1903
la40	15 × 15	2997	2387	1997	1982	1857	1846

接下来使用基于邻域搜索的两阶段算法求解算例，结果如表 3 – 3 所示。当比例为 100% 时，等同于经典的作业车间（job shop，JS）调度问题。BKS 为现有在 JS 研究中得到的最优解，Gap 为两阶段算法在 100% 比例下得到结果与 BKS 的偏差。

表 3 – 3　设备缓冲区间容积与工件数量不同比例下的完工时间

算例	规模	设备缓冲区间容积与工件数量的比例							BKS	偏差（%）
		0%	10%	20%	30%	50%	80%	100%		
la01	10 × 5	890	780	666	666	666	666	666	666	0
la02	10 × 5	825	776	683	677	665	661	655	655	0
la03	10 × 5	807	697	617	617	613	604	597	597	0
la04	10 × 5	815	723	606	602	595	590	590	590	0
la05	10 × 5	733	658	593	593	593	593	593	593	0
la06	15 × 5	1227	1026	926	926	926	926	926	926	0
la07	15 × 5	1167	970	893	890	890	890	890	890	0
la08	15 × 5	1170	976	880	874	874	868	863	863	0
la09	15 × 5	1309	1060	951	951	951	951	951	951	0
la10	15 × 5	1263	1033	958	958	958	958	958	958	0
la11	20 × 5	1663	1318	1222	1222	1222	1222	1222	1222	0

算例	规模	设备缓冲区间容积与工件数量的比例							BKS	偏差（%）
		0%	10%	20%	30%	50%	80%	100%		
la12	20×5	1447	1205	1040	1039	1039	1039	1039	1039	0
la13	20×5	1625	1327	1150	1150	1150	1150	1150	1150	0
la14	20×5	1717	1391	1292	1292	1292	1292	1292	1292	0
la15	20×5	1766	1414	1229	1222	1214	1207	1207	1207	0
la16	10×10	1245	1128	979	972	968	964	951	945	0.63
la17	10×10	1077	941	806	803	795	795	788	784	0.51
la18	10×10	1121	1009	876	869	860	858	852	848	0.47
la19	10×10	1137	995	877	875	866	860	851	842	1.07
la20	10×10	1212	1066	921	912	917	915	908	902	0.67
la21	15×10	1684	1328	1120	1113	1105	1101	1089	1046	4.11
la22	15×10	1560	1316	1010	1003	992	980	966	927	4.21
la23	15×10	1724	1477	1062	1050	1048	1044	1041	1032	0.87
la24	15×10	1697	1327	1012	986	977	971	959	935	2.57
la25	15×10	1604	1375	1042	1035	1033	1030	1021	977	4.5
la26	20×10	2248	1771	1327	1314	1309	1307	1282	1218	5.25
la27	20×10	2349	1783	1303	1301	1295	1293	1285	1235	4.05
la28	20×10	2175	1730	1311	1296	1292	1288	1281	1216	5.35
la29	20×10	2294	1572	1275	1266	1252	1252	1237	1152	7.39
la30	20×10	2366	1791	1413	1407	1400	1399	1395	1355	2.95
la31	30×10	3357	2215	1849	1827	1820	1818	1807	1784	1.29
la32	30×10	3726	2409	1942	1927	1918	1905	1875	1850	1.35
la33	30×10	3288	2258	1760	1759	1757	1751	1739	1719	1.16
la34	30×10	3429	2314	1827	1824	1810	1793	1768	1721	2.73
la35	30×10	3477	2362	2010	1951	1944	1934	1921	1888	1.75
la36	15×15	2087	1752	1352	1324	1318	1311	1305	1268	2.92
la37	15×15	2135	1837	1521	1493	1470	1466	1453	1397	4.01
la38	15×15	1969	1681	1348	1305	1287	1275	1263	1196	5.6
la39	15×15	2067	1770	1324	1307	1296	1296	1288	1233	4.46
la40	15×15	2072	1665	1335	1293	1285	1282	1271	1222	4.01
平均										1.85

从表3-3可以看出，对于经典的JS问题，本书提出的算法也能够得到理想的结果。对于小规模算例，即使在比例仅为20%时，本算法依然能够得到全局最优解，例如算例la01、la05，充分证明了两阶段算法对于此问题求解的有效性。

为了进一步分析两阶段算法，尝试与其他已有的算法进行比较。由于现有研究缺少针对本书提出问题的求解算法，故只能与求解缓冲区间有限下流水车间（flow shop）调度问题的方法相比较。分别选取来自谢等（Hsieh et al.，2009）、潘等（Pan et al.，2011a，2011b）和王等（Wang et al.，2006）中的算法，分别标记为HA、NOIA、GS和BIH。计算在不同缓冲区间容量下的完工时间。选取四种算法中最好的结果，计算偏差，结果如表3-4～表3-6所示。

表3-4　　　HA和NOIA算法求得设备缓冲区间容积与工件数量
不同比例下的完工时间

算例	规模	设备缓冲区间容积与工件数量的比例（HA）						设备缓冲区间容积与工件数量的比例（NOIA）					
		0%	10%	20%	30%	50%	80%	0%	10%	20%	30%	50%	80%
la01	10×5	902	788	704	696	692	686	901	784	706	694	693	687
la02	10×5	832	784	719	704	699	691	837	785	715	704	698	692
la03	10×5	817	708	654	646	643	640	815	712	658	648	641	639
la04	10×5	822	732	652	636	628	620	822	729	656	640	631	625
la05	10×5	736	667	631	624	622	618	744	665	625	624	617	615
la06	15×5	1238	1039	967	960	956	956	1236	1044	973	964	955	953
la07	15×5	1178	984	947	935	930	928	1183	988	941	936	929	924
la08	15×5	1186	988	936	921	911	907	1178	987	938	927	918	909
la09	15×5	1318	1071	1022	988	981	977	1326	1082	1042	984	979	978
la10	15×5	1271	1045	1018	994	988	982	1274	1039	1026	998	982	976
la11	20×5	1685	1332	1308	1282	1272	1268	1685	1337	1296	1285	1274	1258
la12	20×5	1464	1221	1144	1107	1096	1084	1469	1232	1157	1098	1085	1076
la13	20×5	1646	1342	1278	1240	1221	1208	1641	1338	1282	1246	1228	1210
la14	20×5	1729	1408	1384	1368	1362	1356	1734	1401	1388	1361	1355	1350

续表

算例	规模	设备缓冲区间容积与工件数量的比例（HA）						设备缓冲区间容积与工件数量的比例（NOIA）					
		0%	10%	20%	30%	50%	80%	0%	10%	20%	30%	50%	80%
la15	20×5	1782	1442	1343	1285	1272	1268	1791	1429	1355	1296	1287	1276
la16	10×10	1255	1151	1096	1035	1023	1012	1250	1143	1087	1042	1021	1008
la17	10×10	1090	957	917	878	866	863	1089	964	904	869	864	855
la18	10×10	1129	1024	982	954	931	925	1132	1038	988	969	943	924
la19	10×10	1147	1013	986	942	938	924	1145	1032	977	942	937	929
la20	10×10	1228	1086	1049	1012	992	986	1217	1098	1037	1008	990	982
la21	15×10	1694	1350	1307	1225	1213	1208	1701	1341	1295	1252	1241	1224
la22	15×10	1576	1334	1194	1134	1096	1082	1579	1325	1188	1134	1096	1082
la23	15×10	1740	1498	1231	1156	1141	1121	1748	1508	1227	1172	1155	1142
la24	15×10	1719	1353	1196	1145	1122	1106	1704	1347	1183	1136	1133	1118
la25	15×10	1615	1397	1248	1176	1152	1145	1610	1388	1259	1185	1164	1148
la26	20×10	2275	1799	1535	1478	1446	1435	2264	1807	1544	1489	1466	1458
la27	20×10	2382	1815	1518	1452	1433	1424	2361	1836	1509	1466	1448	1427
la28	20×10	2184	1762	1496	1445	1424	1408	2197	1744	1486	1433	1419	1411
la29	20×10	2305	1615	1508	1458	1435	1393	2319	1602	1521	1467	1445	1415
la30	20×10	2397	1839	1622	1575	1538	1526	2392	1851	1607	1570	1551	1538
la31	30×10	3444	2276	2156	2088	2084	2061	3448	2268	2143	2096	2074	2055
la32	30×10	3804	2472	2357	2321	2314	2294	3834	2496	2376	2335	2324	2308
la33	30×10	3350	2307	2082	2044	2023	1996	3400	2288	2112	2088	2047	2012
la34	30×10	3546	2384	2254	2183	2175	2156	3532	2375	2234	2196	2183	2164
la35	30×10	3588	2443	2296	2255	2231	2198	3567	2455	2287	2258	2244	2215
la36	15×15	2127	1823	1693	1649	1632	1618	2127	1812	1705	1676	1651	1636
la37	15×15	2180	1912	1783	1742	1729	1721	2199	1943	1833	1767	1748	1733
la38	15×15	2030	1745	1620	1588	1556	1523	2018	1756	1661	1602	1582	1553
la39	15×15	2106	1846	1674	1634	1614	1592	2115	1824	1685	1655	1638	1619
la40	15×15	2113	1733	1557	1495	1482	1460	2128	1758	1575	1532	1498	1475

表 3－5　GS 和 BIH 算法求得设备缓冲区间容积与工件数量不同比例下的完工时间

算例	规模	设备缓冲区间容积与工件数量的比例（GS）						设备缓冲区间容积与工件数量的比例（BIH）				
		0%	10%	20%	30%	50%	80%	0%	10%	20%	30%	50%
la01	10×5	896	786	696	693	689	683	894	784	692	681	687
la02	10×5	834	781	705	699	693	684	835	783	699	699	680
la03	10×5	812	707	650	646	642	638	815	708	636	640	636
la04	10×5	818	727	648	637	627	619	827	726	621	616	613
la05	10×5	738	663	626	621	616	613	742	663	609	614	615
la06	15×5	1232	1036	957	954	952	949	1242	1039	947	958	963
la07	15×5	1176	986	940	932	926	924	1180	983	913	918	925
la08	15×5	1186	982	908	903	897	891	1176	982	905	897	906
la09	15×5	1318	1066	1004	980	976	971	1323	1068	982	980	985
la10	15×5	1277	1041	1003	990	984	980	1274	1040	980	996	996
la11	20×5	1671	1329	1295	1276	1264	1258	1680	1331	1266	1270	1266
la12	20×5	1466	1223	1132	1101	1089	1079	1467	1226	1073	1067	1061
la13	20×5	1640	1336	1251	1232	1216	1202	1640	1333	1176	1190	1195
la14	20×5	1741	1404	1369	1357	1349	1344	1726	1402	1322	1337	1329
la15	20×5	1784	1436	1325	1277	1264	1258	1777	1425	1266	1267	1249
la16	10×10	1264	1147	1087	1024	1016	1002	1252	1144	1039	1038	1014
la17	10×10	1093	956	904	866	859	854	1086	958	853	850	843
la18	10×10	1128	1024	976	948	937	924	1129	1026	922	919	912
la19	10×10	1151	1010	973	936	929	921	1142	1018	929	914	921
la20	10×10	1230	1079	1031	1005	992	984	1222	1073	971	950	980
la21	15×10	1692	1343	1285	1216	1201	1195	1704	1338	1185	1168	1164
la22	15×10	1566	1328	1178	1128	1100	1085	1574	1323	1067	1065	1033
la23	15×10	1733	1490	1215	1148	1132	1121	1731	1496	1108	1122	1094
la24	15×10	1717	1346	1179	1133	1120	1098	1705	1341	1080	1030	1027
la25	15×10	1615	1384	1215	1164	1143	1136	1615	1381	1106	1098	1089

续表

算例	规模	设备缓冲区间容积与工件数量的比例（GS）						设备缓冲区间容积与工件数量的比例（BIH）				
		0%	10%	20%	30%	50%	80%	0%	10%	20%	30%	50%
la26	20×10	2270	1787	1512	1466	1439	1432	2268	1782	1412	1368	1372
la27	20×10	2380	1804	1518	1444	1426	1418	2361	1812	1366	1384	1368
la28	20×10	2192	1749	1473	1432	1416	1402	2186	1746	1373	1363	1377
la29	20×10	2326	1596	1482	1440	1415	1387	2305	1588	1335	1318	1327
la30	20×10	2394	1822	1608	1554	1521	1511	2378	1834	1475	1493	1484
la31	30×10	3438	2259	2133	2072	2052	2043	3468	2261	1991	1971	1978
la32	30×10	3853	2458	2335	2316	2302	2283	3815	2469	2103	2081	2075
la33	30×10	3380	2282	2068	2035	2011	1985	3400	2274	1888	1893	1901
la34	30×10	3535	2369	2236	2164	2152	2132	3542	2364	1986	1988	1964
la35	30×10	3564	2426	2275	2228	2207	2164	3574	2414	2189	2093	2103
la36	15×15	2129	1811	1662	1628	1602	1588	2137	1803	1474	1418	1418
la37	15×15	2205	1896	1766	1713	1701	1685	2195	1901	1646	1615	1592
la38	15×15	2020	1731	1614	1553	1531	1514	2026	1726	1450	1409	1384
la39	15×15	2137	1833	1648	1612	1594	1577	2129	1817	1423	1405	1411
la40	15×15	2111	1721	1531	1476	1452	1421	2134	1704	1450	1402	1380

表3-6 　　　　　对比算法的结果偏差 　　　　　单位:%

算例	规模	设备缓冲区间容积与工件数量的比例					
		0%	10%	20%	30%	50%	80%
la01	10×5	0.45	0.51	3.9	2.25	3.15	2.55
la02	10×5	0.85	0.64	2.34	3.25	2.26	3.18
la03	10×5	0.62	1.43	3.08	3.73	3.75	2.65
la04	10×5	0.37	0.41	2.48	2.33	3.03	3.56
la05	10×5	0.41	0.76	2.7	3.54	3.71	3.2
la06	15×5	0.41	0.97	2.27	3.02	2.81	2.48
la07	15×5	0.77	1.34	2.24	3.15	2.13	3.82

算例	规模	设备缓冲区间容积与工件数量的比例					
		0%	10%	20%	30%	50%	80%
la08	15×5	0.51	0.61	2.84	2.63	2.63	2.19
la09	15×5	0.69	0.57	3.26	3.05	2.63	2.1
la10	15×5	0.63	0.58	2.3	3.34	2.51	1.88
la11	20×5	0.48	0.83	3.6	3.93	3.44	2.21
la12	20×5	1.17	1.33	3.17	2.69	2.02	2.12
la13	20×5	0.92	0.45	2.26	3.48	3.91	3.22
la14	20×5	0.52	0.72	2.32	3.48	2.09	2.86
la15	20×5	0.62	0.78	3.01	3.68	2.88	2.4
la16	10×10	0.4	1.33	6.13	5.35	4.65	3.94
la17	10×10	0.84	1.59	5.83	5.85	6.04	4.65
la18	10×10	0.62	1.49	5.25	5.75	6.05	6.18
la19	10×10	0.44	1.51	5.93	4.46	6.35	4.77
la20	10×10	0.41	0.66	5.43	4.17	6.87	4.15
la21	15×10	0.48	0.75	5.8	4.94	4.62	5.72
la22	15×10	0.38	0.53	5.64	6.18	4.13	4.39
la23	15×10	0.41	0.88	4.33	6.86	4.01	4.79
la24	15×10	0.41	1.06	6.72	4.46	5.12	4.84
la25	15×10	0.37	0.44	6.14	6.09	4.07	5.73
la26	20×10	0.71	0.62	6.41	4.11	4.74	4.97
la27	20×10	0.51	1.18	4.83	6.38	4.32	5.8
la28	20×10	0.41	0.81	4.73	5.17	5.26	6.91
la29	20×10	0.48	1.02	4.71	4.11	5.99	4.63
la30	20×10	0.51	1.73	4.39	6.11	6	5.79
la31	30×10	2.41	1.99	7.68	7.88	8.68	7.43
la32	30×10	2.09	2.03	8.29	7.99	8.19	7.19
la33	30×10	1.89	0.71	7.27	7.62	8.2	7.82
la34	30×10	3	2.16	8.7	8.99	8.51	7.31
la35	30×10	2.5	2.2	8.91	7.28	8.18	8.01

算例	规模	设备缓冲区间容积与工件数量的比例					
		0%	10%	20%	30%	50%	80%
la36	15×15	1.92	2.91	9.02	7.1	7.59	7.02
la37	15×15	2.11	3.21	8.22	8.17	7.41	8.59
la38	15×15	2.49	2.68	7.57	7.97	7.54	7.29
la39	15×15	1.89	2.66	7.48	7.5	8.87	8.72
la40	15×15	1.88	2.34	8.61	8.43	7.39	7.1
Average		0.98	1.26	5.14	5.16	5.04	4.85

从上述结果可以看出两阶段算法得出的结果均好于比较算法，平均偏差分别为 0.98%、1.26%、5.14%、5.16%、5.04% 和 4.85%。在比例大于 20% 时尤为明显，再次验证了本书提出算法的有效性。

为了进一步分析收敛速度和稳定性，选择不同规模的实例，如选择算例 la01 分析 10×5 规模算例；选择 la06 分析 15×5 规模算例。实例规模分为三个层次：10×5、15×5、20×5 为小规模；10×10、15×10、20×10 为中规模；30×10、15×15 为大规模。如前所述，其中表 3-7 所列的结果是在 30 秒内得到的，对于三个不同级别的选定实例，计算时间分别延长到 60 秒、90 秒和 120 秒，30 秒后每隔 10 秒记录一次结果，直到计算结束。两阶段算法和四种比较算法的结果如图 3-4 ~ 图 3-11 所示。其中每幅图中，曲线 "TSA" 表示我们提出的两阶段算法得到的结果。"$p=0\%$" 是指缓冲区与作业的比例等于 0 时得到的结果。图中的具体信息如表 3-7 ~ 表 3-9 所示。

表 3-7　两阶段算法求得设备缓冲区间容积与工件数量不同比例下的完工时间

算例	规模	时间（秒）	设备缓冲区间容积与工件数量的比例（TSA）					
			0%	10%	20%	30%	50%	80%
la01	10×5	30	890	780	666	666	666	666
		40	890	780	666	666	666	666
		50	890	780	666	666	666	666
		60	890	780	666	666	666	666

算例	规模	时间（秒）	设备缓冲区间容积与工件数量的比例（TSA）					
			0%	10%	20%	30%	50%	80%
la06	15×5	30	1227	1026	926	926	926	926
		40	1227	1026	926	926	926	926
		50	1227	1026	926	926	926	926
		60	1227	1026	926	926	926	926
la11	20×5	30	1663	1318	1222	1222	1222	1222
		40	1663	1318	1222	1222	1222	1222
		50	1663	1318	1222	1222	1222	1222
		60	1663	1318	1222	1222	1222	1222
la16	10×10	30	1245	1128	979	972	968	964
		40	1237	1114	963	962	957	957
		50	1237	1114	963	962	957	957
		60	1237	1114	963	962	957	957
		70	1237	1114	963	962	957	957
		80	1237	1114	963	962	957	957
		90	1237	1114	963	962	957	957
la21	15×10	30	1684	1328	1120	1113	1105	1101
		40	1678	1319	1115	1109	1099	1098
		50	1678	1307	1110	1104	1096	1094
		60	1678	1307	1110	1104	1096	1094
		70	1678	1307	1110	1104	1096	1094
		80	1678	1307	1110	1104	1096	1094
		90	1678	1307	1110	1104	1096	1094
la26	20×10	30	2248	1771	1327	1314	1309	1307
		40	2242	1764	1316	1308	1306	1304
		50	2235	1761	1311	1306	1303	1301
		60	2235	1761	1311	1306	1303	1301
		70	2235	1761	1311	1306	1303	1301
		80	2235	1761	1311	1306	1303	1301
		90	2235	1761	1311	1306	1303	1301

续表

算例	规模	时间（秒）	设备缓冲区间容积与工件数量的比例（TSA）					
			0%	10%	20%	30%	50%	80%
la31	30×10	30	3357	2215	1849	1827	1820	1818
		40	3351	2207	1835	1825	1817	1813
		50	3347	2205	1829	1821	1812	1811
		60	3345	2202	1826	1818	1811	1810
		70	3342	2198	1824	1814	1810	1810
		80	3342	2198	1822	1814	1810	1810
		90	3342	2198	1822	1814	1810	1810
		100	3342	2198	1822	1814	1810	1810
		110	3342	2198	1822	1814	1810	1810
		120	3342	2198	1822	1814	1810	1810
la36	15×15	30	2087	1752	1352	1324	1318	1311
		40	2084	1745	1337	1320	1314	1311
		50	2082	1739	1326	1316	1314	1311
		60	2078	1736	1322	1315	1312	1311
		70	2077	1732	1318	1311	1312	1307
		80	2075	1728	1315	1309	1309	1307
		90	2075	1728	1315	1309	1309	1307
		100	2075	1728	1315	1309	1309	1307
		110	2075	1728	1315	1309	1309	1307
		120	2075	1728	1315	1309	1309	1307

表 3-8　　HA 和 NOIA 算法求得设备缓冲区间容积与工件数量
不同比例下的完工时间

算例	规模	时间（秒）	设备缓冲区间容积与工件数量的比例（HA）						设备缓冲区间容积与工件数量的比例（NOIA）					
			0%	10%	20%	30%	50%	80%	0%	10%	20%	30%	50%	80%
la01	10×5	30	902	788	704	696	692	686	901	784	706	694	693	687
		40	897	786	698	692	687	681	895	784	696	690	690	685
		50	897	786	698	692	687	681	895	784	696	690	690	685
		60	897	786	698	692	687	681	895	784	696	690	690	685

续表

算例	规模	时间（秒）	设备缓冲区间容积与工件数量的比例（HA）						设备缓冲区间容积与工件数量的比例（NOIA）					
			0%	10%	20%	30%	50%	80%	0%	10%	20%	30%	50%	80%
la06	15×5	30	1238	1039	967	960	956	956	1236	1044	973	964	955	953
		40	1234	1033	958	952	952	952	1231	1039	962	960	951	949
		50	1234	1033	958	952	952	952	1231	1039	962	960	951	949
		60	1234	1033	958	952	952	952	1231	1039	962	960	951	949
la11	20×5	30	1685	1332	1308	1282	1272	1268	1685	1337	1296	1285	1274	1258
		40	1679	1328	1296	1254	1254	1252	1676	1330	1290	1279	1271	1256
		50	1679	1328	1296	1254	1254	1252	1676	1330	1290	1279	1271	1256
		60	1679	1328	1296	1254	1254	1252	1676	1330	1290	1279	1271	1256
la16	10×10	30	1255	1151	1096	1035	1023	1012	1250	1143	1087	1042	1021	1008
		40	1249	1145	1092	1032	1020	1009	1247	1137	1081	1036	1018	1004
		50	1246	1138	1089	1025	1015	1002	1242	1134	1078	1033	1011	1001
		60	1246	1138	1089	1025	1015	1002	1242	1134	1078	1033	1011	1001
		70	1246	1138	1089	1025	1015	1002	1242	1134	1078	1033	1011	1001
		80	1246	1138	1089	1025	1015	1002	1242	1134	1078	1033	1011	1001
		90	1246	1138	1089	1025	1015	1002	1242	1134	1078	1033	1011	1001
la21	15×10	30	1694	1350	1307	1225	1213	1208	1701	1341	1295	1252	1241	1224
		40	1688	1344	1300	1215	1203	1200	1692	1337	1289	1247	1232	1219
		50	1685	1336	1293	1205	1194	1192	1688	1334	1283	1241	1225	1213
		60	1685	1336	1283	1195	1187	1183	1688	1334	1273	1234	1219	1202
		70	1685	1336	1283	1195	1187	1183	1688	1334	1273	1234	1219	1202
		80	1685	1336	1283	1195	1187	1183	1688	1334	1273	1234	1219	1202
		90	1685	1336	1283	1195	1187	1183	1688	1334	1273	1234	1219	1202
la26	20×10	30	2275	1799	1535	1478	1446	1435	2264	1807	1544	1489	1466	1458
		40	2262	1786	1518	1463	1429	1417	2255	1791	1528	1476	1453	1447
		50	2258	1781	1509	1446	1415	1403	2247	1783	1511	1458	1436	1431
		60	2252	1779	1491	1433	1396	1388	2245	1775	1494	1447	1420	1412
		70	2252	1779	1480	1421	1383	1380	2245	1775	1483	1439	1410	1401
		80	2252	1779	1480	1421	1383	1380	2245	1775	1483	1439	1410	1401
		90	2252	1779	1480	1421	1383	1380	2245	1775	1483	1439	1410	1401

续表

算例	规模	时间（秒）	设备缓冲区间容积与工件数量的比例（HA）						设备缓冲区间容积与工件数量的比例（NOIA）					
			0%	10%	20%	30%	50%	80%	0%	10%	20%	30%	50%	80%
la31	30×10	30	3444	2276	2156	2088	2084	2061	3448	2268	2143	2096	2074	2055
		40	3427	2261	2130	2065	2061	2036	3436	2254	2126	2075	2057	2030
		50	3422	2247	2115	2048	2038	2015	3422	2239	2114	2064	2044	2014
		60	3415	2239	2093	2022	2019	2000	3417	2234	2094	2046	2022	1990
		70	3409	2235	2077	2011	2007	1986	3409	2228	2079	2034	2008	1975
		80	3407	2231	2071	2004	1997	1975	3405	2225	2064	2024	1993	1965
		90	3401	2228	2067	1998	1989	1971	3400	2223	2053	2013	1983	1954
		100	3401	2228	2060	1991	1984	1962	3400	2223	2048	2006	1974	1945
		110	3401	2228	2060	1991	1984	1962	3400	2223	2048	2006	1974	1945
		120	3401	2228	2060	1991	1984	1962	3400	2223	2048	2006	1974	1945
la36	15×15	30	2127	1823	1693	1649	1632	1618	2127	1812	1705	1676	1651	1636
		40	2115	1812	1663	1628	1603	1588	2108	1804	1665	1641	1627	1593
		50	2106	1807	1628	1600	1576	1562	2103	1797	1644	1611	1599	1572
		60	2100	1801	1602	1565	1556	1526	2096	1791	1615	1583	1571	1547
		70	2094	1793	1580	1544	1532	1504	2093	1785	1595	1565	1550	1528
		80	2092	1791	1563	1529	1512	1481	2090	1783	1575	1549	1525	1511
		90	2090	1788	1547	1509	1500	1464	2088	1778	1563	1535	1514	1497
		100	2090	1788	1541	1502	1493	1454	2088	1778	1558	1526	1503	1493
		110	2090	1788	1541	1502	1493	1454	2088	1778	1558	1526	1503	1493
		120	2090	1788	1541	1502	1493	1454	2088	1778	1558	1526	1503	1493

表 3-9　　GS 和 BIH 算法求得设备缓冲区间容积与工件数量
不同比例下的完工时间

算例	规模	时间（秒）	设备缓冲区间容积与工件数量的比例（GS）						设备缓冲区间容积与工件数量的比例（BIH）					
			0%	10%	20%	30%	50%	80%	0%	10%	20%	30%	50%	80%
la01	10×5	30	896	786	696	693	689	683	894	784	692	687	687	681
		40	894	784	691	688	684	678	893	783	686	682	681	678
		50	894	784	691	688	684	678	893	783	686	682	681	678
		60	894	784	691	688	684	678	893	783	686	682	681	678

续表

算例	规模	时间（秒）	设备缓冲区间容积与工件数量的比例（GS）						设备缓冲区间容积与工件数量的比例（BIH）					
			0%	10%	20%	30%	50%	80%	0%	10%	20%	30%	50%	80%
la06	15×5	30	1232	1036	957	954	952	949	1242	1039	963	962	958	947
		40	1230	1032	954	950	946	944	1237	1034	957	954	949	940
		50	1230	1032	954	950	946	944	1237	1034	957	954	949	940
		60	1230	1032	954	950	946	944	1237	1034	957	954	949	940
la11	20×5	30	1671	1329	1295	1276	1264	1258	1680	1331	1270	1266	1266	1249
		40	1668	1324	1287	1270	1256	1247	1674	1326	1261	1253	1250	1241
		50	1668	1324	1287	1270	1256	1247	1674	1326	1261	1253	1250	1241
		60	1668	1324	1287	1270	1256	1247	1674	1326	1261	1253	1250	1241
la16	10×10	30	1264	1147	1087	1024	1016	1002	1252	1144	1039	1038	1014	1013
		40	1256	1139	1082	1018	1009	997	1247	1137	1031	1030	1005	1004
		50	1250	1131	1074	1012	1000	992	1243	1132	1028	1026	1002	999
		60	1250	1131	1074	1012	1000	992	1243	1132	1028	1026	1002	999
		70	1250	1131	1074	1012	1000	992	1243	1132	1028	1026	1002	999
		80	1250	1131	1074	1012	1000	992	1243	1132	1028	1026	1002	999
		90	1250	1131	1074	1012	1000	992	1243	1132	1028	1026	1002	999
la21	15×10	30	1692	1343	1285	1216	1201	1195	1704	1338	1185	1168	1164	1156
		40	1690	1332	1276	1203	1191	1180	1695	1326	1174	1154	1150	1146
		50	1686	1327	1269	1194	1185	1174	1691	1322	1168	1144	1143	1140
		60	1686	1326	1265	1187	1181	1166	1691	1318	1161	1140	1136	1135
		70	1686	1326	1265	1187	1181	1166	1691	1318	1161	1140	1136	1135
		80	1686	1326	1265	1187	1181	1166	1691	1318	1161	1140	1136	1135
		90	1686	1326	1265	1187	1181	1166	1691	1318	1161	1140	1136	1135
la26	20×10	30	2270	1787	1512	1466	1439	1432	2268	1782	1412	1368	1372	1371
		40	2254	1775	1492	1454	1419	1418	2262	1777	1402	1358	1362	1357
		50	2248	1771	1471	1436	1401	1400	2254	1771	1393	1350	1347	1346
		60	2243	1768	1463	1426	1391	1387	2248	1768	1382	1342	1339	1335
		70	2243	1768	1452	1419	1381	1377	2248	1768	1375	1336	1330	1330
		80	2243	1768	1452	1419	1381	1377	2248	1768	1375	1336	1330	1330
		90	2243	1768	1452	1419	1381	1377	2248	1768	1375	1336	1330	1330

续表

算例	规模	时间（秒）	设备缓冲区间容积与工件数量的比例（GS）						设备缓冲区间容积与工件数量的比例（BIH）					
			0%	10%	20%	30%	50%	80%	0%	10%	20%	30%	50%	80%
la31	30×10	30	3438	2259	2133	2072	2052	2043	3468	2261	1991	1971	1978	1953
		40	3431	2251	2116	2055	2026	2016	3455	2254	1980	1958	1963	1938
		50	3425	2249	2106	2040	2010	2006	3442	2247	1970	1946	1949	1926
		60	3414	2237	2087	2022	1993	1990	3437	2238	1961	1936	1935	1912
		70	3408	2229	2074	2003	1975	1969	3425	2233	1948	1927	1923	1900
		80	3402	2223	2058	1991	1956	1951	3420	2228	1938	1918	1915	1885
		90	3396	2216	2050	1984	1950	1939	3416	2224	1931	1912	1908	1879
		100	3396	2216	2039	1972	1945	1932	3416	2224	1931	1912	1908	1879
		110	3396	2216	2039	1972	1945	1932	3416	2224	1931	1912	1908	1879
		120	3396	2216	2039	1972	1945	1932	3416	2224	1931	1912	1908	1879
la36	15×15	30	2129	1811	1662	1628	1602	1588	2137	1803	1474	1418	1418	1403
		40	2116	1799	1634	1589	1574	1559	2122	1791	1461	1404	1403	1393
		50	2107	1792	1607	1561	1558	1530	2113	1784	1445	1388	1386	1377
		60	2104	1785	1581	1528	1527	1504	2104	1776	1430	1377	1376	1365
		70	2198	1779	1554	1503	1493	1476	2097	1763	1419	1367	1365	1350
		80	2192	1774	1530	1479	1471	1458	2088	1758	1411	1358	1358	1345
		90	2186	1770	1511	1462	1446	1440	2081	1756	1400	1352	1347	1335
		100	2186	1767	1507	1447	1441	1433	2081	1756	1400	1352	1347	1335
		110	2186	1767	1507	1447	1441	1433	2081	1756	1400	1352	1347	1335
		120	2186	1767	1507	1447	1441	1433	2081	1756	1400	1352	1347	1335

由图 3 - 4 ~ 图 3 - 11 和表 3 - 7 ~ 表 3 - 9 可以看出，对于所有规模的实例，两阶段算法均比四种比较算法产生更好的解，并且收敛速度更快。例如，对于选定的 15×15 规模的算例，所提出的两阶段算法收敛时间为 70 ~ 80 秒，四种比较算法在 90 ~ 100 秒之间。证明了该算法的有效性和稳定性。

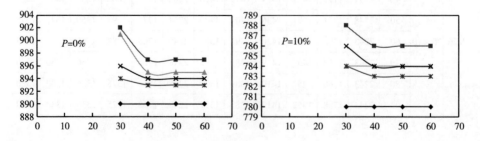

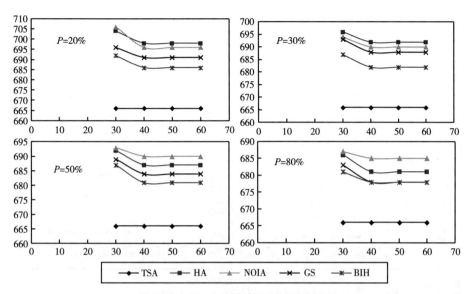

图 3 - 4　10 × 5 规模算例下得到的结果

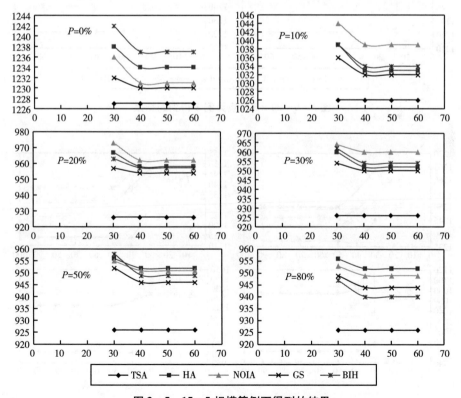

图 3 - 5　15 × 5 规模算例下得到的结果

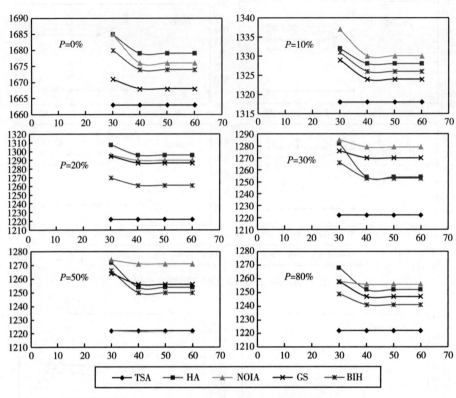

图 3-6 20×5 规模算例下得到的结果

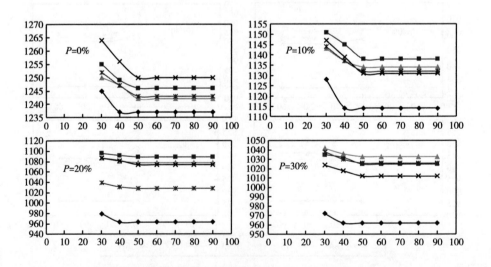

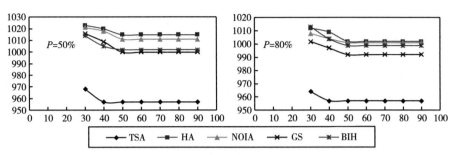

图 3 - 7　10 × 10 规模算例下得到的结果

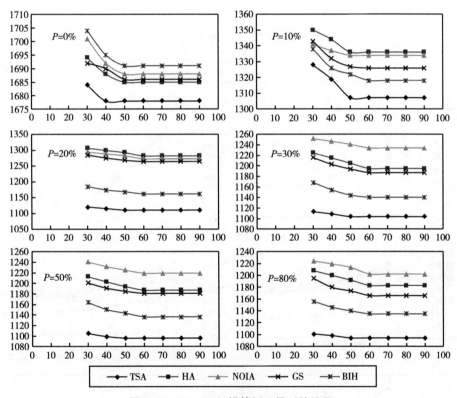

图 3 - 8　15 × 10 规模算例下得到的结果

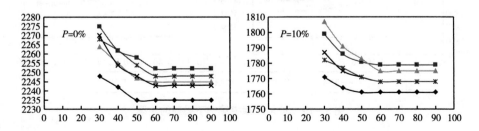

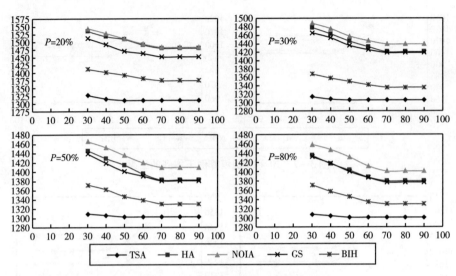

图 3 - 9 20×10 规模算例下得到的结果

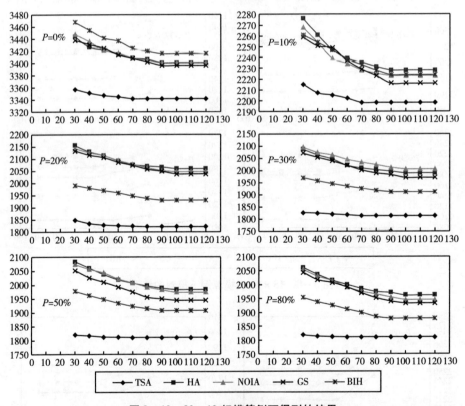

图 3 - 10 30×10 规模算例下得到的结果

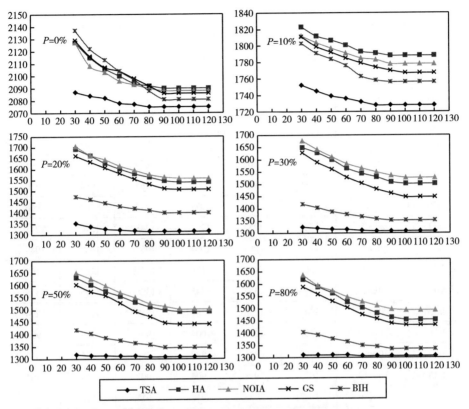

图3-11　15×15规模算例下得到的结果

接下来分析讨论算法的稳定性。针对每组算例，经过多次计算，选取其得到的最优解与最差解，分别如表3-3、表3-10所示，并计算表3-10与表3-3中结果的偏差。从上述结果可以得到，对于不同比例下的同组算例，在多次计算下得到最差解与最优解的平均偏差分别为2.21%、2.99%、2.92%、2.93%、2.92%和2.76%，充分验证了本书提出算法的稳定性。

表3-10　　　　　　　　　每组算例多次计算得到的最差解

算例	规模	设备缓冲区间容积与工件数量的比例					
		10%	20%	30%	50%	80%	100%
la01	10×5	792	680	680	678	677	675
la02	10×5	789	694	693	693	691	688
la03	10×5	711	638	638	635	630	625

续表

算例	规模	设备缓冲区间容积与工件数量的比例					
		10%	20%	30%	50%	80%	100%
la04	10×5	734	621	620	617	615	611
la05	10×5	669	608	605	604	601	600
la06	15×5	1049	945	941	939	936	933
la07	15×5	991	916	912	908	905	903
la08	15×5	986	902	899	895	894	891
la09	15×5	1088	974	969	965	964	960
la10	15×5	1061	981	977	972	969	966
la11	20×5	1342	1258	1252	1248	1246	1241
la12	20×5	1227	1068	1064	1057	1055	1049
la13	20×5	1365	1183	1176	1171	1169	1165
la14	20×5	1423	1342	1341	1338	1335	1335
la15	20×5	1442	1268	1261	1257	1251	1250
la16	10×10	1158	1012	1004	999	996	994
la17	10×10	973	841	838	836	835	832
la18	10×10	1035	908	904	902	898	894
la19	10×10	1027	923	918	916	912	908
la20	10×10	1091	953	948	943	941	936

缓冲区间容量大小对调度结果的影响根据表 3-3 的结果可知，以 100% 比例状态下的 *make-span* 值为基准，计算各比例状态下 *make-span* 值的偏差，结果如表 3-11 所示，其中 Gap =（当前比例下的 *make-span* - 100% 比例下的 *make-span* 值）/100% 比例下的 *make-span* 值×100%。

表 3-11　　　　　不同缓冲区间容积下完工时间的偏差比例　　　单位:%

算例	规模	设备缓冲区间容积与工件数量的比例					
		0%	10%	20%	30%	50%	80%
la01-05	10×5	23.29	16.65	1.61	1.29	0.93	0.44
la06-10	15×5	26.79	10.33	0.37	0.16	0.16	0.07
la11-15	20×5	32.04	12.81	0.38	0.25	0.12	0
la16-20	10×10	25.72	17.46	1.9	1.4	0.68	0.36

从表 3 – 11 可知，如果工件的加工时间符合均匀分布，当缓冲区间容量与工件数量的比例达到 20%，缓冲区间大小对调度结果的影响将会迅速变小。故 20% 可被视为缓冲区间有限情况下的设置参考点。

3.6　本章小结

针对考虑缓冲区间有限的作业车间调度问题，提出了基于邻域搜索的两阶段算法，包括快速得到可行解和基于非连通图的优化。算法能够针对不同缓冲区间容积的情境进行求解，并通过与已有算法进行对比，验证了算法的有效性。最后分析了缓冲区间的容量大小对调度完工时间 *make-span* 的影响。

第4章　面向运输能力有限下设备无缓冲空间的作业车间调度问题

由前面章节的介绍得知，设备的缓冲空间能够对调度产生重大影响，本章将进一步加强缓冲空间方面的约束，同时考虑到工件在不同设备之间的运输，提出面向运输能力有限下的 Blocking Job Shop 调度问题。以最小化 *makespan* 为目标，建立了混合线性整数规划模型，从设备的视角建立了新式非连通图，基于此分别提出了两阶段邻域搜索算法和基于拍卖的邻域搜索算法。通过测试 benchmark 算例并与 CPLEX 进行比较，验证了拍卖算法与邻域搜索算法的有效性。

4.1　问题的提出与研究现状

对于设备无 buffer 缓冲空间的 Job Shop 问题，根据工件完成加工后是否允许在设备上面进行等待被分为 Blocking Job Shop 问题和 No Wait Job Shop 问题（Mascis et al.，2002）。在允许等待的情况下，由于设备没有缓冲空间，工件在完成加工后只能继续停留在当前设备上面等待下一道工序的设备，使得当前设备不能被释放去加工其他工件，造成了阻塞，称之为 blocking。在 Blocking Job Shop 问题中，在不同设备之间的运输环节也是调度过程中的一个重要因素（Gröflin et al.，2009，2011），而在现实生产中，运输资源往往是有限的（Zeng et al.，2015）。因此，基于第 3 章的研究问题 JS-LOB，本章提出运输能力有限下的 Blocking Job Shop 调度问题，简称 BJS-AGV 问题。

对于 Blocking Job Shop 问题，可看作第 3 章 JS-LOB 问题的特例，即缓冲空间的容积为 0。因为设备上没有缓冲空间，工件完成当前加工后在设备上面进行等待下一道工序生产，造成设备阻塞的现象便无法避免，使得求解 Blocking Job Shop 问题的难度大大增加。使用求解 Job Shop 的一般性算法去求解 Blocking Job Shop 问题甚至很难得到一个可行解（何霆等，2000）。现有 blocking 相关生产调度多是 Flow Shop 方面的，刘等（Liu et al.，2008）针对缓冲空间有限下的 Flow Shop 问题，提出基于 PSO 的混合遗传算法进行求解。（Pan et al.，2011）和（Qian et al.，2009）针对与刘等（Liu et al.，2008）相同的问题，提出基于微分估计的混合遗传算法进行求解。王等（Wang et al.，2010；2011）针对以最小化 *make-span* 为目标的 Blocking Flow Shop 问题，分别提出混合离散微分启发式算法和混合全局和谐搜索算法进行求解。梁等（Liang et al.，2011）提出动态粒子群算法求解与王等（Wang et al.，2010）同样的问题。对于 Blocking Job Shop（BJS）问题，少数学者对其进行了深入研究。马斯西斯等（Mascis et al.，2002）针对 BJS 问题建立了 alternative graph，并据此提出了几种启发式算法进行求解。布鲁克等（Brucker et al.，2008）针对循环生产系统中存在的 BJS 问题，应用禁忌搜索算法进行求解。高福林等（Gröflin et al.，2009，2011）针对考虑工件在不同设备之间运输时间和工序生产前准备时间的 BJS 问题和柔性 BJS（FBJS）问题，同样提出禁忌算法进行求解。阿特兹等（Aitzai et al.，2012）基于分支定界以及 alternative graph，提出两种遗传算法对 BJS 问题进行求解。目前暂无 BJS-AGV 的相关文献。

4.2　运输能力有限下无缓冲空间的作业车间调度问题（BJS-AGV）

4.2.1　运输能力有限下无缓冲空间的作业车间调度问题描述

运输能力有限下无缓冲空间的作业车间调度问题（BJS-AGV）描述如下：

现有 N 个工件、M 台设备和 V 辆 AGV（AGV 作为运输工具），在加工前，每个工件的加工路线均为已知，为若干道工序。每台设备每次只能加工一个工件，每个工件在同一台设备上最多加工一次，每辆 AGV 每次只能运送一个工件，假设工件在不同设备之间的运输时间仅与起始和目标设备有关。在同样的两个设备之间，AGV 空载与否需要花费相同的运输时间。由于存在 no buffer（blocking）的约束限制，直到当前设备上的工件被运输走，才能进行加工下一个工件。AGV 将当前工序运送到下一台设备，如果此时设备繁忙或是处在 blocking 状态，AGV 只能在下一台设备处进行等待。在这里同时交换是被允许的。所谓同时交换，就是当前设备 K 上存在完成加工等待运输的工件 a，到达设备的 AGV 上存放着等待在当前设备上面进行加工的工件 b，将工件 a 转移到 AGV 上和工件 b 卸载到设备 K 上看作在同一时间完成，如图 4 – 1 所示。

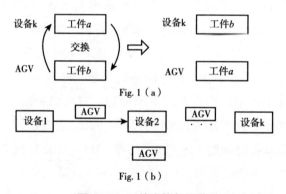

Fig. 1（a）

Fig. 1（b）

图 4 – 1　工件交换与运输

问题中需要决策每个工件的每道工序由哪辆 AGV 进行运输，每辆 AGV 运送工件的顺序以及每台设备上面工件的加工顺序，每道工序的起始加工时间以及运送时间。问题的目标函数为最小化完工时间 *make-span*。

4.2.2　运输能力有限下无缓冲空间的作业车间调度问题的数学模型

4.2.2.1　模型参数定义

BJS-AGV 模型中主要参数定义如下：J 为工件总数，其中 $i(i=1,2,\cdots,n)$

代表工件号；K 为设备总数，其中 $k(k=1,2,\cdots,m)$ 代表设备号；V 为 AGV 总数；O_{ij} 为工件 i 的第 j 道工序；P_{ij} 为工件 i 的第 j 道工序需要的加工时间，由其加工工艺曲线确定；$t_{kk'}$ 为工件在设备 k 与设备 k' 之间的运输时间；M 为一个接近于无穷大的正数；$\alpha_{ijk} = \begin{cases} 1, & \text{工序 } O_{ij} \text{在设备 } k \text{ 上加工} \\ 0, & \text{否则} \end{cases}$。

决策变量定义如下：S_{ij} 为工序 O_{ij} 的开始加工时间；C_{ij} 为工序 O_{ij} 的完成加工时间；St_{ij} 为工序 O_{ij-1} 和 O_{ij} 之间的开始运输的时间；Ct_{ij} 为工序 O_{ij-1} 和 O_{ij} 之间的结束运输的时间；$x_{ijv} = \begin{cases} 1, & \text{工序 } O_{ij-1} \text{ 与 } O_{ij} \text{的运输由 AGV } v \text{ 完成} \\ 0, & \text{否则} \end{cases}$；$y_{iji'j'k} = \begin{cases} 1, & \text{如果工序 } O_{ij} \text{先于工序 } O_{i'j'} \text{在设备 } k \text{ 上加工} \\ 0, & \text{否则} \end{cases}$；$z_{iji'j'v} = \begin{cases} 1, & \text{如果工序 } O_{ij} \text{先于} \\ 0, & \text{否则} \end{cases}$ 工序 $O_{i'j'}$ 被 AGV v 运输。

4.2.2.2 数学模型建立

目标函数：

$$Min\ max\{C_{ij}\} \tag{4-1}$$

s. t.

$$\sum_{v=1}^{V} x_{ijv} = 1, \forall i,j = 2,\cdots,n \tag{4-2}$$

$$S_{ij} + p_{ij} = C_{ij}, \forall i,j = 1,\cdots,n \tag{4-3}$$

$$S_{ij} \geqslant Ct_{ij}, \forall i,j = 2,\cdots,n \tag{4-4}$$

$$St_{ij} \geqslant C_{i(j-1)}, \forall i,j = 2,\cdots,n \tag{4-5}$$

$$Ct_{ij} = St_{ij} + \sum_{k=1}^{K}\sum_{k'=1}^{K} \alpha_{i(j-1)k'}\alpha_{ijk}t_{k'k}, \forall i,j = 2,3,\cdots,n \tag{4-6}$$

$$\begin{cases} y_{iji'j'k} + y_{i'j'ijk} \leqslant 0.5(\alpha_{ijk} + \alpha_{i'j'k}), i \neq i', \forall j,j',k \\ y_{iji'j'k} + y_{i'j'ijk} \geqslant \alpha_{ijk} + \alpha_{i'j'k} - 1, i \neq i', \forall j,j',k \end{cases} \tag{4-7}$$

$$\begin{cases} St_{i(j+1)} - S_{i'j'} \leqslant M(1 - y_{iji'j'k}), \forall j',k, i \neq i', j = 1,\cdots,n-1 \\ C_{ij} - S_{i'j'} \leqslant M(1 - y_{iji'j'k}), \forall j',k, i \neq i', j = n \end{cases} \tag{4-8}$$

$$\begin{cases} z_{iji'j'v} + z_{i'j'ijv} \leq 0.5(x_{ijv} + x_{i'j'v}), \forall v, i \neq i', j, j' = 2, \cdots, n \\ z_{iji'j'v} + z_{i'j'ijv} \geq x_{ijv} + x_{i'j'v} - 1, \forall v, i \neq i', j, j' = 2, \cdots, n \end{cases} \quad (4-9)$$

$$S_{ij} + \sum_{k=1}^{K}\sum_{k'=1}^{K} \alpha_{ijk}\alpha_{i'(j'-1)k'}t_{kk'} - St_{i'j'} \leq M(1 - z_{iji'j'v}), \forall v, i \neq i', j, j' = 2, \cdots, n$$

$$(4-10)$$

$$Make-span \geq C_{ij}, \forall i, j \qquad (4-11)$$

数学模型说明如下：

式（4-1）为目标函数，最小化全体工件的完工时间；式（4-2）确保每道工序只被一辆 AGV 运输；式（4-3）表明每道工序一旦开始加工，直到结束前不会发生中断；式（4-4）和式（4-5）表明任何工件紧挨着的两道工序将按照 $C_{i(j-1)} \rightarrow St_{ij} \rightarrow Ct_{ij} \rightarrow S_{ij} \rightarrow C_{ij}$ 的顺序完成加工和运输；式（4-6）表明每道工序从开始被运输到卸载到对应的设备上，两者在时间上的关系；式（4-7）和式（4-8）确定了需要在同一台设备上加工工序的先后顺序，并给出了两者在时间上的计算关系，确保每台设备同时只能加工一个工件；同理，式（4-9）和式（4-10）确定了需要被同一辆 AGV 运输工件（工序）的先后顺序，并给出了两者在时间上的计算关系，限制每辆 AGV 每次只能运输一个工件；式（4-11）表示当所有工件（工序）完成加工，整个生产结束。

与一般的 JS 和 JS-AGV 调度问题相比，设备无缓冲空间的限制条件使得在设备和 AGV 在调度上变得更加复杂。相对应地，式（4-7）~式（4-10）使得模型的求解复杂程度大大加强。在 JS-AGV 调度问题中，当工件在当前设备上面完成加工，即使运输它的 AGV 尚未到来，工件也可以转移到设备的缓冲空间内进行等待，释放当前设备，使得后续工件可以继续在当前设备上面进行加工。然而在 BJS-AGV 调度中，工件只能继续在当前设备上面进行等待，造成当前设备的阻塞直至其离开。所以，在 BJS-AGV 问题中，对于每一台设备，下一个工件的开始加工时间与前一个工件的离开时间密切相关。图 4-2 详细描述了这两者之间的关系。在设备 k 上面，工序 O_{ab} 紧跟着工序 O_{ij}，因此，O_{ab} 的开始加工时间决定于 O_{ij} 离开设备的时间。

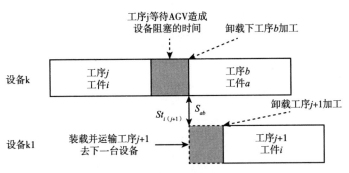

图 4 – 2　甘特图表示 blocking 状态

4.3　寻找可行解

BJS-AGV 问题的难度要远大于 JS 调度问题，所以 BJS-AGV 亦为 NP 难问题。据此，本节提出了两种方法寻找 BJS-AGV 问题的初始可行解。第一种方法是基于 improved timetabling 的启发式算法；第二种是基于拍卖的启发式算法。

4.3.1　基于时间排序和车辆调度机制的启发式算法

由于 blocking 的限制性，一般求解 JS 问题的方法，对于 BJS-AGV 均无效，甚至得不到可行解（Gröflin et al., 2011）；对于 BJS 问题，仅有几篇文献（Mascis et al., 2002；Brizuela et al., 2001；Hou et al., 2012）提到一些调度规则可以快速得到问题的可行解，而这些方法亦均不适用于 BJS-AGV 问题。所以，需要提出一种能够有效找到 BJS-AGV 问题可行解的方法。

为了找到一种有效的方法，首先通过一个小规模算例进行尝试。表 4 – 1 包含算例所需必要信息，包括工件加工路线、在各设备上面加工时间以及在各设备之间转移所需要的运输时间。

表 4-1 | | | | | 具有一辆 AGV 的 Job Shop 算例

	加工时间				设备间运输时间		
Job 1	$M_3:1$	$M_1:3$	$M_2:6$		M_1	M_2	M_3
Job 2	$M_2:8$	$M_3:4$	$M_1:10$	M_1	0	2	3
Job 3	$M_3:5$	$M_1:4$	$M_2:8$	M_2	2	0	1
				M_3	3	1	0

基于数学模型，使用 CPLEX 对算例进行求解，得到的（全局最优）解如图 4-3 所示。

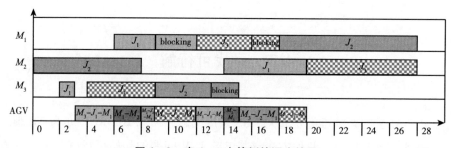

图 4-3　表 4-1 中算例的调度结果

因为 BJS-AGV 是 NP 难问题，所以当问题规模变大时，使用 CPLEX 进行求解是不现实的。通过从每个工件的角度观察，发现得到的调度结果与无等待 JS（NWJS）问题的解在形式上一致。所以，基于 non-delay timetabling，提出 improved timetabling 方法来求解 BJS-AGV 问题。

4.3.1.1　Non-delay timetabling 启发式算法

Non-delay timetabling 是一种能够有效求解 NWJS 问题的方法。在调度开始之前，需要给出一个全体工件的排序 $[\prod(1),\cdots,\prod(n)]$，暗示各个工件的开始加工时间 $t_{\prod(1)} \leqslant \cdots \leqslant t_{\prod(n)}$。基于给定的顺序以及限制条件，non-delay timetabling 的操作流程如下（孙志峻，2002）：

步骤 1：设置序列中第一个工件的开始加工时间 $t_{\prod(1)} = 0$；

步骤 2：依次求得各个工件的开始加工时间 $t_{\prod(1)},\cdots,t_{\prod(n)}$，对于任意 k，可根据 $k \in \{1,\cdots,n-1\}$，求得开始时间 $t_{\prod(k+1)}$，使得在遵守给定的顺序以及约束下越早越好。

根据 non-delay timetabling 求得的可行解，我们可以把它们看作为最优解的上界，需要通过优化方法进一步去优化。

4.3.1.2　面向 BJS-AGV 问题的 improved timetabling 算法

基于 non-delay timetabling 的基本思想，本节提出 improved timetabling 方法来求得 BJS-AGV 问题的可行解。在 non-delay timetabling 算法的基础上，improved timetabling 中还同时会时刻检查所有工件和 AGV 的状态，一旦有工件在当前设备上面完成加工，算法就会指定 AGV 将其运送到下一台设备。

AGV 调度机制：当考虑起始运输点的时候，所有的工件均在起始点出发，需要 AGV 将它们各自送到所需的第一台设备上，完成最后一道工序后，需要 AGV 将它们运送返回运输点。当 AGV 将工件运送到指定设备卸下后，可以直接向另一台设备转移（空载）或是装载当前设备上面的工件。所有的 AGV 在每个时间点需要检测在指定的时间点，针对特定的工件是否可用，这里所说的是否可用指的是 AGV 是否空闲，并且是否有充足的时间在指定的设备之间转移，如图 4 – 3 中（黄色）的时间窗。由于 blocking 约束的存在，在调度过程中，一些工件需要进行多次重复调度，例如，当工序 O_{ij} 进行重新调度，如果在上一次调度中，O_{ij} 和 $O_{i(j+1)}$ 之间的运输由 AGV N 在时间点 K 开始，那么在下一次的调度中，AGV N 在时间点 K 的状态就不用被检测。

基于 non-delay timetabling 和 AGV 调度机制，improved timetabling 算法的主要流程如图 4 – 4 所示。

基于 non-delay timetabling 的 improved timetabling 算法：

步骤 1：给出一个加工顺序 $\prod(1), \cdots, \prod(n)$，按照给出的顺序依次调度每个工件。

步骤 2：检查每个工件每道工序的状态，如果是某个工件的第一道工序，转入步骤 3；否则转入步骤 8。

步骤 3：找到能够加工此道工序的最早时间点，转入步骤 4。

步骤 4：如果存在（任何）可用 AGV 能够在此道工序完成后将其运送到下一台设备，转入步骤 5；否则转入步骤 6。

步骤 5：将此道工序运送到下一台设备，返回步骤 2。

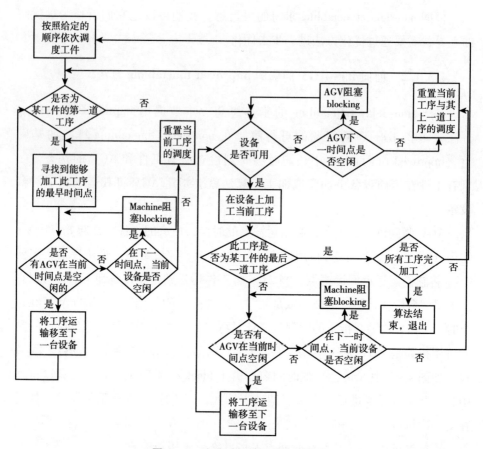

图 4 - 4　改进时间排序的主要流程

步骤 6：如果此道工序在当前设备处于 blocking 状态，并且当前设备下一时间点状态为空闲，返回步骤 4；否则，如果来源自步骤 3，则转入步骤 7；如果来源自步骤 9，转入步骤 11。

步骤 7：重新调度当前此道工序，返回步骤 2。

步骤 8：如果工件到达的时候（当前时间点）设备是空闲可用的，转入步骤 9；否则转入步骤 10。

步骤 9：在设备上面加工当前工件，转入步骤 12。

步骤 10：如果运送当前工件的 AGV 处于 blocking 状态，并且 AGV 的下一时间点状态为空闲，返回步骤 8；否则转入步骤 11。

步骤 11：重新调度当前工序及其上一道工序，返回步骤 2，对于任意一

道工序 O_{ij}，其上一道工序指的是 $O_{i(j-1)}$。

步骤 12：如果当前工序为工件的最后一道工序，转入步骤 13；否则返回步骤 4。

步骤 13：如果所有工件均完成调度，结束；否则返回步骤 2。

4.3.2　基于拍卖的启发式算法

上述基于 timetabling 的启发式算法虽然能够迅速找到可行解，但其针对 BJS-AGV 问题特征缺乏针对性，并没有很好地面向 blocking 约束，因此我们提出基于拍卖的启发式算法进行寻找初始可行解。在该方法中，设备和 AGV 可以充当拍卖者，工件（工序）可以充当竞标者；工件需要竞标设备和 AGV 上的时间段进行加工和运输。拍卖过程将基于表 4 - 2 中算例进行说明，假设 AGV 的数量为 1。

表 4 - 2　　　　　　　　具有一辆 AGV 的 Job Shop 算例

加工时间				设备间运输时间		
Job 1	$M_3:8$	$M_2:5$	$M_1:9$		M_1	M_2	M_3
Job 2	$M_2:6$	$M_1:10$	$M_3:8$	M_1	0	2	3
Job 3	$M_2:6$	$M_3:7$	$M_1:7$	M_2	2	0	4
				M_3	3	4	0

在时间点 0，O_{21} 和 O_{31} 将竞标设备 2；而 O_{11} 竞标设备 3。由于没有竞标者与 O_{11} 竞争，因此可以直接其分配到设备 3。对于 O_{21} 和 O_{31}，由于它们都在 0 - 6 期间投标一个时隙，系统将随机选择一个作为中标者。在这里，选择 O_{21} 作为赢家；然后将其在时间段 0 - 6 期间安排在设备 2 上进行加工。接下来，O_{11} 和 O_{21} 分别在时间点 8 和 6 完成加工，O_{12} 和 O_{22} 将同时竞标 AGV 转移到下一台设备。我们将根据价格和性能来评估 AGV 进行拍卖。至于价格，如唐等（Tang et al.，2016）所述，将每个拍卖时间点的基本价格设置为 1，每增加一个竞标人，价格就会增加 1。O_{12} 需要从设备 3 移动到设备 2，因此，它对 AGV 上的时间段 8 - 12 进行投标。以相同的方式，O_{22} 对 AGV 上的时间段 6 - 8 进行投标。根据竞价信息，时间点 6 - 11 的价格等于 2，O_{12} 和 O_{22} 的投标价格分别

为 8 和 4。接下来，系统计算不同投标人对设备造成的阻塞影响，以确定拍卖的获胜者。在这次拍卖中，如果获胜者是 O_{12}，AGV 将首先移动到 O_{12}，然后移至 O_{22}。因此，传输路径为设备 3—设备 2—设备 1，并且 O_{22} 将在时间点 12 装载到 AGV，这导致在时间段 8 – 12 期间设备 2 上的阻塞；相反，如果 AGV 首先移动到 O_{22}，运输路径为设备 2—设备 1—设备 3—设备 2，并且 O_{12} 将在时间点 11 装载到 AGV 上，这导致在时间段 8 – 11 期间设备 3 上的阻塞。机器上的阻塞被视为投标人的表现，并在投标总价中产生惩罚值。投标总价等于投标时间点的价格减去惩罚值。设备 2 上的阻塞将直接影响 O_{31} 的加工。因此，这种阻塞会产生更大的惩罚值。在这里，设置了一个参数 μ，如果机器阻塞不影响其他操作的处理，单位时间的惩罚值等于 1，与每台机器上时间点的基本价格相同。否则，单位时间的惩罚值等于 μ。基于唐等（Tang et al.，2016）的实验结论，在这里，将参数 μ 的值设置为 2。O_{12} 和 O_{22} 的投标总价分别为：$8 - 4 \times 2 = 0$ 和 $4 - 1 \times 3 = 1$。O_{22} 的价值较高，将是这次拍卖的赢家。在时间段 6 – 8 期间，运输路径是设备 2—O_{22}—设备 1，在时间段 8 – 18 期间在设备 1 上处理 O_{22}。然后，设备 2 在时间点 6 是空闲的，O_{31} 对设备 2 上的时间段 6 – 12 进行投标，并且由于没有其他投标人，所以该时间段被直接分配给 O_{31}。之后，O_{32}、O_{23} 和 O_{12} 将竞标 AGV 移动到下一台机器。通过以相同的方式计算总值，O_{12} 是赢家，并且运输路径被更新为设备 2—O_{22}—设备 1—设备 3—O_{12}—设备 2。当 AGV 在时间点 15 到达设备 2 时，它必须进行交换操作，同时卸载 O_{12} 并装载 O_{32}，因为这是避免设备 2 阻塞的唯一方法。然后，AGV 将 O_{32} 运送到设备 3；并且 O_{12} 和 O_{32} 分别在时间段 15 – 20 和 19 – 26 期间在设备 2 和设备 3 上被加工。临时调度方案如图 4 – 5 所示。

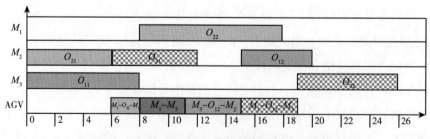

图 4 – 5 基于性能和基于价格的拍卖的临时调度方案

随后，O_{13}、O_{23} 和 O_{33} 竞标 AGV，O_{13} 获胜。AGV 在时间段 19 – 23 期间从设备 3 移动到设备 2，然后将 O_{13} 从设备 2 转移到设备 1；并且设备 1 在时间段 25 – 34 期间加工 O_{13}。然后，AGV 通过拍卖按顺序转移 O_{23} 和 O_{33}。最终的调度方案如图 4 – 6 所示。

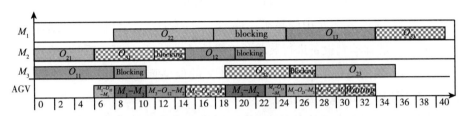

图 4 – 6　基于性能和基于价格的拍卖的最终调度方案

最后，使用 CPLEX 和曾等（Zeng et al.，2014）中改进的启发式方法求解表 4 – 2 中的算例，得到的结果如图 4 – 7 和图 4 – 8 所示。使用 CPLEX 的解决方案是全局最优的。与曾等（2014）的早期工作相比，基于价格和性能的拍卖方法能够获得更好的解决方案，甚至直接得到最优解，这证实了本书提出的基于性能和价格的拍卖方法可以获得高质量的可行解。

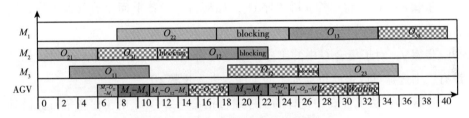

图 4 – 7　使用 CPLEX 获得的调度方案

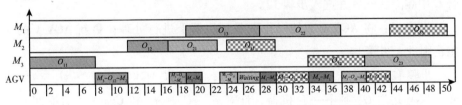

图 4 – 8　使用曾等（Zeng et al.，2014）中启发式算法获得的调度方案

据此，基于性能和价格的拍卖方法的流程如下：

步骤 1：对于所有作业，将每个工件的第一道工序放入集合 A 和 C，将其

他工序放入集合 B。记录机器 k 处理在集合 A 中的第一个工序 O_{i1}，选择机器 k 可以处理的集合 A 中的其他工序，并将其删除，然后转到步骤 2。

步骤 2：选取竞标机器 k 上时间段的工序，时间段被分配给获胜者（工序）。然后更新机器 k 和获胜竞拍者的状态，并且从集合 C 中删除获胜者。如果集合 A 为空，则转至步骤 3；如果没有，则返回步骤 1。

步骤 3：对于集合 B 中的每个工序 O_{ij}，如果 $O_{i(j-1)}$ 完成加工，则计算并记录 AGV 能够移动到设备进行装载此工序的最早时间，然后转到步骤 4。

步骤 4：确定与每个投标人相对应 AGV 的最早响应时间；确定每个 AGV 的临时公开拍卖时间段，然后转到步骤 5。

步骤 5：对于集合 B 中的所有工序，确保这些工序将参与拍卖，然后转到步骤 6。

步骤 6：确定最后的公开拍卖时段，通过计算每个投标人的总价值来确定获胜者；更新获胜者 O_{ij} 和 AGV 的状态，从 B 组中删除获胜者。将 St_{ij} 与 Ct_{ij} 进行比较；如果 $C_{i(j-1)} < St_{ij}$，则进入步骤 7；否则，转到步骤 8。

步骤 7：更新加工 $O_{i(j-1)}$ 设备上时间段 $C_{i(j-1)} \rightarrow St_{ij}$ 为阻塞状态，进入步骤 8。

步骤 8：AGV 将运输获胜工序 O_{ij}，如果目标设备上面没有其他工序，则转到步骤 9；否则，转到步骤 13。

步骤 9：对于集合 C 中的工序，如果集合 C 为空，则转到步骤 11；如果没有，则选择可以被此机器加工的工序，进入步骤 10。

步骤 10：从集合 C 中选择的工序通过拍卖与 AGV 上的工序竞争目标设备上的时间段。如果获胜者仍然是 AGV 上的工序，则转到步骤 11；否则，从集合 C 中删除获胜者并进入步骤 12。

步骤 11：将 AGV v 上的操作下载到机器上进行处理；更新 AGV v 的状态；则进入步骤 14。

步骤 12：加工获胜工序 $O_{i'1}$ 从集合 C，然后将 AGV 上的工序 O_{ij} 与 $O_{i'1}$ 交换，AGV 运送 $O_{i'2}$ 到下一台机器，计算 S_{ij}、C_{ij}、$St_{i'2}$ 和 $Ct_{i'2}$，然后返回到步骤 8。

步骤 13：在目标设备上将 AGV 上的工序与 $O_{i'j'}$ 工序互换，AGV 将运送 $O_{i'(j'+1)}$ 到下一台机器，计算 S_{ij}、C_{ij}、$St_{i'(j'+1)}$ 和 $Ct_{i'(j'+1)}$，然后返回到步骤 8。

步骤 14：如果集合 C 为空，则转到步骤 15；否则，让集合 C 中的工序经历步骤 1 和步骤 2 竞标设备上的时间段，进入步骤 15。

步骤 15：如果集合 B 为空，算法结束；否则，返回步骤 3。

4.4　基于新式非连通图的邻域搜索算法

在上节已经找到了 BJS-AGV 问题的可行解。本节基于非连通图，提出邻域搜索方法对得到的可行解进行进一步的优化。

4.4.1　面向无缓冲空间约束的非连通图

前文对非连通图有了一定的介绍，本节将补充在 BJS-AGV 问题中涉及非连通图中包含的新的信息。

胡瑞可等（Hurink et al.，2005）将非连通图 $G := (V, A, E)$ 扩展为 $G = (V, C, D_M, D_R)$ 来描述有一台 AGV 运输工件下的 JS 问题（JS-AGV 问题），拉科姆等（Lacomme et al.，2013）再次将它扩展为多个 AGV。其中 C 对应的是 A，D_M 对应的是 E，集合 D_R 代表所有需要同一辆 AGV 运输的不同工件之间的双向连接线，类似于 E。尽管如此，BJS-AGV 中的 blocking 约束还是很难通过非连通图来表示。图 4-9 即为通过非连通图描述表 4-1 中包含信息。如果考虑起始运输点，就会出现图中黑色虚线框中的部分。

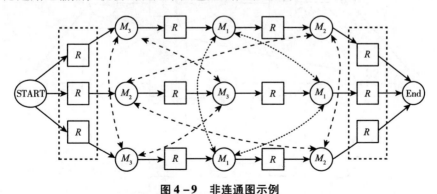

图 4-9　非连通图示例

对于 JS-AGV 问题对应的非连通图，同样需要将 D_M 和 D_R 中的双向连接线通过选择方向，对应每台设备和 AGV，各自形成一条完整的单向连接线。对于最终形成的 $G_s = (V, C, S_M, S_R)$，只要是非循环的，即可代表可行解。其中图 4 – 10 即为 JS-AGV 问题经过方向选择最终形成的连通图，由于内部在循环，使得解变得不可行，其中（红色和蓝色）虚线部分各自在图内形成一个循环。

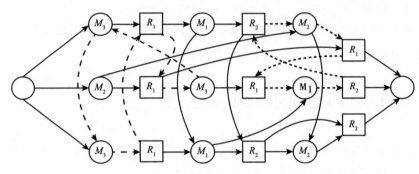

图 4 – 10　连通图代表不可行解示例

对于 BJS-AGV 调度问题，它对应的解空间应为同样条件下 JS-AGV 问题解空间的子集。与 JS-AGV 问题不同，BJS-AGV 问题经过选择最终形成的 Gs 即使是非循环的，也可能为不可行解。例如图 4 – 11 所示，图中的（蓝色）虚线部分为非循环的，对于 JS-AGV 问题为可行解，而对于 BJS-AGV 问题却不可行。在设备 3 上面，加工顺序为 $O_{11} \rightarrow O_{31}$，而 AGV $R1$ 的运输顺序为 $O_{31} \rightarrow$

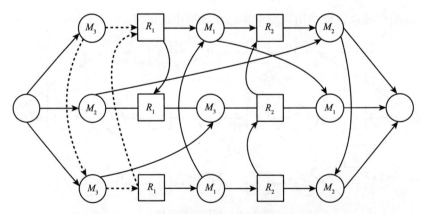

图 4 – 11　与 JS 和 JS-AGV 不相同的不可行解

O_{11}，在设备 3 上，由于 blocking 的条件约束，直到 O_{11} 被 R_1 运走离开设备前，O_{31} 不能在设备上面进行加工；同样道理，对于 AGV R_1，O_{11} 不能在 O_{31} 前被运输。上述两个环节使得此解为不可行解。因此，如何才能保证 BJS-AGV 问题的解始终可行是值得思考的。

4.4.2　从设备的视角描述无缓冲空间约束的非连通图

为了更好地分析 BJS-AGV 问题中不同设备和 AGV 之间的关系，基于毕力格等（Bilge et al.，1995），从每台设备的视角重新建立非连通图，前图 4 – 9 如图 4 – 12 所示。

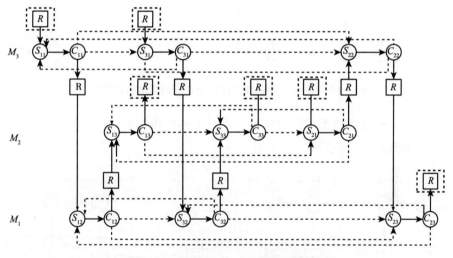

图 4 – 12　从设备的角度建立新的非连通图

与传统的非连通图相比较，在图 4 – 12 中，S_{ij} 和 C_{ij} 分别对应的是工序 O_{ij} 的开始加工时间和完工时间，所以 $S_{ij} \rightarrow C_{ij}$ 就相当于集合 V 里面的点 O_{ij}。$C_{i_1j_1}$ 到 $S_{i_2j_2}$ 和 $C_{i_2j_2}$ 到 $S_{i_1j_1}$ 之间的连接线组合相当于在集合 E 或是 D_M 中 $O_{i_1j_1}$ 和 $O_{i_2j_2}$ 之间的双向连接线。从 S_{ij} 到 C_{ij}，再由 C_{ij} 到 R，R 到 S_{ij+1} 整个的连接线相当于是集合 A 或是 C 中的单向连接线。为了使新的非连通图看上去更清晰，省略掉了 D_R 集合中的等效双向连接线（在后文中有体现和说明）。在新的非连通图中，AGV 在不同设备之间的运输路线将更加清晰，有助于分析如何保持解的可行性，而且在新的非连通图中，能够更清楚地了解到各工序的调度情况。例如，图 4 – 13 为新非连通图下的可行解，从图中可以了解到，AGV 在时刻 6 到达设备 1，卸下 O_{11} 并向设备 2 转移，在时刻 8 到达设备 2，此时 O_{21} 恰好完成加工，AGV 运送 O_{21} 到设备 3。

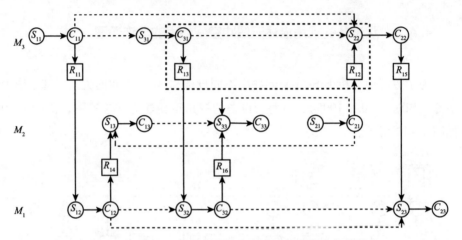

图 4 – 13   图 4 – 7 中调度方案在新式连通图中的表现形式

为了分析造成解不可行的原因，将图 4 – 10 和图 4 – 11 转换成新图的模式下，如图 4 – 14 和图 4 – 15 所示。

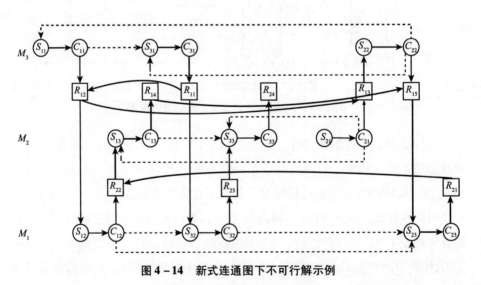

图 4 – 14   新式连通图下不可行解示例

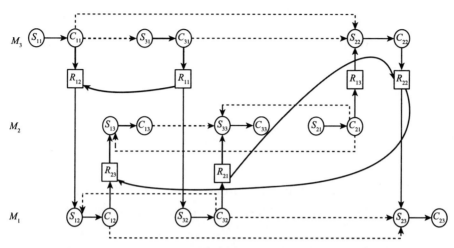

图 4 – 15　新式连通图下不可行解示例

在图 4 – 14 和图 4 – 15 中，R_{12} 表示工序 O_{31} 和 O_{32} 之间的运输将作为 AGV 1 的第二个运输任务。从图中可以看出，相对于 JS-AGV 问题，BJS-AGV 问题中 AGV 的运输顺序要求得更严格，不恰当的运输顺序很容易造成解的不可行，而且 AGV 运输工序的顺序也跟每台设备加工各工序的顺序紧密相关。根据图 4 – 13 ~ 图 4 – 15 所描述，从运输角度，总结出了四条保证 BJS-AGV 问题解始终可行的性质：

性质 4.1：对于运输及加工 $R \rightarrow S_{ij} \rightarrow C_{ij} \rightarrow R' \rightarrow S_{i(j+1)} \rightarrow C_{i(j+1)} \rightarrow R''$，如果 R、R' 和 R'' 均由同一辆 AGV 运输，那么其运输顺序必须满足 $S(R) < S(R') < S(R'')$，其中 $S(R)$ 表示 R 在指定 AGV 所运输所有工序中的位置。

性质 4.2：对于运输及加工 $R \rightarrow S_{ij} \rightarrow C_{ij} \rightarrow R'$ 和 $R'' \rightarrow S_{i_1 j_1} \rightarrow C_{i_1 j_1} \rightarrow R'''$，如果 O_{ij} 和 $O_{i_1 j_1}$ 在同一台设备上面进行加工，O_{ij} 排在前面，而且同时 R、R'、R'' 和 R''' 由同一辆 AGV 运输，那么必须满足 $S(R) < S(R''), S(R') < S(R''')$。

性质 4.3：对于运输及加工 $R \rightarrow S_{ij} \rightarrow C_{ij} \rightarrow R'$ 和 $R'' \rightarrow S_{i_1 j_1} \rightarrow C_{i_1 j_1} \rightarrow R'''$，如果 O_{ij} 和 $O_{i_1 j_1}$ 在同一台设备上面进行加工，O_{ij} 排在前面，而且 R' 和 R'' 由同一辆 AGV 运输，那么必须满足 $S(R') < S(R'')$ 或是 $S(R') = S(R'') + 1$。例如，图 4 – 10 中的（蓝色）虚线框中部分即符合 $S(R') = S(R'') + 1$。

性质 4.4：对于运输及加工 $R \rightarrow S_{ij} \rightarrow C_{ij} \rightarrow R'$ 和 $R'' \rightarrow S_{i_1 j_1} \rightarrow C_{i_1 j_1} \rightarrow R'''$，如果 R 和 R'' 由同一辆 AGV 运输并且 R' 和 R''' 由另外一辆 AGV 运输，那么分别连接 R 和 R''，R' 和 R'''（或者反向连接），形成的连接必须是非循环的。

对于以上四条性质，性质 4.2 和性质 4.3 直接与 blocking 约束有关；性质 4.1 和性质 4.4 仅与工件本身的加工路线有关，即使对于 JS 和 JS-AGV 问题，也同样奏效。

BJS-AGV 解空间为 JS-AGV 的子集，所以基于非连通图的重要性质仍然适用。在 BJS-AGV 中，关键路径中的工序不但包括在设备上面进行加工的工序，而且还有 AGV 在不同设备之间的运输，所以此时的关键块分为两种，在设备上面的关键块和在 AGV 上面的关键块。本书的核心思想仍为交换关键块内工序，改变其顺序，以得到更好的目标函数，结合上述提出的四条性质，在得到可行解的基础上，可对其进行继续优化，主要步骤流程如图 4 - 16 所示。

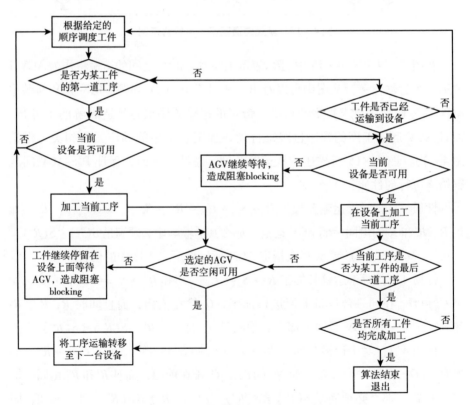

图 4 - 16　计算求得调度方案的主要流程

基于新式非连通图的邻域搜索算法：

步骤 1：按照给出的顺序在各个设备上面依次加工各个工件，如果此工序为某个工件的第一道工序，转入步骤 2；否则转入步骤 6。

步骤 2：如果工件对应需要的设备为空闲，转入步骤 3；否则返回步骤 1。

步骤 3：在当前设备上面加工此工序，当完成加工后，转入步骤 4。

步骤 4：如果选择运送此工序的 AGV 在当前可用，转入步骤 5；否则工序继续停留在设备上面等待 AGV，造成设备 blocking 状态。

步骤 5：将当前工序运送到下一台设备上，返回步骤 1。

步骤 6：如果工序处在被运输状态且已经到达指定设备，转入步骤 7；否则返回步骤 1。

步骤 7：如果当前设备空闲可用，将工件卸载进行加工，转入步骤 8；否则 AGV 在设备旁进行等待，直至设备空闲，转入步骤 8。

步骤 8：如果当前工序为某工件最后一道工序，转入步骤 9；否则返回步骤 4。

步骤 9：如果所有工件工序均完成加工，结束；否则返回步骤 1。

当考虑起始运输点的时候，仅仅是在第一道工序前和最后一道工序后各增加一个运输任务，整体调度思路同上。

由于存在性质 4，当 AGV 数量为 N，$R \to S_{ij} \to C_{ij} \to R'$ 这样的单元数量为 M 时，最多需要经过 A_M^N 次计算才能确定得到新的邻域是否可行，所以当 AGV 的数量和工件的工序数量多时，确定邻域的可行性将是非常耗时的。

上面的四条性质主要是针对如何交换同一台 AGV 上面的关键工序，当所交换的工序处在设备上面的关键块，交换的过程如图 4 - 17 所示。

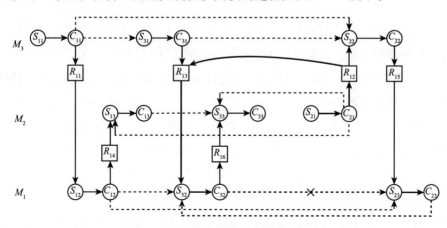

图 4 - 17　交换关键块里面的关键工序

在图 4-17 中，（蓝色的虚线）$S_{21} \rightarrow C_{21} \rightarrow R_{12} \rightarrow R_{13} \rightarrow S_{32} \rightarrow S_{23} \rightarrow C_{23}$ 代表关键路径，如果交换关键块中的工序 O_{32} 和 O_{23}，设备 1 上的加工顺序就会变为 O_{12}、O_{23} 和 O_{32}，图中 C_{32} 和 S_{23} 之间的（蓝色）虚线就会被 C_{23} 和 S_{32} 之间的（红色）虚线所代替。在得到新的设备加工顺序后，运输顺序可按照 4.4.1 节中的算法计算得到，最终调度方案可按照本节提出的算法计算得到。

然而，任意交换设备上关键块内的工序可能会产生不可行解，如图 4-10 所示。如果此种情况发生，需要调整其他一些工序使得解变为可行，如图 4-18 所示。在这里，主要描述如何通过调整设备上的工序使得不可行解变为可行，为了表述得更加清楚，图中省去了运输工序。

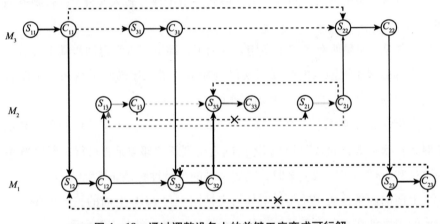

图 4-18　通过调整设备上的关键工序变成可行解

在图 4-18 中，假设从 S_{11} 到 C_{33} 的（蓝色）折线为可行解的关键路径，为了得到新的邻域，交换设备 3 上关键块内的工序 O_{12} 和 O_{23}，C_{12} 与 S_{23} 之间的（蓝色）折线将被 C_{23} 到 S_{12} 之间的（红色）折线代替。这样的交换之后，图中会出现局部循环 $C_{23} \rightarrow S_{12} \rightarrow C_{12} \rightarrow S_{13} \rightarrow C_{13} \rightarrow S_{21} \rightarrow C_{21} \rightarrow S_{22} \rightarrow C_{22} \rightarrow S_{23} \rightarrow C_{23}$。在局部循环中，只有 C_{13} 和 S_{21} 之间的曲线可以进行调整（C_{23} 和 S_{12} 之间的（红色）虚线为指定连接），根据设备 2 上其他工件的加工顺序，$C_{13} \rightarrow S_{21}$ 由 $C_{21} \rightarrow S_{13}$ 代替，经过调整后，再次成为可行解。如果形成的局部循环中存在多条类似 $C_{13} \rightarrow S_{21}$ 可进行调整的曲线，随机选择一条进行调整，直至局部循环消失。同理，根据设备上新的工件加工顺序，得到新的 AGV 运输工件的顺序，通过计算得到邻域的 *make-span* 值。

4.5　实验与结果分析

4.5.1　实验设计与参数设置

为了验证算法的有效性，采用以下两组不同的标准 Job Shop 算例对算法进行验证和比较分析。两组算例的基本情况如下：

（1）第一组算例为胡瑞可等（Hurink et al., 2005）提出，已有多篇文章成功用其验证算法。其中包含 40 个算例，每个算例中均考虑运输起始点，具有 4 台设备和两辆 AGV。算例中工件的个数为 5 ~ 8 个，工序总数为 13 ~ 21 个，选取其中的 36 个。

（2）第二组算例来自三篇文献，算例 la01 – 40 来自劳伦斯（Lawrence，1984），同上一章；算例 orb01 ~ 10 来自阿普尔盖特等（Applegate et al., 1991）；算例 swv01 ~ 10 来自斯托勒等（Storer et al., 1992）。针对此组中的每个算例，我们额外添加工件 AGV 在不同设备之间运输工件的时间，符合均匀分布 [1,25]，（见表 4 – 3 ~ 表 4 – 5）。

表 4 – 3　　　　设备数量为 5 时，工件在各设备之间的转移时间

	m_1	m_2	m_3	m_4	m_5
m_1	0	8	23	15	21
m_2	8	0	15	5	19
m_3	23	15	0	6	10
m_4	15	5	6	0	20
m_5	21	19	10	20	0

表 4 – 4　　　　设备数量为 10 时，工件在各设备之间的转移时间

	m_1	m_2	m_3	m_4	m_5	m_6	m_7	m_8	m_9	m_{10}
m_1	0	8	12	18	13	12	22	9	21	20
m_2	8	0	6	17	20	16	4	5	12	14
m_3	12	6	0	19	8	7	9	17	24	13

续表

	m_1	m_2	m_3	m_4	m_5	m_6	m_7	m_8	m_9	m_{10}
m_4	18	17	19	0	12	5	4	9	6	13
m_5	13	20	8	12	0	10	15	12	21	4
m_6	12	16	7	5	10	0	5	23	18	17
m_7	22	4	9	4	15	5	0	2	12	15
m_8	9	5	17	9	12	23	2	0	14	19
m_9	21	12	24	6	21	18	12	14	0	11
m_{10}	20	14	13	13	4	17	15	19	11	0

表 4 - 5　　　　　　　设备数量为 15 时，工件在各设备之间的转移时间

	m_1	m_2	m_3	m_4	m_5	m_6	m_7	m_8	m_9	m_{10}	m_{11}	m_{12}	m_{13}	m_{14}	m_{15}
m_1	0	15	17	16	13	17	10	15	25	15	3	9	17	18	8
m_2	15	0	14	4	22	7	21	25	13	20	12	4	19	25	15
m_3	17	14	0	14	19	22	3	5	9	23	17	25	23	22	16
m_4	16	4	14	0	17	11	7	14	17	8	18	6	24	5	8
m_5	13	22	19	17	0	3	14	2	12	10	17	18	14	8	10
m_6	17	7	22	11	3	0	2	17	4	7	16	21	16	6	2
m_7	10	21	3	7	14	2	0	12	14	21	13	16	16	14	9
m_8	15	25	5	14	2	17	12	0	24	8	17	18	4	13	16
m_9	25	13	9	17	12	4	14	24	0	24	10	2	24	21	11
m_{10}	15	20	23	8	10	7	21	8	24	0	25	15	19	3	20
m_{11}	3	12	17	18	17	16	13	17	10	25	0	19	6	14	9
m_{12}	9	4	25	6	18	21	16	18	2	15	19	0	23	20	17
m_{13}	17	19	23	24	14	16	16	4	24	19	6	23	0	10	18
m_{14}	18	25	22	5	8	6	14	13	21	3	14	20	10	0	12
m_{15}	8	15	16	8	10	2	9	16	11	20	9	17	18	12	0

实验中所有算法利用 C#编程实现，在 CPU 为 Inter®Core™ 2 Quad 2.66GHZ、内存为 2G 的计算机上运行，下面将给出具体的实验与分析。

实验中两阶段算法参数设置如下：在算法的第一阶段，每组算例均生成 200 个初始可行解；在第二阶段，每个初始解寻找邻域最大迭代次数为 1000 次。

4.5.2　结果与分析

在测试第一组算例时，考虑两种情境和两个目标，并将它们进行组合，具体信息如下：

情境一（S_1）：考虑起始点不存在的情境；

情境二（S_2）：考虑起始点存在的情境；

目标一（O_1）：最小化所有工件的完工时间（make-span）；

目标二（O_2）：最小化最后一个工件离开生产系统的时间（返回起始运输点）。

分别将 S_1,O_1 和 S_2,O_2 进行组合。由于相关文献中暂无 BJS-AGV 问题的 benchmark 结果，我们将 Lingo 求解节 4.3 中数学模型得到的结果作为参考值。在求解 S_1,O_1 组合时，分别测试计算 AGV 数量为 1 和 2 时的调度结果，对于每个算例，Lingo 和两阶段算法的计算时间分别为 4 小时和 5 分钟，得到的结果如表 4 - 6 所示。"OPT" 表示 Lingo 通过模型求解每个算例得到的最优解；"STATUS" 表示 Lingo 得到的每个解是局部最优解还是全局最优解；"T-S-HEU" 表示两阶段邻域搜索求解每个算例得到的最好解。

相对于 S_1 和 O_1 的组合，S_2 和 O_2 组合的计算复杂度大大增加。当 AGV 数量为 2 时，对于一些算例，Lingo 在经过 4 个小时的计算后甚至不能得到可行解，故在测试 S_2 和 O_2 的组合时，只计算 AGV 数量为 1 的情况，得到结果如表 4 - 7 所示。

表 4 - 6　第一组算例在 S_1 情境下由 Lingo 和两阶段算法求得的最优解

算例	一辆 AGV			两辆 AGVs		
	OPT	STATUS	T-S-HEU	OPT	STATUS	T-S-HEU
EX11	100	全局	100	72	全局	72
EX21	126	局部	126	96	局部	94
EX31	109	全局	109	78	全局	78
EX51	90	全局	90	69	全局	69
EX61	153	局部	148	138	局部	135

算例	一辆 AGV			两辆 AGVs		
	OPT	STATUS	T-S-HEU	OPT	STATUS	T-S-HEU
EX71	149	局部	144	98	局部	94
EX81	178	局部	172	161	局部	158
EX91	141	局部	136	110	局部	106
EX101	174	局部	166	144	局部	140
EX12	87	全局	87	72	全局	72
EX22	98	全局	98	92	局部	89
EX32	77	全局	77	69	局部	65
EX52	78	全局	78	63	全局	63
EX62	121	局部	115	108	局部	103
EX72	101	局部	97	84	局部	80
EX82	164	局部	159	151	局部	145
EX92	123	局部	119	99	局部	95
EX102	163	局部	155	136	局部	129
EX13	89	全局	89	72	全局	72
EX23	115	局部	112	103	局部	99
EX33	86	全局	86	69	全局	69
EX53	80	全局	80	63	全局	63
EX63	130	局部	127	114	局部	112
EX73	116	局部	113	97	局部	95
EX83	182	局部	174	156	局部	153
EX93	120	局部	117	103	局部	97
EX103	192	局部	184	160	局部	154
EX14	102	全局	102	70	全局	70
EX24	147	局部	144	100	局部	99
EX34	113	全局	113	82	全局	82
EX54	95	全局	95	68	全局	68
EX64	159	局部	156	133	局部	124
EX74	111	局部	106	103	局部	96
EX84	188	局部	184	169	局部	164

续表

算例	一辆 AGV			两辆 AGVs		
	OPT	STATUS	T-S-HEU	OPT	STATUS	T-S-HEU
EX94	137	局部	132	119	局部	116
EX104	208	局部	199	150	局部	145

表 4 – 7　　第一组算例在 S_2 情境下由 Lingo 和两阶段算法求得的最优解

算例	一辆 AGV			算例	一辆 AGV		
	OPT	STATUS	T-S-HEU		OPT	STATUS	T-S-HEU
EX11	255	局部	226	EX13	207	局部	186
EX21	246	局部	224	EX23	157	局部	143
EX31	299	局部	260	EX33	184	局部	169
EX51	241	局部	227	EX53	194	局部	185
EX61	278	局部	266	EX63	179	局部	169
EX71	321	局部	298	EX73	221	局部	191
EX81	331	局部	296	EX83	195	局部	177
EX91	305	局部	271	EX93	181	局部	177
EX101	342	局部	335	EX103	282	局部	269
EX12	181	局部	163	EX14	308	局部	296
EX22	168	局部	126	EX24	311	局部	289
EX32	190	局部	156	EX34	336	局部	308
EX52	174	局部	158	EX54	318	局部	282
EX62	166	局部	149	EX64	327	局部	311
EX72	198	局部	176	EX74	364	局部	350
EX82	196	局部	169	EX84	412	局部	384
EX92	204	局部	177	EX94	348	局部	322
EX102	251	局部	230	EX104	425	局部	392

　　基于上面两种情境目标组合的复杂度，对于第二组算例，只测试 S_1 和 O_1 的组合。考虑到 4.4.2 节中的原则 4，测试 AGV 数量分别为 1、2 和 3 下的调度结果，每个算例每次计算的时间为 40 分钟，结果如表 4 – 8 所示。10×5 表明算例中包含 10 个工件，每个工件均有 5 道工序。各个算例在不同 AGV 数量下计算时间如表 4 – 9 所示。

表 4 - 8 第二组算例在 S_1 情境下由两阶段算法求得的最优解

算例	规模	AGV 数量			算例	规模	AGV 数量		
		1	2	3			1	2	3
la01	10×5	1603	1260	1058	la31	30×10	9597	6516	5174
la02	10×5	1644	1262	1038	la32	30×10	9986	6646	5281
la03	10×5	1643	1078	989	la33	30×10	9537	6278	4951
la04	10×5	1600	1141	965	la34	30×10	9457	5981	4785
la05	10×5	1438	1082	838	la35	30×10	10022	6238	5204
la06	15×5	2487	1787	1462	la36	15×15	8453	4778	4136
la07	15×5	2347	1687	1430	la37	15×15	8365	4857	3956
la08	15×5	2172	1666	1444	la38	15×15	7990	4874	3986
la09	15×5	2522	1825	1565	la39	15×15	7989	4583	3930
la10	15×5	2516	1814	1536	la40	15×15	7672	4755	3766
la11	20×5	3347	2440	2008	orb01	10×10	3207	2156	1836
la12	20×5	3105	2193	1821	orb02	10×10	3252	2240	1754
la13	20×5	3156	2218	1941	orb03	10×10	3159	2120	1769
la14	20×5	3227	2323	1849	orb04	10×10	3315	2329	1839
la15	20×5	3306	2174	1960	orb05	10×10	3137	2167	1752
la16	10×10	3360	2256	1830	orb06	10×10	3322	2278	1742
la17	10×10	3161	1982	1665	orb07	10×10	2672	1520	1179
la18	10×10	3366	2175	1714	orb08	10×10	3046	2011	1630
la19	10×10	3348	2154	1778	orb09	10×10	3314	2158	1790
la20	10×10	3351	2210	1830	orb10	10×10	3223	2108	1782
la21	15×10	4862	3101	2378	swv01	20×10	6315	4036	3184
la22	15×10	4803	3242	2464	swv02	20×10	6171	4024	3403
la23	15×10	4764	3325	2521	swv03	20×10	6627	4052	3394
la24	15×10	4756	3232	2488	swv04	20×10	6553	4105	3269
la25	15×10	4959	3117	2493	swv05	20×10	6499	4218	3121
la26	20×10	6515	4493	3398	swv06	20×15	10424	6617	4872
la27	20×10	6742	4363	3365	swv07	20×15	10166	6270	4903
la28	20×10	6693	4371	3416	swv08	20×15	10462	6429	5065
la29	20×10	6552	4137	3447	swv09	20×15	10539	6152	4633
la30	20×10	6605	4359	3444	swv10	20×15	10601	6420	4902

表 4 - 9　　　　　　　　不同规模下找到最终解的平均计算时间

算例	规模	AGV 数量		
		1	2	3
la01 - 05	10 × 5	21min26s	36min14s	37min8s
la06 - 10	15 × 5	32min7s	35min15s	36min14s
la11 - 15	20 × 5	35min17s	35min28s	35min23s
la16 - 20	10 × 10	35min46s	35min32s	35min47s
orb01 - 10				
la21 - 25	15 × 10	33min38s	34min41s	35min12s
la26 - 30	20 × 10	31min23s	32min33s	33min28s
swv01 - 05				
la31 - 35	30 × 10	28min15s	30min13s	30min42s
la36 - 40	15 × 15	29min8s	33min18s	34min4s
swv06 - 10	20 × 15	26min48s	29min46s	30min15s

　　从表 4 - 6 ~ 表 4 - 8 可以看出，对于小规模算例（第一组），两阶段邻域搜索算法得到的最优解均等于或优于 Lingo 得到的最优解，说明我们提出的两阶段邻域搜索对于求解小规模 BJS-AGV 问题是十分有效的。对于中大规模算例（第二组），尽管得到解的质量是未知的，考虑到 BJS-AGV 问题的复杂度，本算法能够在可接受的时间内得到可行解。

　　为了验证两阶段算法的稳定性，选取 20 组算例在新的参数组合下再次运行，新参数设置如下：在算法的第一阶段，每组算例均生成 180 个初始可行解；在第二阶段，每个初始解寻找邻域最大迭代次数为 950 次。表 4 - 10 展示了新参数组合下每个算例在不同 AGV 数量下的 make-span 值以及与表 4 - 8 中对应值的偏差。

$$Gap = (\text{新参数下得到的 } make\text{-}span - \text{对应表 4 - 8 中的 } make\text{-}span) /$$
$$\text{对应表 4 - 8 中的 } make\text{-}span \times 100\%$$

表 4 - 10　　　　　　　　不同参数组合下得到结果的差距

算例	规模	AGV 数量					
		1	Gap（%）	2	Gap（%）	3	Gap（%）
la11	20 × 5	3370	0.68	2488	1.97	2045	1.84
la12	20 × 5	3133	0.9	2232	1.78	1848	1.48

算例	规模	AGV 数量					
		1	Gap（%）	2	Gap（%）	3	Gap（%）
la13	20×5	3189	1.05	2264	2.07	1976	1.8
la14	20×5	3275	1.47	2355	1.38	1896	2.54
la15	20×5	3287	0.57	2208	1.47	1942	0.92
la16	10×10	3389	0.86	2304	2.13	1866	1.97
la17	10×10	3207	1.45	1974	0.4	1633	1.92
la18	10×10	3398	0.95	2190	0.69	1740	1.52
la19	10×10	3395	1.4	2178	1.11	1794	0.9
la20	10×10	3387	1.07	2242	1.44	1842	0.66
orb01	10×10	3265	1.8	2192	1.67	1878	2.29
orb02	10×10	3290	1.17	2245	0.22	1762	0.46
orb03	10×10	3195	1.14	2135	0.71	1791	1.24
orb04	10×10	3285	0.9	2382	2.27	1858	1.03
orb05	10×10	3179	1.34	2194	1.24	1777	1.43
orb06	10×10	3386	1.92	2298	0.88	1791	2.81
orb07	10×10	2712	1.49	1532	0.79	1205	2.21
orb08	10×10	3082	1.18	2047	1.79	1643	0.8
orb09	10×10	3376	1.87	2176	0.83	1812	1.23
orb10	10×10	3281	1.8	2144	1.7	1789	0.4
均值			1.25		1.33		1.47

从表 4-10 可以看出，在两次不同参数组合的计算下，在 AGV 数量分别为 1、2 和 3 时，得到结果的平均偏差分别为 1.25%、1.33% 和 1.47%，证明了本章两阶段邻域搜索算法的稳定性。

接下来，测试基于拍卖的邻域搜索算法解决 BJS-AGV 的有效性，针对 S_1、O_1 组合场景，同样测试 AGV 数量分别为 1、2 和 3 下的调度结果，并将实验结果与曾等（Zeng et al.，2014）研究中的结果进行了比较。表 4-11 显示了在不同情况下为每种情况获得的最优解。在曾等（Zeng et al.，2014）的文献中，每个算例的结果都是在 40 分钟运行时间后获得的，在使用基于拍卖的邻域搜索算法求解算例时，将时间缩短至 10 分钟。

表 4 - 11　　基于拍卖的邻域搜索算法与曾等（Zeng et al. ，2014）算法得到的结果

算例	规模	拍卖算法（AGV 数量）			曾等（Zeng et al. ，2014）（AGV 数量）		
		1	2	3	1	2	3
la01	10 × 5	1135	922	902	1603	1260	1058
la02	10 × 5	1147	910	851	1644	1262	1038
la03	10 × 5	1178	874	804	1643	1078	989
la04	10 × 5	1128	863	849	1600	1141	965
la05	10 × 5	1191	791	736	1438	1082	838
la06	15 × 5	1859	1364	1256	2487	1787	1462
la07	15 × 5	1883	1369	1230	2347	1687	1430
la08	15 × 5	1848	1494	1322	2172	1666	1444
la09	15 × 5	2019	1478	1419	2522	1825	1565
la10	15 × 5	2009	1522	1450	2516	1814	1536
la11	20 × 5	2601	2130	1911	3347	2440	2008
la12	20 × 5	2616	2039	1646	3105	2193	1821
la13	20 × 5	2574	2091	1770	3156	2218	1941
la14	20 × 5	2686	2171	1825	3227	2323	1849
la15	20 × 5	2757	2167	1884	3306	2174	1960
la16	10 × 10	2688	2125	1720	3360	2256	1830
la17	10 × 10	2605	1846	1562	3161	1982	1665
la18	10 × 10	2740	2002	1647	3366	2175	1714
la19	10 × 10	2839	2002	1660	3348	2154	1778
la20	10 × 10	2832	2054	1624	3351	2210	1830
la21	15 × 10	4583	2944	2367	4862	3101	2378
la22	15 × 10	4552	3035	2410	4803	3242	2464
la23	15 × 10	4581	3077	2470	4764	3325	2521
la24	15 × 10	4581	3012	2450	4756	3232	2488
la25	15 × 10	4450	3043	2382	4959	3117	2493
la26	20 × 10	6118	4145	3154	6515	4493	3398
la27	20 × 10	6234	4008	3188	6742	4363	3365
la28	20 × 10	6230	4200	3201	6693	4371	3416
la29	20 × 10	6039	4034	3222	6552	4137	3447
la30	20 × 10	6160	4085	3309	6605	4359	3444

算例	规模	拍卖算法（AGV 数量）			曾等（Zeng et al.，2014）（AGV 数量）		
		1	2	3	1	2	3
la31	30 × 10	9071	5840	4781	9597	6516	5174
la32	30 × 10	9506	6241	4994	9986	6646	5281
la33	30 × 10	9178	5870	4665	9537	6278	4951
la34	30 × 10	9031	5756	4639	9457	5981	4785
la35	30 × 10	9256	6108	4674	10022	6238	5204
la36	15 × 15	7670	4606	3755	8453	4778	4136
la37	15 × 15	7727	4655	3841	8365	4857	3956
la38	15 × 15	7539	4708	3547	7990	4874	3986
la39	15 × 15	7542	4426	3733	7989	4583	3930
la40	15 × 15	7512	4615	3707	7672	4755	3766
orb01	10 × 10	2785	2041	1702	3207	2156	1836
orb02	10 × 10	2792	2144	1633	3252	2240	1754
orb03	10 × 10	2669	2000	1679	3159	2120	1769
orb04	10 × 10	2804	2172	1734	3315	2329	1839
orb05	10 × 10	2568	1826	1548	3137	2167	1752
orb06	10 × 10	2723	2139	1688	3322	2278	1742
orb07	10 × 10	2276	1441	1118	2672	1520	1179
orb08	10 × 10	2514	1819	1541	3046	2011	1630
orb09	10 × 10	2662	2047	1601	3314	2158	1790
orb10	10 × 10	2718	2054	1681	3223	2108	1782
swv01	20 × 10	5949	3868	3120	6315	4036	3184
swv02	20 × 10	6100	3865	3221	6171	4024	3403
swv03	20 × 10	6234	3917	3135	6627	4052	3394
swv04	20 × 10	6276	3929	3109	6553	4105	3269
swv05	20 × 10	6144	3968	3005	6499	4218	3121
swv06	20 × 15	9757	6088	4503	10424	6617	4872
swv07	20 × 15	9644	6001	4378	10166	6270	4903
swv08	20 × 15	10054	6181	4767	10462	6429	5065
swv09	20 × 15	9946	6105	4587	10539	6152	4633
swv10	20 × 15	9691	6150	4771	10601	6420	4902

$Gap =$ 王元清等(2012)得到的 $make$-$span$——基于拍卖的邻域搜索算法得到的 $make$-$span$/基于拍卖的邻域搜索算法得到的 $make$-$span \times 100\%$

如表 4 - 11 所示，基于拍卖的邻域搜索算法得到了比曾等（2014）更好的结果。对于三种情况下平均偏差分别为 15. 11%、9. 61% 和 7. 53%，其中算例 la02 的最大改进为 43. 33%。这证实了基于拍卖的邻域搜索算法对于求解 BJS-AGV 更加有效。

接下来，试图使用 SPSS 22. 0 通过假设检验来分析基于拍卖的邻域搜索算法的有效性。对于每种情境，基于拍卖的邻域搜索算法求得的 $make$-$span$ 值被视为标准样本，曾等（2014）得到的 $make$-$span$ 值作为比较样本进行对比。在此，采用独立样本 t 检验进行分析。作为前提条件，进行独立样本 t 检验需要标准样本和比较样本服从正态分布和方差同质性。使用 Shapiro-Wilk 和 Levene 检验来验证这一点。对于不符合上述先决条件的样本，使用非参数 Mann-Whitney U 检验来分析标准样本和比较样本之间的差异，而不是独立样本 t 检验。这三种情境的统计分析结果如表 4 - 12 所示。默认置信区间为 95%。

表 4 - 12　　　　　　　　　　　三种情境下的检验结果

算例	规模	双尾检验（AGV 数量）		
		1	2	3
la01 - 05	10 × 5	**0.009**	**0**	**0.014**
la06 - 10	15 × 5	**0**	**0**	**0.018**
la11 - 15	20 × 5	**0**	**0.027**	0.101
la16 - 20	10 × 10	**0.009**	0.052	**0.019**
la21 - 25	15 × 10	**0.009**	**0.005**	0.129
la26 - 30	20 × 10	**0**	**0.006**	**0.009**
la31 - 35	30 × 10	**0.08**	**0.036**	**0.019**
la36 - 40	15 × 15	**0.016**	**0.044**	**0.014**
orb01 - 10	10 × 10	**0.001**	**0.049**	**0.008**
swv01 - 05	20 × 10	**0.02**	**0.002**	**0.045**
swv06 - 10	20 × 15	**0**	**0.012**	**0.029**

如表 4 - 12 所示，对于三种情境下不同规模的 11 个基准组案例，即总共

33 个组，其中 30 组算例的双尾检验值低于 0.05，表明基于拍卖的邻域搜索算法得到的结果与曾等（Zeng et al.，2014）得到的结果具有显著差异，覆盖率达到 90.9%，其中包括所有的中大规模算例。因此，证明了基于拍卖的邻域搜索算法的有效性和绝对优势，特别是在求解 BJS-AGV 的中大规模算例方面。

为了进一步分析基于拍卖的邻域搜索算法的稳定性，对每种情况重复测试 10 次，并选择其中最佳和最差的结果，如表 4-13 所示。偏差的百分比显示了两者之间的偏差。

表 4-13　　不同算例三种情境下基于拍卖的邻域搜索算法得到最佳与
最差解之间的偏差

算例	规模	1 辆 AGV		2 辆 AGV		3 辆 AGV	
		最佳/最差	偏差（%）	最佳/最差	偏差（%）	最佳/最差	偏差（%）
la01	10×5	1135/1153	1.59	922/937	1.63	902/919	1.88
la02	10×5	1147/1167	1.74	910/929	2.09	851/866	1.76
la03	10×5	1178/1194	1.36	874/886	1.37	804/816	1.49
la04	10×5	1128/1149	1.86	863/879	1.85	849/867	2.12
la05	10×5	1191/1210	1.6	791/802	1.39	736/749	1.77
la06	15×5	1859/1901	2.26	1364/1392	2.05	1256/1279	1.83
la07	15×5	1883/1905	1.17	1369/1386	1.24	1230/1246	1.3
la08	15×5	1848/1882	1.84	1494/1517	1.54	1322/1340	1.36
la09	15×5	2019/2051	1.58	1478/1502	1.62	1419/1450	2.18
la10	15×5	2009/2037	1.39	1522/1544	1.45	1450/1471	1.45
la11	20×5	2601/2652	1.96	2130/2165	1.64	1911/1946	1.83
la12	20×5	2616/2684	2.6	2039/2084	2.21	1646/1684	2.31
la13	20×5	2574/2625	1.98	2091/2139	2.3	1770/1807	2.09
la14	20×5	2686/2732	1.71	2171/2204	1.52	1825/1861	1.97
la15	20×5	2757/2827	2.54	2167/2216	2.26	1884/1928	2.34
la16	10×10	2688/2737	1.82	2125/2168	2.02	1720/1759	2.27
la17	10×10	2605/2674	2.65	1846/1898	2.82	1562/1595	2.11
la18	10×10	2740/2805	2.37	2002/2049	2.35	1647/1678	1.88
la19	10×10	2839/2915	2.68	2002/2053	2.55	1660/1696	2.17
la20	10×10	2832/2871	1.38	2054/2086	1.56	1624/1648	1.48
la21	15×10	4583/4658	1.64	2944/2998	1.83	2367/2417	2.11

续表

算例	规模	1 辆 AGV		2 辆 AGV		3 辆 AGV	
		最佳/最差	偏差（%）	最佳/最差	偏差（%）	最佳/最差	偏差（%）
la22	15×10	4552/4650	2.15	3035/3107	2.37	2410/2450	1.66
la23	15×10	4581/4722	3.08	3077/3163	2.79	2470/2555	3.44
la24	15×10	4581/4718	2.99	3012/3099	2.89	2450/2528	3.18
la25	15×10	4450/4554	2.34	3043/3131	2.89	2382/2436	2.27
la26	20×10	6118/6243	2.04	4145/4231	2.07	3154/3235	2.57
la27	20×10	6234/6411	2.84	4008/4115	2.67	3188/3263	2.35
la28	20×10	6230/6424	3.11	4200/4332	3.14	3201/3309	3.37
la29	20×10	6039/6212	2.86	4034/4155	3	3222/3317	2.95
la30	20×10	6160/6327	2.71	4085/4231	3.57	3309/3411	3.08
la31	30×10	9071/9496	4.69	5840/6092	4.32	4781/4992	4.41
la32	30×10	9506/9849	3.61	6241/6487	3.94	4994/5215	4.43
la33	30×10	9178/9582	4.4	5870/6161	4.96	4665/4931	5.7
la34	30×10	9031/9461	4.76	5756/6035	4.85	4639/4802	3.51
la35	30×10	9256/9619	3.92	6108/6384	4.52	4674/4895	4.73
la36	15×15	7670/7973	3.95	4606/4832	4.91	3755/3965	5.59
la37	15×15	7727/8236	6.59	4655/4906	5.39	3841/4064	5.81
la38	15×15	7539/7948	5.43	4708/4958	5.31	3547/3785	6.71
la39	15×15	7542/7865	4.28	4426/4635	4.72	3733/3940	5.55
la40	15×15	7512/7842	4.39	4615/4861	5.33	3707/3902	5.26
orb01	10×10	2785/2842	2.05	2041/2078	1.81	1702/1736	2
orb02	10×10	2792/2884	3.3	2144/2211	3.13	1633/1683	3.06
orb03	10×10	2669/2755	3.22	2000/2065	3.25	1679/1721	2.5
orb04	10×10	2804/2892	3.14	2172/2237	2.99	1734/1792	3.34
orb05	10×10	2568/2625	2.22	1826/1873	2.57	1548/1582	2.2
orb06	10×10	2723/2904	6.65	2139/2265	5.89	1688/1809	7.17
orb07	10×10	2276/2400	5.45	1441/1530	6.18	1118/1204	7.69
orb08	10×10	2514/2696	7.24	1819/1961	7.81	1541/1630	5.78
orb09	10×10	2662/2811	5.6	2047/2173	6.16	1601/1726	7.81
orb10	10×10	2718/2909	7.03	2054/2194	6.82	1681/1810	7.67
swv01	20×10	5949/6354	6.81	3868/4141	7.06	3120/3355	7.53

算例	规模	1 辆 AGV		2 辆 AGV		3 辆 AGV	
		最佳/最差	偏差（%）	最佳/最差	偏差（%）	最佳/最差	偏差（%）
swv02	20×10	6100/6604	8.26	3865/4182	8.2	3221/3541	9.93
swv03	20×10	6234/6698	7.44	3917/4255	8.63	3135/3413	8.87
swv04	20×10	6276/6762	7.74	3929/4300	9.44	3109/3358	8.01
swv05	20×10	6144/6649	8.22	3968/4281	7.89	3005/3292	9.55
swv06	20×15	9757/10592	8.56	6088/6646	9.17	4503/4843	7.55
swv07	20×15	9644/10443	8.28	6001/6536	8.92	4378/4806	9.78
swv08	20×15	10054/10856	7.98	6181/6698	8.36	4767/5132	7.66
swv09	20×15	9946/10692	7.5	6105/6696	9.68	4587/5067	10.46
swv10	20×15	9691/10468	8.02	6150/6589	7.14	4771/5215	9.31
Average			3.91		4.07		4.24

如表 4 - 13 所示，三种情况的平均偏差分别为 3.91%、4.07% 和 4.24%。这些结果证实了基于拍卖的邻域搜索算法用于解决 BJS-AGV 的稳定性。

4.6 本章小结

本章提出了面向运输能力有限下的 Blocking Job Shop 调度问题，以最小化 *make-span* 为目标，建立了混合线性整数规划模型，从设备的角度建立新式非连通图，建立了基于拍卖的邻域搜索算法，通过测试 benchmark 算例并与 Lin-go 得到的结果进行比较，证明了算法的有效性。

第5章 基于拍卖的多工序计划柔性车间调度问题

本章旨在研究具有多重计划的弹性作业车间排程问题（FJSP-MPP），以最大限度地缩短整体制造时间为目标，建立了一个非线性规划模型来分配机器和调度作业。提出了一种基于拍卖的生产路径选择和资源配置综合问题的解决方案，重点是提高资源利用率和生产效率，以缩短生产周期。该方法包括过程计划拍卖和机器拍卖。通过拍卖对生产资源进行评估，以选择更适合生产的路线，并将资源分配给更理想的任务。对 benchmark 实例进行数值实验测试，通过与其他现有算法的比较，证明了该拍卖方法的有效性和稳定性。此外，利用 SPSS 证明了该方法具有绝对优势，特别是在针对中、大型算例的情况下。

5.1 问题的提出与研究现状

作业车间问题（JSP）是一个众所周知的调度问题。在经典的 JSP 中，通过机器为每个作业定义了一个特定的路径（Zeng et al. , 2014）。经典的 JSP 假设每个操作只有一台机器和一个可行的工艺计划（Zeng et al. , 2015）。随着操作多样性和复杂性的增加，操作在多台机器上进行，并为一项工作制订了替代的工艺计划。因此，JSP 扩展到灵活 JSP（FJSP）（Tang et al. , 2016）。带有单个流程计划的生产（FJSP-SPP）表示每个作业只显示一个流程计划。FJSP-SPP 由两个子问题组成，即选择机器和确定每台机器上的操作顺序，这是制造系统中最重要的两个活动。伊姆兰等（Imran et al. , 2016）描述了 FJSP-SPP 研究的进展，并介绍了 1990 年以来提出的主要解决方法。努里等

（Nouri et al.，2016）还对 FJSP-SPP 的研究进行了最先进的审查，通过考虑交通资源和建议的新分类标准。张等（Zhang et al.，2011）和李等（Li et al.，2016）提出了解决 FJSP-SPP 的有效遗传算法，以最大限度地缩短制造时间。努里等（Nouri et al.，2015）、努里日等（Nouiri et al.，2015）和克鲁兹－查韦斯等（Cruz-Chávez et al.，2017）分别解决了与李等（Li et al.，2016）相同的问题，并分别提出了粒子群优化（PSO）算法、全息多智能体模型中两种元启发式混合算法和模拟退火算法。恩尼格鲁等（Ennigrou et al.，2008）、熊等（Xiong et al.，2012；2018）分别提出了一种基于新的局部多样化技术、人体免疫系统和体液免疫的多代理方法来解决 FJSP-SPP。高等（Gao et al.，2016）提出了一种改进的人工蜂群算法，用模糊处理时间求解 FJSP-SPP。随后，高等（Gao et al.，2016）通过考虑新的作业插入扩展了该问题，并提出了一种两阶段人工蜂群算法来解决该问题。努里等（Nouri et al.，2016）提出了基于集群全息多智能体模型的混合元启发式算法，以求解具有运输时间和多个机器人的 FJSP-SPP。随后努里等（Nouri et al.，2017）改进了该方法，成功获得了新的上界。马尔祖基等（Marzouki et al.，2018）对高等（Gao et al.，2016）提出的算法进行了扩展，为了解决 FJSP-SPP 问题，利用禁忌搜索（TS），卡普拉诺格（Kaplanoğlu，2016）提出了通过模拟退火优化算法发现的调度规则。高等（Gao et al.，2018）重点关注一个灵活的工作车间重新安排新工作插入的问题，该问题考虑了双目标最小化，包括不稳定性、制造时间、总流程时间、机器工作量和总机器工作量。张等（Zhang et al.，2018）和段等（Duan et al.，2018）分别讨论了一种入侵杂草优化（IWO）算法和一种新的基于教学学习的优化（TLBO）算法，该算法也可用于解决 FJSP-SPP 问题，与 FJSP-SPP 相比，具有多个过程计划（FJSP-MPP）的 FJSP 表明每个作业都有多个过程计划，问题更复杂。fjsp-mpp 为每个操作指定可选操作、它们的顺序和可选机器。与单个工艺计划（仅针对每个操作的备用机器）不同，多个工艺计划同时包括备用操作（灵活性操作）和每个操作的备用机器（路由灵活性）（Doh et al.，2013）。

必须根据 FJSP-SPP 为每个作业选择一个流程计划，以获得 FJSP-MPP 的调度方案。基于现有的研究，FJSP-MPP 根据用于确定过程计划的模式分为两类。第一种模式对应于按操作的操作方法，在这种方法中，过程计划是随着时间进度在调度中确定的。对于每个作业，都需要在当前操作完成时确定下一个操作的流程计划。第二种模式对应于一个接一个的作业方法，其中每个作业的工艺计划在调度前确定（Kim et al.，2003）。本研究提出的问题采用第二种方法，这在现代工业中具有重要意义。安全生产是冶金、化工等行业的重中之重，必须事先提出工作或任务的工艺方案。否则，调度会遇到一些问题，这些问题会导致生产和时间方面的巨大损失。

目前大多数关于 FJSP-MPP 的研究都是通过使用第一种方法来解决问题的，只有少数研究关注第二种方法（Faruk et al.，2013）。基姆等（Kim et al.，2003）提出了一种称为共生进化算法的人工智能搜索技术，以解决柔性车间制造系统中工艺规划和调度的集成问题。松基等（Özgüven et al.，2010）为 FJSP-SPP 和 FJSP-MPP 开发了混合整数线性规划模型。杜哈等（Doh et al.，2013）提出了一种实用的优先级调度方法，结合操作/机器选择和作业排序规则来解决 FJSP-MPP。法鲁克等（Faruk et al.，2013）提出了 FJSP-MPP 的遗传算法方法，以确定每个作业的最佳工艺计划和动态环境中每个操作的最佳机器。哈德达扎德等（Haddadzade et al.，2014）构建了 FJSP-MPP 的数学模型，提出了模拟退火混合算法。阿普尔盖特等（Applegate et al.，1991）构建了多目标作业车间调度问题的数学模型，提出了两代（父代和子代）帕累托蚁群算法，生成了可行的调度解。但是，上述方法的核心思想是采用交叉、变异或通用调度规则的组合，如先进先出和最短的作业处理时间，缺乏基于问题本质特征的优化。

在 FJSP-MPP 中，关键元素包括有效地评估机器资源。必须对设备资源进行有效评估，以便为每项工作分配资源，并以合理的方式选择工艺计划。因此，需要确定最优调度方案。如前所述，机器资源的评估直接影响最终调度方案的结果。应用拍卖理论解决了遗传算法、差分进化算法、粒子群算法等缺乏成熟求解机制的常用优化算法的问题。自 20 世纪 80 年代以来，一些研究人员成功地应用拍卖理论来解决制造领域的调度问题，尤其是在过去 20 年中（Tang et al.，2016；Siwamogsatham et al.，2004；Adhau et al.，2012）。在本研究中，拍卖可以评估一个更适合一个过程的计划，并通过价格来估计对机器资源的需求程度。鉴于供求关系随时间而变化，价格可以表明业务需求的紧迫性，并在利润最大化和资源利用的基础上为拍卖商分配资源提供指导。

因此，拍卖理论可以有效地应用于 FJSP-MPP。基于拍卖的方法评估不同时间点的资源，投标人的价格反映了对资源的需求程度（Tang et al.，2016）。因此，通过拍卖将资源分配给最迫切需要的投标人。拍卖理论已被若干研究人员成功地应用于制造业（Tang et al.，2016）。西瓦莫格萨塔姆等（Siwamogsatham et al.，2004）提出了一种基于拍卖的灵活制造系统实时调度算法。阿德豪等（Adhau et al.，2012）将基于拍卖的协商方法应用于新型分布式多代理系统中，以解决资源冲突，并在多个竞争项目之间分配多种不同类型的共享资源。唐等（Tang et al.，2016）提出了一种基于拍卖的启发式方法，以解决具有灵活处理路径的多单元部件调度问题，重点是不同单元之间的合作。

5.2 多工序计划柔性车间调度问题描述

在本书中，FJSP-MPP 由多个作业和机器组成。每项工作都有一个（多个）过程计划列表。工艺计划中的每个操作都在机器上进行处理。在同一类型机器上处理的每个作业的操作需要相同的时间量，并且时间是预先确定的。每台机器一次只能执行一个操作。在调度之前，必须确定每个作业的工艺计划和每个操作的机器。所提出的 FJSP-MPP 的目标是获得一个完工时间最小的调度方案。

表 5 - 1 显示了一个用于说明问题的简单实例。表 5 - 1 包含三个工件，其中每个工件包括三个加工路线。每个路线中包含所需机器类型和相应的处理时间。例如，工件 1 的第一个计划是 "$O_{11} - M_1$、$O_{12} - M_2$、$O_{13} - M_3/7 - 15 - 12$"。这表明在其第一个工艺计划中，工件 1 包括必须在三种机器上处理的三个操作，其中机器类型为 1、2 和 3，其处理时间分别为 7、15 和 12。

表 5 - 1　　　　　　　　　　　FJSP-MPP 问题实例

	工件 1	工件 2	工件 3
加工路线 1	$O_{11} - M_1, O_{12} - M_2, O_{13} - M_3$	$O_{21} - M_1, O_{22} - M_2, O_{23} - M_3$	$O_{31} - M_1, O_{32} - M_2, O_{33} - M_3$
	7 - 15 - 12	5 - 7 - 8	11 - 7 - 6
加工路线 2	$O_{11} - M_3, O_{12} - M_2, O_{13} - M_1$	$O_{21} - M_3, O_{22} - M_2, O_{23} - M_1$	$O_{31} - M_2, O_{32} - M_1, O_{33} - M_3$
	8 - 11 - 10	7 - 9 - 11	10 - 6 - 5

	工件 1	工件 2	工件 3
加工路线 3	$O_{11}-M_3,O_{12}-M_1,O_{13}-M_2$	$O_{21}-M_3,O_{22}-M_1,O_{23}-M_2$	$O_{31}-M_1,O_{32}-M_3,O_{33}-M_2$
	$6-9-15$	$7-10-10$	$8-7-9$

5.3　工艺方案拍卖选择机制

FJSP-MPP 是基于前文中描述的第二种模式。因此，在调度之前，必须确定每个工件的流程计划。通过拍卖选择工件计划的过程将通过表 5 - 1 所包含的算例进行说明。每个工件的流程计划都是单独确定的，彼此之间互不干扰。在这种情况下，每个工件包含 3 个流程计划，因此组合的数量为 27。例如，假定当前为工件 1、2 和 3 选择的计划分别对应其第一个计划，因此其加工路线分别是 1 - 2 - 3、2 - 1 - 3 和 2 - 3 - 1。首先，随机生成一个顺序来加工工件，在这里给定的顺序为 1 - 2 - 3。接下来，考虑序列中的前两个工件，分别为工件 1 和 2。当处理开始时，工件 2 对机器 2 上的时间段 0 - 5 进行投标。在这个时间段内，没有其他投标人（工件）针对机器 2 进行投标，因此时间段直接分配给 O_{21}。同样，工件 1 的 O_{11} 对机器 1 上的时间段 0 - 7 进行投标，在时间段 0 - 7 期间，操作 O_{21} 在时间点 5 完成。因此，O_{22} 对机器 1 上的时间段 5 - 12 进行投标，因而 O_{11} 和 O_{22} 对时间段 5 - 7 进行竞标。假定每个时间点的基本价格为 1，如果有投标人投标，价格会上涨。假设价格的增长为线性增长，即为价格随着投标人数量的增加而增加。因此，时间点 0 - 4 和 7 - 11 的价格是 2；时间点 5 和 6 的价格是 3。接下来，根据竞标工序下一工序的总完成时间对机器资源配置进行检查。在当前情况下，这相当于操作 O_{12} 和 O_{23} 的总完成时间。如果 O_{11} 在加工上先于 O_{22}（第一方案），则时间段 0 - 7 分配给 O_{11}，时间段 7 - 14 分配给 O_{22}，时间点 12 和 13 的价格为 1。因此，两个投标人的投标价格之和为 28。另外，O_{12} 和 O_{23} 将分别在时间段 7 - 22 和 14 - 26，各自在机器 2 和 3 上进行处理，总完成时间为 48。相比之下，如果 O_{22} 先于 O_{11} 在时间段 5 - 12（第二种方案）中进行处理，则 O_{11} 在时间段 12 - 19 中进行处理，时间点 12 - 19 的价格为 1。因此，两个投标人的投标价格之和为 23。

O_{12} 和 O_{23} 将分别在时间段 19 – 34 和 12 – 20 进行处理，总完成时间为 54。为了更合理地进行整体方案评价，在这里提出了不同方案之间惩罚值的概念。这个概念可以防止竞拍者有意不参加拍卖。两个方案的总完成时间分别为 48 和 54，因此后一个方案具有相应的惩罚值。惩罚值等于延迟时间的长度乘以单位时间的惩罚值。单位时间的惩罚值定义为投标时间段的平均价格。时间段 0 – 12 的平均价格为 $(2 \times 10 + 3 \times 2)/12 = 2.17$，对应的惩罚值为 $(54 - 48) \times 2.17 = 13.02$。每个方案的总价值是投标价格和惩罚值（如果存在）之间的差额。因此，两个方案的投标总价分别为 28 和 9.98，选择价格较高的方案。因此，选择 O_{11} 先于 O_{22} 的方案，将 O_{23} 临时分配给时间段 14 – 26。随后，O_{12} 在时间点 22 结束，O_{13} 与 O_{23} 竞标在机器 3 上的时间段。考虑到 O_{13} 和 O_{23} 是作业的最后一个操作，延迟时间长度计算为两个方案的完工时间之间的差。以类似于上述 O_{11} 和 O_{22} 的方式，O_{23} 在加工过程中先于 O_{13}。前两个作业的调度方案如图 5 – 1 所示。

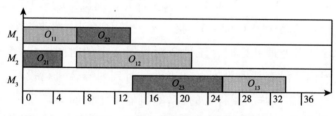

图 5 – 1　工件 1 和工件 2 的调度方案

前两个工件的处理完成后，给定序列中的剩余工件将单独分配到每台设备上。在当前的例子中，接下来将处理工件 3。根据现有的分配，即图 5 – 1 中的调度没有改变的前提下，尽可能快地完成工件 3 的加工，得到的调度方案如图 5 -2 所示，完成时间为 47。

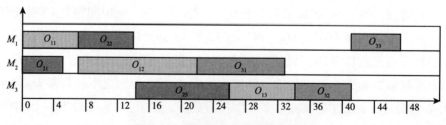

图 5 -2　增加工件 3 后的调度方案

接下来，尝试根据图 5 - 1 所示的方案重新调度当前工件（工件 3）。我们试图根据各个工序的开始和结束时间，将当前工件的工序插入机器上的现有操作中。在工件 3 的第一道工序 O_{31}，必须在机器 3 上处理。根据图 5 - 1 中的调度方案，可以在时间点 0、5 和 7 处插入 O_{31}。如果在时间点 0 插入 O_{31}，则在机器 2 上处理的操作顺序为 O_{31}、O_{21} 和 O_{12}，并且 O_{32}、O_{22} 和 O_{13} 的加工时间分别为 18、23 和 43，对应总加工时间 84。图 5 - 2 中调度方案对应值为 89。因此，新的插入被视为一个有价值的方案，剩余的工序将被连续加工，最终得到的调度方案如图 5 - 3 所示，其完工时间为 43。

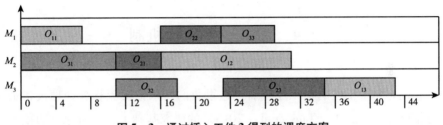

图 5 - 3　通过插入工件 3 得到的调度方案

同理，如果在时间点 5 处插入 O_{31}，则获得的调度方案如图 5 - 4 所示，其完工时间为 41。

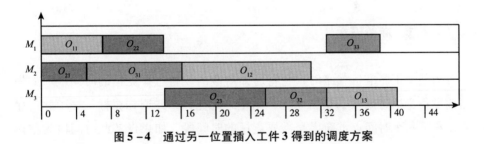

图 5 - 4　通过另一位置插入工件 3 得到的调度方案

当在时间点 7 处插入 O_{31} 时，得到的调度方案不优于图 5 - 4 所示的调度方案。最后，根据所有操作的总流动时间对每个方案进行评估，如图 5 - 2 ~ 图 5 - 4 所示的方案，记录每种方案中的不同工序组合与每道工序的开始时间，选择所有工序开始加工时间总和最小的方案作为当前工序计划组合，如表 5 - 2 所示。

表 5 –2 　　　　　　　　　　　　　所选组合各工序开始加工时间

	各工序开始时间		
设备 1	O_{11} 0/0/0	O_{22} 7/16/7	O_{33} 41/23/33
设备 2	O_{31} 22/0/5	O_{21} 0/11/0	O_{12} 7/16/16
设备 3	O_{32} 34/11/25	O_{23} 14/23/14	O_{13} 26/35/33

5.4　设备资源拍卖机制

在确定每个工件的加工路线后，这里我们引入拍卖流程来处理设备资源的分配问题。在唐等（Tang et al.，2016）的研究基础上，针对原有的拍卖算法进行了改进。拍卖分为五个步骤，即准备拍卖、竞标书投递、价格评估、二次投标和中标公告。本章简要介绍这一过程，具体细节可见唐等（Tang et al.，2016）。

5.4.1　准备拍卖

当某个工序准备就绪时，它将通知对应的设备想要竞拍的时间段。如果当前设备竞拍时间段为繁忙状态，则拒绝此竞标，并通知竞标工序。此工序必须在下一个时间点重新提交需要竞标的时间段，如果设备此时间段为空闲可用，拍卖将从此时间点开始。

5.4.2　投递竞标书

拍卖开始时，拍卖人（设备）会向所有其他工件提供公开竞拍的时间段信息。所有工件都将根据其当前状态确定是否需要参与竞拍。

5.4.3　根据竞标书估价

根据提交的投标书，拍卖人（设备）确定拍卖时间段中每个时间点的需求程度，从而针对每个时间点进行价格评估。在这里，我们假设每个时间点的基本价格被认为是 1，价格随竞标人数量的增加而线性增加。这与第 5.3 节中描述的方法类似。

5.4.4　二次投递竞标书

拍卖人向所有竞标人提供每个时间点的价格，竞标人根据给定的价格修改并重新提交其投标书。总价格由两部分组成，包括竞标中各时间点的价格和拍卖人获得等效奖励价值之和。奖励价值根据给定的参考矩阵计算，其中包括每个工序的开始加工时间。在拍卖过程中，如果工序开始加工时间早于参考矩阵中给出的时间，那么将获得奖励价值，可以促使竞标人最大限度地尽快完成生产任务，从而有利于最大限度地缩短生产时间。

5.4.5　宣布竞标结果

修改后的投标书提交拍卖人后，由拍卖人决定是否宣布中标，然后拍卖人更新设备时间段状态，拍卖结束。

5.4.6　两阶段拍卖算法

基于上述描述，本书提出的求解 FJSP-MPP 的方法主要分为两个部分。第一部分通过基于拍卖的方法获得每个工件的流程计划。第二部分继续将机器资源分配给工件以进行调度。该方法的详细流程步骤如下：

步骤 1：拍卖初始化。设置最大迭代 $GENNO$ 和 $GENNO1$，$ITER = 1$，$ITER1 = 1$。

步骤 2：为当前所有工件指定一个顺序，列出所有路线计划组合，转到第

3 步。

步骤 3：拍卖当前给定的工件计划组合，获取总完工时间，进入步骤 4。

步骤 4：评估当前计划组合的价值。如果当前路线计划组合能够更新已有最佳路线计划组合，$ITER = 1$，当前计划组合更新最佳流程计划组合，返回步骤 3，评估下一个路线计划组合；否则，如果 $ITER > GENNO$，则转到步骤 5；否则，$ITER = ITER + 1$，则返回步骤 3，评估下一个路线计划组合。

步骤 5：根据获得的工艺方案，拍卖设备资源给每个工件，并对给出设备加工工件的调度方案，进入步骤 6。

步骤 6：当所有作业完成处理后，对当前获得的调度方案进行备注。如果 $ITER1 > GENNO1$，则转到步骤 7；否则，$ITER1 = ITER1 + 1$，则返回步骤 5 重新调度所有工件。

步骤 7：选择 GENNO1 中最小生成时间的调度方案作为加工所有工件的最优解。结束。

5.5　实验结果与分析

为了验证本节设计拍卖算法的有效性，分别选取来自劳伦斯（Lawrence，1984）、阿普尔盖特等（Applegate et al.，1991）和斯托勒等（Storer et al.，1992）的标准算例进行测试。

5.5.1　计算环境变量设置

每个实例测试参数设置如下，其中包括测试实例的规模、每个工件处理路径的数量、初始可行解决方案的数量、用于确定过程计划组合（$GENNO$）质量的迭代次数以及用于优化每个可行解决方案（$GENNO\,1$）的迭代次数。这些参数设置如下：

测试实例规模：10×5、15×5、20×5、10×10、15×10、20×10、30×10、15×15；10×5 表示存在 10 个工件，每个工件需要在 5 种不同的机器上进行处理。

每个工件的可选择处理路径数：3 条；

初始可行解数：100；

GNONO：3000；

*GNNO*1：150。

由于原有文献中的经典算例中，每个工件只包含一条路径。因此，将规模相同的三组算例合并形成一个新的算例，这样在新的算例中，每个工件均包含 3 条可供选择的路径。针对新的测试问题，这里提出了两种方案。场景 1 中每种类型的机器只有一台；场景 2 中每种类型的机器可具有多台。场景 2 中所有实例的机器分配如表 5 - 3 所示，其中显示了每种机器类型的数量，"类型"表示不同类型机器的数量。

表 5 - 3　　　　　　　　　算例设备数量情况

算例	类型	M_1	M_2	M_3	M_4	M_5	M_6	M_7	M_8	M_9	M_{10}	M_{11}	M_{12}	M_{13}	M_{14}	M_{15}
组 01 - 15	5	2	1	2	2	1										
组 16 - 35，41 - 55	10	2	2	1	1	2	2	1	1	2	1					
组 36 - 40，56 - 60	15	1	2	1	2	2	2	1	1	2	1	2	2	1	1	1

5.5.2　算例的测试与分析

首先，使用 Lingo 来测试新算例。即使对于规模为 10 × 5 的小规模问题，Lingo 在运行 6 小时后才能得到可行解，如表 5 - 4 所示。对于中型和大型问题，即使在运行 12 小时后，仍然无法获得可行的解决方案。而且对于小规模算例，经过延长时间的计算后，Lingo 也无法获得高质量的解决方案。因此，Lingo 不适合解决 FJSP-MPP，同时也说明了问题的复杂性。

表 5 - 4　　　　　　　　　Lingo 求得的结果

算例	规模	Lingo（情境 1）	Lingo（情境 2）
组 01	10 × 5	785	687
组 02	10 × 5	766	762

算例	规模	Lingo（情境1）	Lingo（情境2）
组 03	10×5	743	646
组 04	10×5	726	617
组 05	10×5	714	652

为了验证本章提出拍卖算法（ABA）的有效性，与已有的8种算法进行了比较，分别为遗传 GA 算法、禁忌搜索 TS 算法、粒子群 PSO 算法、模拟退火 SA 算法、蚁群 ABC 算法、离散人工蜂群 ABC 算法、IWO 算法、TLBO 算法等8种算法的比较，所有的算法都是在相同的条件下实现的。结果在30秒内得到，两种情境下的结果分别如表5-5和表5-6所示。在此基础上计算了拍卖算法得到的结果与8种算法结果之间的百分比偏差，如表5-7和表5-8所示。

$$偏差 = \frac{比较算法的结果 - 拍卖算法的结果}{拍卖算法的结果} \times 100\%$$

表 5-5　　　　　情境1下拍卖算法与8种比较算法得到的结果

算例	规模	ABA	GA	TS	PSO	ABC	SA	ACA	TLBO	IWO
组 01	10×5	552	582	573	586	575	578	575	570	572
组 02	10×5	527	553	549	557	554	558	554	552	550
组 03	10×5	486	511	502	517	515	512	509	510	512
组 04	10×5	447	467	461	471	469	473	467	466	470
组 05	10×5	508	528	526	532	518	534	528	525	520
组 06	15×5	709	747	749	746	750	751	750	747	746
组 07	15×5	782	822	825	831	835	828	828	828	832
组 08	15×5	775	821	817	828	823	824	818	822	826
组 09	15×5	734	778	768	783	752	780	760	755	755
组 10	15×5	743	780	782	789	775	784	781	780	780
组 11	20×5	967	1025	1012	1027	1011	1018	1009	1013	1008
组 12	20×5	989	1025	1021	1035	1040	1027	1044	1039	1035
组 13	20×5	1023	1067	1065	1072	1060	1068	1062	1060	1059
组 14	20×5	1117	1166	1168	1184	1165	1176	1158	1159	1163
组 15	20×5	1069	1138	1132	1154	1131	1143	1130	1131	1129

续表

算例	规模	ABA	GA	TS	PSO	ABC	SA	ACA	TLBO	IWO
组 16	10×10	784	846	839	849	844	854	846	846	841
组 17	10×10	788	833	841	836	852	832	850	853	851
组 18	10×10	796	849	862	858	864	861	862	866	865
组 19	10×10	790	856	848	839	861	836	859	858	858
组 20	10×10	805	855	852	867	863	862	863	858	860
组 21	15×10	997	1062	1075	1055	1062	1053	1065	1066	1063
组 22	15×10	1015	1081	1086	1062	1078	1054	1081	1082	1082
组 23	15×10	1008	1088	1082	1064	1081	1067	1078	1079	1076
组 24	15×10	1043	1136	1123	1092	1118	1094	1110	1115	1116
组 25	15×10	1069	1152	1145	1121	1142	1132	1133	1138	1141
组 26	20×10	1257	1388	1375	1361	1368	1368	1357	1359	1363
组 27	20×10	1228	1315	1331	1320	1343	1307	1338	1336	1338
组 28	20×10	1205	1326	1312	1285	1301	1294	1302	1300	1305
组 29	20×10	1132	1245	1237	1196	1225	1192	1217	1217	1220
组 30	20×10	1237	1356	1346	1342	1331	1338	1332	1330	1327
组 31	30×10	1746	1936	1942	1888	1890	1879	1892	1892	1891
组 32	30×10	1822	2008	2014	1986	1935	1975	1955	1951	1938
组 33	30×10	1784	1995	1989	1945	1896	1952	1919	1917	1903
组 34	30×10	1775	1971	1967	1912	1889	1923	1900	1898	1884
组 35	30×10	1824	2015	2023	1972	1955	1985	1953	1948	1953
组 36	15×15	1204	1381	1369	1312	1290	1304	1290	1289	1284
组 37	15×15	1298	1469	1455	1387	1390	1396	1395	1393	1386
组 38	15×15	1178	1337	1325	1268	1292	1264	1276	1267	1282
组 39	15×15	1240	1403	1391	1346	1312	1351	1334	1323	1318
组 40	15×15	1216	1392	1384	1321	1322	1328	1304	1308	1314
组 41	10×10	615	657	663	661	666	654	660	664	663
组 42	10×10	633	675	677	677	688	670	687	679	681
组 43	10×10	603	638	650	649	651	640	652	645	653
组 44	10×10	613	654	660	658	665	662	663	655	657
组 45	10×10	325	350	349	348	349	353	352	353	350
组 46	10×10	336	362	361	364	361	365	362	365	360

算例	规模	ABA	GA	TS	PSO	ABC	SA	ACA	TLBO	IWO
组47	10×10	333	360	360	359	358	360	360	360	362
组48	10×10	548	591	590	582	593	588	590	586	591
组49	10×10	580	624	626	618	631	618	625	622	626
组50	10×10	601	637	649	638	655	637	646	642	650
组51	20×10	1177	1277	1279	1275	1279	1256	1275	1280	1278
组52	20×10	1218	1333	1321	1294	1316	1314	1325	1320	1311
组53	20×10	1234	1353	1345	1314	1328	1313	1343	1336	1329
组54	20×10	1218	1313	1320	1291	1313	1305	1319	1311	1318
组55	20×10	1215	1339	1323	1287	1310	1314	1314	1308	1308
组56	20×15	1951	2304	2276	2198	2167	2180	2179	2168	2187
组57	20×15	1984	2349	2324	2210	2185	2210	2220	2208	2221
组58	20×15	1978	2336	2312	2218	2217	2236	2205	2193	2201
组59	20×15	1981	2349	2318	2225	2226	2212	2221	2200	2193
组60	20×15	1962	2316	2279	2204	2192	2204	2201	2180	2172

表5-6　　　　　情境2下拍卖算法与8种比较算法得到的结果

算例	规模	ABA	GA	TS	PSO	ABC	SA	ACA	TLBO	IWO
组01	10×5	460	484	482	486	486	483	486	486	489
组02	10×5	446	470	465	467	471	471	467	473	472
组03	10×5	402	422	415	423	423	419	424	423	418
组04	10×5	394	412	408	407	416	412	413	412	416
组05	10×5	416	438	433	441	444	438	440	422	420
组06	15×5	587	616	618	620	623	615	619	621	620
组07	15×5	637	673	674	679	659	678	663	656	652
组08	15×5	692	735	734	736	724	738	723	723	719
组09	15×5	656	698	697	696	680	700	682	684	682
组10	15×5	628	665	663	668	653	666	657	658	654
组11	20×5	787	838	833	835	833	831	834	831	834
组12	20×5	845	894	882	897	895	886	893	900	903
组13	20×5	869	909	911	915	906	906	906	910	906
组14	20×5	943	1007	1004	1011	998	1008	997	993	990

续表

算例	规模	ABA	GA	TS	PSO	ABC	SA	ACA	TLBO	IWO
组 15	20×5	857	905	896	907	899	892	898	895	900
组 16	10×10	682	728	732	734	731	736	733	734	732
组 17	10×10	680	730	734	738	727	736	725	731	728
组 18	10×10	690	744	738	746	753	744	749	749	744
组 19	10×10	693	749	749	744	751	745	751	746	748
组 20	10×10	691	749	751	752	731	755	735	734	735
组 21	15×10	867	943	953	937	937	934	940	940	943
组 22	15×10	886	971	965	952	952	946	955	955	952
组 23	15×10	896	980	967	959	976	956	972	971	971
组 24	15×10	867	955	952	944	928	941	927	933	938
组 25	15×10	882	981	972	958	935	951	939	932	929
组 26	20×10	1189	1322	1312	1274	1279	1261	1282	1277	1279
组 27	20×10	1145	1267	1256	1236	1234	1225	1232	1237	1233
组 28	20×10	1124	1246	1222	1206	1191	1211	1195	1195	1198
组 29	20×10	1089	1212	1211	1176	1182	1159	1182	1180	1180
组 30	20×10	1104	1237	1217	1186	1179	1178	1183	1176	1181
组 31	30×10	1687	1899	1903	1845	1820	1831	1818	1819	1810
组 32	30×10	1689	1906	1922	1835	1817	1822	1807	1815	1825
组 33	30×10	1675	1902	1903	1816	1786	1802	1792	1793	1801
组 34	30×10	1669	1882	1878	1825	1802	1816	1793	1800	1795
组 35	30×10	1698	1933	1950	1867	1833	1854	1828	1841	1844
组 36	15×15	1098	1247	1225	1184	1157	1178	1167	1149	1155
组 37	15×15	1099	1255	1235	1189	1197	1176	1189	1202	1198
组 38	15×15	1105	1251	1252	1216	1197	1204	1195	1193	1189
组 39	15×15	1138	1285	1273	1235	1230	1245	1231	1226	1231
组 40	15×15	1155	1320	1304	1282	1252	1277	1246	1242	1252
组 41	10×10	505	540	547	547	546	548	540	546	544
组 42	10×10	537	576	579	584	583	583	572	581	577
组 43	10×10	548	589	593	589	584	593	588	590	588
组 44	10×10	547	585	588	595	588	590	588	586	589
组 45	10×10	291	311	314	315	308	318	312	316	310

算例	规模	ABA	GA	TS	PSO	ABC	SA	ACA	TLBO	IWO
组46	10×10	280	302	299	304	300	304	302	301	300
组47	10×10	268	288	290	291	290	290	289	289	289
组48	10×10	449	485	485	483	482	489	481	484	484
组49	10×10	477	512	518	512	506	514	515	507	510
组50	10×10	488	522	528	527	531	528	521	520	526
组51	20×10	1018	1139	1120	1093	1098	1096	1087	1084	1097
组52	20×10	1088	1213	1185	1169	1154	1157	1173	1174	1173
组53	20×10	1026	1149	1134	1105	1092	1094	1106	1108	1104
组54	20×10	1067	1195	1176	1150	1154	1132	1146	1141	1143
组55	20×10	1011	1122	1114	1091	1080	1077	1091	1083	1094
组56	20×15	1808	2144	2108	2046	2006	2030	2032	2022	2034
组57	20×15	1770	2092	2087	2049	1988	1989	1970	2017	1958
组58	20×15	1737	2064	2051	1964	1943	2000	1952	1955	1927
组59	20×15	1722	2035	2027	1949	1945	1952	1948	1921	1961
组60	20×15	1704	2021	2008	1976	1904	1929	1898	1934	1882

表5-7　　　　情境1下拍卖算法得到结果与比较算法之间的偏差　　　　单位:%

算例	规模	GA	TS	PSO	ABC	SA	ACA	TLBO	IWO
组01	10×5	5.43	3.8	6.16	4.17	4.71	4.17	3.26	3.62
组02	10×5	4.93	4.17	5.69	5.12	5.88	5.12	4.74	4.36
组03	10×5	5.14	3.29	6.38	5.97	5.35	4.73	4.94	5.35
组04	10×5	4.47	3.13	5.37	4.92	5.82	4.47	4.25	5.15
组05	10×5	3.94	3.54	4.72	1.97	5.12	3.94	3.35	2.36
组06	15×5	5.36	5.64	5.22	5.78	5.92	5.78	5.36	5.22
组07	15×5	5.12	5.5	6.27	6.78	5.88	5.88	5.88	6.39
组08	15×5	5.94	5.42	6.84	6.19	6.32	5.55	6.06	6.58
组09	15×5	5.99	4.63	6.68	2.45	6.27	3.54	2.86	2.86
组10	15×5	4.98	5.25	6.19	4.31	5.52	5.11	4.98	4.98
组11	20×5	6	4.65	6.2	4.55	5.27	4.34	4.76	4.24
组12	20×5	3.64	3.24	4.65	5.16	3.84	5.56	5.06	4.65
组13	20×5	4.3	4.11	4.79	3.62	4.4	3.81	3.62	3.52

续表

算例	规模	GA	TS	PSO	ABC	SA	ACA	TLBO	IWO
组 14	20 × 5	4.39	4.57	6	4.3	5.28	3.67	3.76	4.12
组 15	20 × 5	6.45	5.89	7.95	5.8	6.92	5.71	5.8	5.61
组 16	10 × 10	7.91	7.02	8.29	7.65	8.93	7.91	7.91	7.27
组 17	10 × 10	5.71	6.73	6.09	8.12	5.58	7.87	8.25	7.99
组 18	10 × 10	6.66	8.29	7.79	8.54	8.17	8.29	8.79	8.67
组 19	10 × 10	8.35	7.34	6.2	8.99	5.82	8.73	8.61	8.61
组 20	10 × 10	6.21	5.84	7.7	7.2	7.08	7.2	6.58	6.83
组 21	15 × 10	6.52	7.82	5.82	6.52	5.62	6.82	6.92	6.62
组 22	15 × 10	6.5	7	4.63	6.21	3.84	6.5	6.6	6.6
组 23	15 × 10	7.94	7.34	5.56	7.24	5.85	6.94	7.04	6.75
组 24	15 × 10	8.92	7.67	4.7	7.19	4.89	6.42	6.9	7
组 25	15 × 10	7.76	7.11	4.86	6.83	5.89	5.99	6.45	6.74
组 26	20 × 10	10.42	9.39	8.27	8.83	8.83	7.96	8.11	8.43
组 27	20 × 10	7.08	8.39	7.49	9.36	6.43	8.96	8.79	8.96
组 28	20 × 10	10.04	8.88	6.64	7.97	7.39	8.05	7.88	8.3
组 29	20 × 10	9.98	9.28	5.65	8.22	5.3	7.51	7.51	7.77
组 30	20 × 10	9.62	8.81	8.49	7.6	8.16	7.68	7.52	7.28
组 31	30 × 10	10.88	11.23	8.13	8.25	7.62	8.36	8.36	8.3
组 32	30 × 10	10.21	10.54	9	6.2	8.4	7.3	7.08	6.37
组 33	30 × 10	11.83	11.49	9.02	6.28	9.42	7.57	7.46	6.67
组 34	30 × 10	11.04	10.82	7.72	6.42	8.34	7.04	6.93	6.14
组 35	30 × 10	10.47	10.91	8.11	7.18	8.83	7.07	6.8	7.07
组 36	15 × 15	14.7	13.7	8.97	7.14	8.31	7.14	7.06	6.64
组 37	15 × 15	13.17	12.1	6.86	7.09	7.55	7.47	7.32	6.78
组 38	15 × 15	13.5	12.48	7.64	9.68	7.3	8.32	7.56	8.83
组 39	15 × 15	13.15	12.18	8.55	5.81	8.95	7.58	6.69	6.29
组 40	15 × 15	14.47	13.82	8.63	8.72	9.21	7.24	7.57	8.06
组 41	10 × 10	6.83	7.8	7.48	8.29	6.34	7.32	7.97	7.8
组 42	10 × 10	6.64	6.95	6.95	8.69	5.85	8.53	7.27	7.58
组 43	10 × 10	5.8	7.79	7.63	7.96	6.14	8.13	6.97	8.29
组 44	10 × 10	6.69	7.67	7.34	8.48	7.99	8.16	6.85	7.18

算例	规模	GA	TS	PSO	ABC	SA	ACA	TLBO	IWO
组45	10×10	7.69	7.38	7.08	7.38	8.62	8.31	8.62	7.69
组46	10×10	7.74	7.44	8.33	7.44	8.63	7.74	8.63	7.14
组47	10×10	8.11	8.11	7.81	7.51	8.11	8.11	8.11	8.71
组48	10×10	7.85	7.66	6.2	8.21	7.3	7.66	6.93	7.85
组49	10×10	7.59	7.93	6.55	8.79	6.55	7.76	7.24	7.93
组50	10×10	5.99	7.99	6.16	8.99	5.99	7.49	6.82	8.15
组51	20×10	8.5	8.67	8.33	8.67	6.71	8.33	8.75	8.58
组52	20×10	9.44	8.46	6.24	8.05	7.88	8.78	8.37	7.64
组53	20×10	9.64	9	6.48	7.62	6.4	8.83	8.27	7.7
组54	20×10	7.8	8.37	5.99	7.8	7.14	8.29	7.64	8.21
组55	20×10	10.21	8.89	5.93	7.82	8.15	8.15	7.65	7.65
组56	20×15	18.09	16.66	12.66	11.07	11.74	11.69	11.12	12.1
组57	20×15	18.4	17.14	11.39	10.13	11.39	11.9	11.29	11.95
组58	20×15	18.1	16.89	12.13	12.08	13.04	11.48	10.87	11.27
组59	20×15	18.58	17.01	12.32	12.37	11.66	12.12	11.06	10.7
组60	20×15	18.04	16.16	12.33	11.72	12.33	12.18	11.11	10.7
均值		8.78	8.45	7.25	7.32	7.2	7.34	7.12	7.15

表5-8　　情境2下拍卖算法得到结果与比较算法之间的偏差　　单位:%

算例	规模	GA	TS	PSO	ABC	SA	ACA	TLBO	IWO
组01	10×5	5.22	4.78	5.65	5.65	5	5.65	5.65	6.3
组02	10×5	5.38	4.26	4.71	5.61	5.61	4.71	6.05	5.83
组03	10×5	4.98	3.23	5.22	5.22	4.23	5.47	5.22	3.98
组04	10×5	4.57	3.55	3.3	5.58	4.57	4.82	4.57	5.58
组05	10×5	5.29	4.09	6.01	6.73	5.29	5.77	1.44	0.96
组06	15×5	4.94	5.28	5.62	6.13	4.77	5.45	5.79	5.62
组07	15×5	5.65	5.81	6.59	3.45	6.44	4.08	2.98	2.35
组08	15×5	6.21	6.07	6.36	4.62	6.65	4.48	4.48	3.9
组09	15×5	6.4	6.25	6.1	3.66	6.71	3.96	4.27	3.96
组10	15×5	5.89	5.57	6.37	3.98	6.05	4.62	4.78	4.14
组11	20×5	6.48	5.84	6.1	5.84	5.59	5.97	5.59	5.97

续表

算例	规模	GA	TS	PSO	ABC	SA	ACA	TLBO	IWO
组 12	20×5	5.8	4.38	6.15	5.92	4.85	5.68	6.51	6.86
组 13	20×5	4.6	4.83	5.29	4.26	4.26	4.26	4.72	4.26
组 14	20×5	6.79	6.47	7.21	5.83	6.89	5.73	5.3	4.98
组 15	20×5	5.6	4.55	5.83	4.9	4.08	4.78	4.43	5.02
组 16	10×10	6.74	7.33	7.62	7.18	7.92	7.48	7.62	7.33
组 17	10×10	7.35	7.94	8.53	6.91	8.24	6.62	7.5	7.06
组 18	10×10	7.83	6.96	8.12	9.13	7.83	8.55	8.55	7.83
组 19	10×10	8.08	8.08	7.36	8.37	7.5	8.37	7.65	7.94
组 20	10×10	8.39	8.68	8.83	5.79	9.26	6.37	6.22	6.37
组 21	15×10	8.77	9.92	8.07	8.07	7.73	8.42	8.42	8.77
组 22	15×10	9.59	8.92	7.45	7.45	6.77	7.79	7.79	7.45
组 23	15×10	9.38	7.92	7.03	8.93	6.7	8.48	8.37	8.37
组 24	15×10	10.15	9.8	8.88	7.04	8.54	6.92	7.61	8.19
组 25	15×10	11.22	10.2	8.62	6.01	7.82	6.46	5.67	5.33
组 26	20×10	11.19	10.34	7.15	7.57	6.06	7.82	7.4	7.57
组 27	20×10	10.66	9.69	7.95	7.77	6.99	7.6	8.03	7.69
组 28	20×10	10.85	8.72	7.3	5.96	7.74	6.32	6.32	6.58
组 29	20×10	11.29	11.2	7.99	8.54	6.43	8.54	8.36	8.36
组 30	20×10	12.05	10.24	7.43	6.79	6.7	7.16	6.52	6.97
组 31	30×10	12.57	12.8	9.37	7.88	8.54	7.77	7.82	7.29
组 32	30×10	12.85	13.8	8.64	7.58	7.87	6.99	7.46	8.05
组 33	30×10	13.55	13.61	8.42	6.63	7.58	6.99	7.04	7.52
组 34	30×10	12.76	12.52	9.35	7.97	8.81	7.43	7.85	7.55
组 35	30×10	13.84	14.84	9.95	7.95	9.19	7.66	8.42	8.6
组 36	15×15	13.57	11.57	7.83	5.37	7.29	6.28	4.64	5.19
组 37	15×15	14.19	12.37	8.19	8.92	7.01	8.19	9.37	9.01
组 38	15×15	13.21	13.3	10.05	8.33	8.96	8.14	7.96	7.6
组 39	15×15	12.92	11.86	8.52	8.08	9.4	8.17	7.73	8.17
组 40	15×15	14.29	12.9	11	8.4	10.56	7.88	7.53	8.4
组 41	10×10	6.93	8.32	8.32	8.12	8.51	6.93	8.12	7.72
组 42	10×10	7.26	7.82	8.75	8.57	8.57	6.52	8.19	7.45

算例	规模	GA	TS	PSO	ABC	SA	ACA	TLBO	IWO
组 43	10×10	7.48	8.21	7.48	6.57	8.21	7.3	7.66	7.3
组 44	10×10	6.95	7.5	8.78	7.5	7.86	7.5	7.13	7.68
组 45	10×10	6.87	7.9	8.25	5.84	9.28	7.22	8.59	6.53
组 46	10×10	7.86	6.79	8.57	7.14	8.57	7.86	7.5	7.14
组 47	10×10	7.46	8.21	8.58	8.21	8.21	7.84	7.84	7.84
组 48	10×10	8.02	8.02	7.57	7.35	8.91	7.13	7.8	7.8
组 49	10×10	7.34	8.6	7.34	6.08	7.76	7.97	6.29	6.92
组 50	10×10	6.97	8.2	7.99	8.81	8.2	6.76	6.56	7.79
组 51	20×10	11.89	10.02	7.37	7.86	7.66	6.78	6.48	7.76
组 52	20×10	11.49	8.92	7.44	6.07	6.34	7.81	7.9	7.81
组 53	20×10	11.99	10.53	7.7	6.43	6.63	7.8	7.99	7.6
组 54	20×10	12	10.22	7.78	8.15	6.09	7.4	6.94	7.12
组 55	20×10	10.98	10.19	7.91	6.82	6.53	7.91	7.12	8.21
组 56	20×15	18.58	16.59	13.16	10.95	12.28	12.39	11.84	12.5
组 57	20×15	18.19	17.91	15.76	12.32	12.37	11.3	13.95	10.62
组 58	20×15	18.83	18.08	13.07	11.86	15.14	12.38	12.55	10.94
组 59	20×15	18.18	17.71	13.18	12.95	13.36	13.12	11.56	13.88
组 60	20×15	18.6	17.84	15.96	11.74	13.2	11.38	13.5	10.45
均值		9.75	9.3	8.12	7.26	7.7	7.25	7.25	7.17

从上面的结果可以看出，在两个场景中，针对所有测试问题，相对于 8 种比较算法，我们提出的拍卖算法均能获得更好的结果。8 种算法和基于拍卖的方法得到结果的平均偏差百分比分别为：情境 1 为 8.78%、8.45%、7.25%、7.32%、7.2%、7.34%、7.12% 和 7.15%；情境 2 为 9.75%、9.3%、8.12%、7.26%、7.7%、7.25%、7.25% 和 7.17%。这说明了基于拍卖算法的有效性，进而证明这是一种求解 FJSP-MPP 的有效方法。

接下来，从假设检验的角度验证拍卖算法的有效性。使用独立样本 T 检验进行测试。根据 Sig 值确定基本样品与对照样品之间是否存在显著差异（双尾检验）。两种情况的统计分析结果如表 5 - 9 所示。默认置信区间为 95%。

表 5 - 9　针对情境 1 和情境 2 得到结果的数理统计分析

算例	规模	Sig. (2 - tailed)							
		TS	GA	PSO	ABC	SA	ACA	TLBO	IWO
组 01 - 05	10×5	0.387/0.283	0.509/0.4	0.31/0.3	0.41/0.224	0.322/0.299	0.408/0.262	0.44/0.349	0.429/0.362
组 06 - 10	15×5	0.07/0.19	0.08/0.186	0.054/0.158	0.124/0.28	0.053/0.176	0.095/0.268	0.116/0.273	0.116/0.319
组 11 - 15	20×5	0.234/0.21	0.288/0.265	0.18/0.2	0.256/0.242	0.235/0.278	0.254/0.245	0.257/0.241	0.238/0.224
组 16 - 20, 41 - 50	10×10	0.513/0.506	0.488/0.48	0.504/0.47	0.447/0.505	0.51/0.461	0.46/0.511	0.475/0.501	0.465/0.509
组 21 - 25	15×10	0.007/0	0.004/0	0.019/0	0.007/0	0.027/0	0.006/0	0.006/0	0.007/0
组 26 - 30, 51 - 55	20×10	0/0	0/0.001	0/0.06	0/0.01	0/0.013	0/0.007	0/0.009	0/0.006
组 31 - 35	30×10	0/0	0/0	0/0	0/0	0/0	0/0	0/0	0/0
组 36 - 40	15×15	0/0	0.001/0	0.008/0.001	0.009/0.002	0.01/0.003	0.013/0.002	0.017/0.003	0.012/0.003
组 56 - 60	20×15	0/0	0/0	0/0	0/0	0/0	0/0	0/0	0/0

如表 5 - 9 所示，在两种不同的生产情境下，针对中等规模和大规模算例，Sig 的值均低于 0.05 的显著性水平。这表明，基本样本和比较样本之间存在显著差异，从而证明了所提出的方法具有绝对优势，特别是在中大型实例中。这也证明了所提出的基于拍卖的方法的有效性。

为了进一步分析所提出的基于拍卖的方法的稳定性，在两种生产情境下，每组算例分别测试 10 次，选取其中得到的最优解和最差解，如表 5 - 10 和表 5 - 11 所示。该偏差表示在每个测试实例中，通过基于拍卖的方法得到的最差解和最优解之间的百分比偏差。

表 5 - 10 　　　　　　　情境 1 下各个算例最优解与最差解间的偏差

算例	规模	最优解	最差解	偏差（%）
组 01	10×5	552	558	1.09
组 02	10×5	527	532	0.95
组 03	10×5	486	492	1.23
组 04	10×5	447	451	0.89
组 05	10×5	508	513	0.98
组 06	15×5	709	721	1.69
组 07	15×5	782	798	2.05
组 08	15×5	775	786	1.42
组 09	15×5	734	745	1.5
组 10	15×5	743	752	1.21
组 11	20×5	967	982	1.55
组 12	20×5	989	996	0.71
组 13	20×5	1023	1051	2.74
组 14	20×5	1117	1131	1.25
组 15	20×5	1069	1084	1.4
组 16	10×10	784	796	1.53
组 17	10×10	788	802	1.78
组 18	10×10	796	811	1.88
组 19	10×10	790	815	3.16
组 20	10×10	805	828	2.86

续表

算例	规模	最优解	最差解	偏差（%）
组 21	15 × 10	997	1032	3.51
组 22	15 × 10	1015	1048	3.25
组 23	15 × 10	1008	1029	2.08
组 24	15 × 10	1043	1078	3.36
组 25	15 × 10	1069	1091	2.06
组 26	20 × 10	1257	1298	3.26
组 27	20 × 10	1228	1279	4.15
组 28	20 × 10	1205	1262	4.73
组 29	20 × 10	1132	1185	4.68
组 30	20 × 10	1237	1278	3.31
组 31	30 × 10	1746	1832	4.93
组 32	30 × 10	1822	1914	5.05
组 33	30 × 10	1784	1892	6.05
组 34	30 × 10	1775	1882	6.03
组 35	30 × 10	1824	1931	5.87
组 36	15 × 15	1204	1236	2.66
组 37	15 × 15	1298	1346	3.7
组 38	15 × 15	1178	1228	4.24
组 39	15 × 15	1240	1276	2.9
组 40	15 × 15	1216	1259	3.54
组 41	10 × 10	615	632	2.76
组 42	10 × 10	633	651	2.84
组 43	10 × 10	603	618	2.49
组 44	10 × 10	613	623	1.63
组 45	10 × 10	325	332	2.15
组 46	10 × 10	336	342	1.79
组 47	10 × 10	333	340	2.10
组 48	10 × 10	548	557	1.64
组 49	10 × 10	580	595	2.59

续表

算例	规模	最优解	最差解	偏差（%）
组 50	10×10	601	611	1.66
组 51	20×10	1177	1225	4.08
组 52	20×10	1218	1273	4.52
组 53	20×10	1234	1291	4.62
组 54	20×10	1218	1265	3.86
组 55	20×10	1215	1260	3.70
组 56	20×15	1951	2099	7.59
组 57	20×15	1984	2134	7.56
组 58	20×15	1978	2135	7.94
组 59	20×15	1981	2134	7.72
组 60	20×15	1962	2102	7.14
均值				3.19

表 5-11   情境 2 下各个算例最优解与最差解间的偏差

算例	规模	最优解	最差解	偏差（%）
组 01	10×5	460	464	0.87
组 02	10×5	446	451	1.12
组 03	10×5	402	408	1.49
组 04	10×5	394	399	1.27
组 05	10×5	416	420	0.96
组 06	15×5	587	596	1.53
组 07	15×5	637	644	1.1
组 08	15×5	692	699	1.01
组 09	15×5	656	662	0.91
组 10	15×5	628	635	1.11
组 11	20×5	787	801	1.78
组 12	20×5	845	856	1.3
组 13	20×5	869	881	1.38
组 14	20×5	943	959	1.7
组 15	20×5	857	868	1.28

算例	规模	最优解	最差解	偏差（%）
组 16	10×10	682	696	2.05
组 17	10×10	680	698	2.65
组 18	10×10	690	705	2.17
组 19	10×10	693	704	1.59
组 20	10×10	691	707	2.32
组 21	15×10	867	891	2.77
组 22	15×10	886	908	2.48
组 23	15×10	896	914	2.01
组 24	15×10	867	892	2.88
组 25	15×10	882	907	2.83
组 26	20×10	1189	1232	3.62
组 27	20×10	1145	1187	3.67
组 28	20×10	1124	1164	3.56
组 29	20×10	1089	1125	3.31
组 30	20×10	1104	1147	3.89
组 31	30×10	1687	1765	4.62
组 32	30×10	1689	1778	5.27
组 33	30×10	1675	1785	6.57
组 34	30×10	1669	1763	5.63
组 35	30×10	1698	1791	5.48
组 36	15×15	1098	1148	4.55
组 37	15×15	1099	1137	3.46
组 38	15×15	1105	1141	3.26
组 39	15×15	1138	1171	2.9
组 40	15×15	1155	1182	2.34
组 41	10×10	505	514	1.78
组 42	10×10	537	550	2.42
组 43	10×10	548	559	2.01
组 44	10×10	547	561	2.56
组 45	10×10	291	297	2.06
组 46	10×10	280	285	1.79

续表

算例	规模	最优解	最差解	偏差（%）
组 47	10×10	268	274	2.24
组 48	10×10	449	457	1.78
组 49	10×10	477	487	2.10
组 50	10×10	488	497	1.84
组 51	20×10	1018	1054	3.54
组 52	20×10	1088	1124	3.31
组 53	20×10	1026	1065	3.80
组 54	20×10	1067	1108	3.84
组 55	20×10	1011	1049	3.76
组 56	20×15	1808	1928	6.64
组 57	20×15	1770	1901	7.40
组 58	20×15	1737	1867	7.48
组 59	20×15	1722	1849	7.38
组 60	20×15	1704	1848	8.45
均值				3.01

如表 5-10 和表 5-11 所示，两种情况下的平均偏差分别为 3.19% 和 3.01%。因此，所提出的基于拍卖的方法相对稳定，适用于解决 FJSP-MPP 问题。

5.6 本章小结

本章研究了以最小化完工时间为目标的多工序计划柔性车间调度问题。针对此问题，提出了一种基于拍卖理论的解决方案。通过建立新算例，并将用于测试本章提出的拍卖算法与 8 种比较算法，得到的结果显示本章提出的拍卖算法是有效的、稳定的，适用于求解 FJSP-MPP 调度问题。

第 6 章 运输能力有限下的跨单元 生产调度问题

本章针对考虑到工件需要在不同单元之间进行转移的多单元生产调度问题，提出面向运输能力有限下的跨单元生产调度问题，将整个问题分解为两个子问题：Intra-CPS 和 Inter-CPS 问题，分别提出基于邻域搜索的遗传算法和基于轮盘赌的启发式算法进行求解，通过测试随机算例并与 CPLEX 和已有文献中的算法进行比较，验证了算法的有效性。

6.1 问题的提出与研究现状

随着生产的发展，客户的需求渐渐由大批量单一生产转为多品种、小批量生产，至此，单元生产模式（cell manufacturing system）吸引了更多的目光（王晓晴，2009）。相较传统车间调度，单元生产模式有着众多优势，例如减少生产准备时间、库存空间占用、产品控制、加工原材料费用、生产柔性等（Zeng et al.，2015）。为了节省生产成本，一些贵重或是比较特殊的设备不能在所有单元全部配备，工件往往需要通过多个单元才能完成加工。基于上述因素，本章提出面向运输能力有限下的跨单元生产调度问题，后文简称 M-CPS-AGV 问题，图 6-1 为自动导引小车（AGV）在不同单元之间运输工件情况。

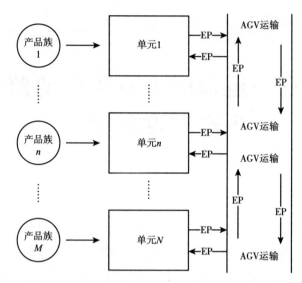

图 6-1　包含 N 个单元和 M 个产品族的结构

　　由于 2.3 节中已对单元生产调度现状作出了详细介绍，故在这里不再赘述，下面主要针对生产调度中的运输环节。在现实生产中，运输资源往往在数量和时间上受到限制，运输的载体通常为自动机器人或是自动导引小车（AGV）。柔性生产系统（FMS）是一种具有高度适应性的生产系统，能够加工多种工件，应用范围广，在 FMS 中，AGV 得到了广泛的应用（Zhang et al.，2012）。布拉泽维奇等（Blazewicz et al.，1991）提出动态优化方法求解存在 AGV 运输下工件的最优调度，考蒙德等（Caumond et al.，2009）建立混合整数规划模型描述具有一辆 AGV 的 FMS 生产系统，同时考虑到系统中工件的最大数量，设备缓冲空间的大小。乌卢索等（Ulusoy et al.，1997）针对具有两辆 AGV 和多个加工中心的 FMS，以 make-span 最小为目标，运用遗传算法进行求解。阿卜杜勒马吉德等（Abdelmaguid et al.，2004）、拉科姆等（Lacomme et al.，2013）、雷迪等（Reddy et al.，2006）、德罗西等（Deroussi et al.，2008）和乔杜里等（Chaudhry et al.，2011）分别提出几种不同的启发式算法求解乌卢索等（Ulusoy et al.，1997）中的问题。张等（Zhang et al.，2013）针对存在 AGV 运输的 Job Shop 调度问题，提出两个新的目标函数，并基于帕累托前沿提出邻域搜索遗传算法进行求解。

6.2　运输能力有限下跨单元生产的零部件
调度问题与模型

6.2.1　运输能力有限下跨单元生产的零部件调度问题的描述

本章 M-CPS-AGV 问题描述如下：

整个单元生产系统由一系列单元组成，每个单元由设备和工件（族）构成，具体描述如下：对于全体单元，共有 M 台设备和 N 台工件，设备的分布情况和工件与单元的所属关系事先给定。工件（族）P_j 包含 n_j 道工序 $O_{ij}(j = 1, \cdots, n_j)$。每台设备每次只能加工一个工件，工件所有工序的加工时间同样事先给定。如果工件 P_j 接连需要在设备 M_k 和 M_l 上进行加工，且 M_k 和 M_l 不在同一单元内，工件 P_j 需要花费时间 t_{jkl} 在两个单元之间转移。工件的转移时间仅由起始目标单元决定，所有的运输均由 AGV 完成，每辆 AGV 每次仅能运送一个工件。AGV 在两个指定的单元之间转移将花费固定的时间，与是否空载无关。工件在单元内部不同设备之间转移的时间是被忽略的。出于公平性，我们假设每个单元均有一辆 AGV，并且本单元的 AGV 只能运送（隶）属于本单元的工件。模型中需要决策每台设备上面工件的加工顺序和每辆 AGV 运送工件的顺序，每道工序的起始加工时间以及运送时间。模型的目标函数为最小化全体工件完工时间 make-span。

为了更直接地说明问题包含的信息，下面是一个小型的算例。表 6 – 1 展示了工件的加工路径以及每道工序的加工时间。表 6 – 2 展示设备的分布情况以及工件与单元的所属关系。表 6 – 3 展示了工件在不同单元时间转移需要花费的运输时间。

表 6 – 1　　　　　　　　　　　工件及设备情况

设备	工件							
	P_1	P_2	P_3	P_4	P_5	P_6	P_7	P_8
M_1	4	3	4				2	
M_2	5	2	4	4				4

续表

设备	工件							
	P_1	P_2	P_3	P_4	P_5	P_6	P_7	P_8
M_3	6				6			4
M_4			3				5	
M_5				4	2			
M_6				1	2	5		
M_7							4	3	2
工艺路线	1-2-3	2-1	1-2-4	5-2-6	3-5-6	6-7	1-4-7	2-3-7

表 6-2　　　　　　　　　设备与工件在各单元的分布情况

	设备在各单元分布情况			工件与单元之间的从属关系		
	单元1	单元2	单元3	单元1	单元2	单元3
单元结构	M_1, M_2	M_3, M_5, M_6	M_4, M_7	P_1, P_2, P_3	P_4, P_5, P_6	P_7, P_8

表 6-3　　　　　　　　　　不同单元之间的转移时间

	单元1	单元2	单元3
单元1	—	4	6
单元2	4	—	5
单元3	6	5	—

6.2.2　运输能力有限下跨单元生产的零部件调度问题的模型

6.2.2.1　模型参数定义

模型中主要参数定义如下：J 为工件总数，其中 $i(1=1,2,\cdots,N)$ 代表工件号；M 为设备总数，其中 $k(k=1,2,\cdots,M)$ 代表设备号；V 为单元总数；Ot_{ij} 为工件 i 的第 j 道工序需要的加工时间，由其加工工艺曲线确定；$t_{kk'}$ 为工件在设备 k 与设备 k' 之间的运输时间；$ti_{vv'}$ 为工件在单元 v 与单元 v' 之间的

— 140 —

运输时间；$\alpha_{ijk} = \begin{cases} 1, & \text{工序 } O_{ij} \text{在设备 } k \text{ 上加工} \\ 0, & \text{否则} \end{cases}$；$\beta_{kv} = \begin{cases} 1, & \text{设备 } k \text{ 属于单元 } v \\ 0, & \text{否则} \end{cases}$；

$\gamma_{ijk} = \begin{cases} 1, & \text{工件 } i \text{ 属于单元 } v \\ 0, & \text{否则} \end{cases}$。

决策变量定义如下：St_{ij} 为工序 O_{ij} 的开始加工时间；Ct_{ij} 为工序 O_{ij} 的完成加工时间；T_{ij} 为工序 O_{ij-1} 和 O_{ij} 之间的开始运输的时间。

6.2.2.2　数学模型建立

$$Min\ max\{C_{ij}\} \tag{6-1}$$

s. t.

$$Ct_{ij} = St_{ij} + Ot_{ij}, \forall i,j \tag{6-2}$$

$$St_{ij} \geq T_{ij} + \sum_{v=1}^{V}\sum_{k=1}^{K}\sum_{v'=1}^{V}\gamma_{iv}\alpha_{ijk}\beta_{kv'}ti_{vv'}, \forall i,j = 1$$

$$St_{ij} \geq T_{ij} + \sum_{k=1}^{K}\sum_{k'=1}^{K}\alpha_{i(j-1)k}\alpha_{ijk'}t_{kk'}, \forall i,j = 2,\cdots,n \tag{6-3}$$

$$(\alpha_{ijk} \cdot St_{ij} - \alpha_{i'j'k} \cdot (St_{i'j'} + \alpha_{i'j'})) \cdot (\alpha_{i'j'k} \cdot St_{i'j'} - \alpha_{ijk} \cdot (St_{ij} + \alpha_{ij})) \leq 0,$$

$$\alpha_{ijk} \cdot \alpha_{i'j'k} = 1, i \neq i', \forall j,j' \tag{6-4}$$

$$T_{ij} \geq 0, \forall i,j = 1$$

$$T_{ij} \geq Ct_{i(j-1)}, \forall i,j = 2,\cdots,n \tag{6-5}$$

$$(T_{ij} - T_{i'j'} - 2\sum_{k=1}^{K}\sum_{v'=1}^{V}\alpha_{i'j'k}\beta_{kv'}ti_{vv'})(T_{i'j'} - T_{ij} - 2\sum_{k=1}^{K}\sum_{v'=1}^{V}\alpha_{ijk}\beta_{kv'}ti_{vv'}) \leq 0,$$

$$\gamma_{iv} \cdot \gamma_{i'v} = 1, i \neq i', j = 1, j' = 1$$

$$(T_{ij} - T_{i'j'} - \sum_{k=1}^{K}\sum_{v'=1}^{V}\alpha_{i'j'k}\beta_{kv'}ti_{vv'} - \sum_{k=1}^{K}\sum_{k'=1}^{K}\alpha_{i'j'k}\alpha_{i(j-1)k'}t_{kk'})$$

$$(T_{i'j'} - T_{ij} - \sum_{k=1}^{K}\sum_{k'=1}^{K}\alpha_{i(j-1)k}\alpha_{ijk'}t_{kk'} - \sum_{k=1}^{K}\sum_{v'=1}^{V}\alpha_{ijk}\beta_{kv'}ti_{vv'}) \leq 0,$$

$$\gamma_{iv} \cdot \gamma_{i'v} = 1, i \neq i', j = 2,\cdots,n, j' = 1$$

$$(T_{ij} - T_{i'j'} - \sum_{k=1}^{K}\sum_{k'=1}^{K}\alpha_{i'(j'-1)k}\alpha_{i'j'k'}t_{kk'} - \sum_{k=1}^{K}\sum_{k'=1}^{K}\alpha_{i'j'k}\alpha_{i(j-1)k'}t_{kk'}) \cdot$$

$$(T_{i'j'} - T_{ij} - \sum_{k=1}^{K}\sum_{k'=1}^{K}\alpha_{i(j-1)k}\alpha_{ijk'}t_{kk'} - \sum_{k=1}^{K}\sum_{k'=1}^{K}\alpha_{ijk}\alpha_{i'(j'-1)k'}t_{kk'}) \leq 0,$$

$$\gamma_{iv} \cdot \gamma_{i'v} = 1, i \neq i', j = 2, \cdots, n, j' = 2, \cdots, n \qquad (6-6)$$

数学模型说明如下：

式（6-1）为目标函数，最小化所有工件的完工时间；式（6-2）给出每道工序开始加工与结束加工在时间上的关系，确保一旦某道工序开始在设备上面加工，在本道工序完成加工前，设备不会产生中断或是停止，如果某道工序需要被运输，例如，在时间上的先后顺序为 $T_{11} \rightarrow St_{11}(O_{11}) \rightarrow T_{12} \rightarrow St_{12}$；式（6-3）表明当工序（件）可以被加工的时候，设备可能处在繁忙状态，工件需要进行等待；式（6-4）限制任何设备在任何时刻最多只能同时加工一个工件；式（6-5）表示当工件在当前设备完成加工后，可能需要继续等待 AGV 的到来，才能被运送到下一台设备上面进行加工；式（6-6）限制任何 AGV 在同一时刻最多只能运送一个工件。

从上述的模型中可以看出，本章提出的 M-CPS-AGV 问题比传统的 JS 更复杂，所以 M-CPS-AGV 也是 NP 难问题。据此，我们用两阶段算法对其进行求解。

6.3 基于邻域搜索求解单元内 Intra-CPS 调度的遗传算法

自 20 世纪 80 年代，许多学者针对生产领域的 NP 难问题，均使用智能优化算法进行求解，取得了良好的效果（曾程宽，2012）。在单元调度问题上，智能优化算法同样受到青睐，许多学者已经成功地使用智能优化算法针对多（跨）单元协作调度领域相关问题进行求解（唐铭春，2010；王晓晴，2009）。基于现有的研究成果，针对多（跨）单元协作调度问题求解方式大体分为以下两种，一种以索利曼普尔等（Solimanpur et al.，2004）为代表，将问题分为两个子问题：Intra-CPS 和 Inter-CPS，然后对两个子问题进行依次求解。另一种以唐等（Tang et al.，2010）为代表，直接对两个子问题进行并行求解。本章采取第一种求解模式，在唐等（Tang et al.，2010）研究的基础上，本章还考虑了单元之间运输能力受到限制的条件，使得问题求解变得更加困难，同时也更具有现实意义。

　　Intra-CPS 指的是单个车间内部的调度，即在只考虑一个单元内部工件下的调度。除指定的单元外，其他单元内的工件将不被考虑，其他单元内相关的设备均为可用。所以，在 Intra-CPS 中，各个单元的调度均为相互独立，工件在不同车间之间的运输被看作一道特殊的工序，由 AGV 负责完成。本节提出邻域搜索并结合遗传算法的方法来求解 Intra-CPS 问题，算法中包含编码与解码、交叉、变异、适值函数计算和邻域搜索环节，其主要的流程如图 6 - 2 所示。

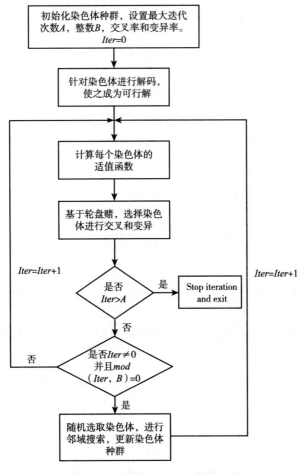

图 6 - 2　求解 Intra-CPS 算法流程

6.3.1 初始化编码与解码

在遗传算法中，将问题的可行解编码成染色体是一个很重要的环节。基于对非连通图的分析，要求得可行解，需要使得 G_s 为非循环的。在这里，借鉴任等（Ren et al.，2012）的方法，通过小规模的算例进行说明如何进行编码。例如，表 6-1 和表 6-2 里面包含的工件和设备，单元 1 有三个工件，三个工件的工序数分别为 3、2、3，工件 1 和工件 3 需要分别在不同车间之间运输一次，所以三个工件一共有十道工序。这些工序可被初始化为 {1111223333}，接下来我们依次对每道工序进行编号，如表 6-4 所示。

表 6-4 代表可行解的染色体示例

随机数	5	2	10	7	1	6	3	8	9	4
工序	1	1	1	1	2	2	3	3	3	3

在表 6-4 中，前四道工序表示工件 1 在所有工序中的排序，工件 1 四道工序的排序分别为 5、2、10、7。为了保证染色体能够代表一个可行解，工件 1 的四道工序被解码为如表 6-5 所示。

表 6-5 表 6-4 中染色体解码

随机数	5	2	10	7	1	6	3	8	9	4
对应工作	O_{12}	O_{11}	O_{13}	T_{13}	O_{21}	O_{22}	O_{31}	T_{33}	O_{33}	O_{32}
设备	M_2	M_1	M_3	R	M_2	M_1	M_1	R	M_4	M_2

所有工件的工序完成解码后，便可形成可行解，同时每台设备上面的工件加工顺序也得到确定。例如在表 6-5 中，设备 1 的加工顺序为 $O_{11} - O_{31} - O_{22}(2-3-6)$；设备 2 的加工顺序为 $O_{21} - O_{32} - O_{12}(1-4-5)$；AGV 的运输顺序为 $T_{13} - T_{33}(7-9)$。据此，Intra-CPS 环节的初始化编码和解码主要步骤如下：

步骤 1：计算所有工件所包含的工序总数 n，转入步骤 2；

步骤 2：按照表 6-4 的模式生成染色体，产生随机整数 1 到 n，每个数只出现一遍且与各个工序一一对应，转入步骤 3；

步骤3：根据上一步产生的染色体进行解码，确定所有工序的加工顺序，转入步骤4；

步骤4：根据所有工序的加工顺序，工序和设备之间的对应关系，确定每台设备的加工顺序以及 AGV 的运输顺序，并根据确定顺序进行调度，得出全体完工的 *make-span* 时间。

6.3.2　适值计算

在选择下一代染色体的环节中，适值函数起到很重要的作用。在 Intra-CPS 算法中，将目标函数的倒数作为适值函数，即为：

$$fitness = \frac{1}{C_{max}}$$

(6-7)

由此可知，当适应值最大时目标函数中的 C_{max} 值最小。

6.3.3　交叉操作

在遗传算法中，交叉是针对染色体中基因进行的操作环节，遗传算法取得最终结果的好坏往往受到交叉环节重要的影响。在这里，基于纳德里等（Naderi et al.，2009）的思想并对其进行改进。纳德里等（Naderi et al.，2009）的核心思想是改变同一台设备上面工件的加工顺序，这里的核心思想是交换同一工件内部的工序排列顺序。通过例子进行说明，有如下两个父代染色体 A 和 B，交叉操作如图 6-3 进行。

步骤1：将染色体 A 和 B 进行分割成若干块，每块包含来自同一工件的所有工序，转入步骤2；

步骤2：选择 A 中分割后的一块，找到 B 中相对应的部分并代替 A，得到暂时性的子代染色体，转入步骤3；

步骤3：为了保证新子代的可行性，根据父代染色体 A 内部工序的排序，将上一步得到的暂时性子代染色体转换为最终可行的子代染色体。

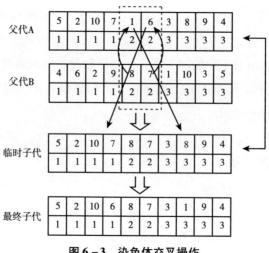

图 6-3　染色体交叉操作

6.3.4　变异操作

变异是针对基因进行的操作环节，旨在保持种群的多样性，防止染色体早熟或是过早收敛。根据染色体的特征，这里选择交换变异，曾在乔杜里等（Chaudhry et al.，2011）得到成功运用。交换变异是随机选择两个基因点，交换它们对应的位置，如图 6-4 所示。

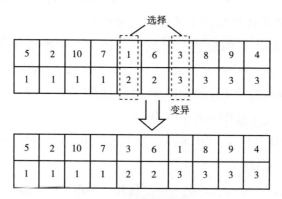

图 6-4　染色体变异操作

6.3.5　邻域搜索

经过初始化编码和解码，适值计算以及交叉变异一系列操作，可以得到

关于每个单元 *Intra-CPS* 的可行解，经过一定次数的迭代以后，得到的可行解极有可能会陷入局部最优。为了避免此种现象，本节仍基于非连通图的性质，采取邻域搜索的方法对各个单元的 *Intra-CPS* 初步得到的可行解进一步优化，进而得到有着更好适值函数的优质解。

邻域搜索的主要操作流程如图 6 – 5 和图 6 – 6 所示。

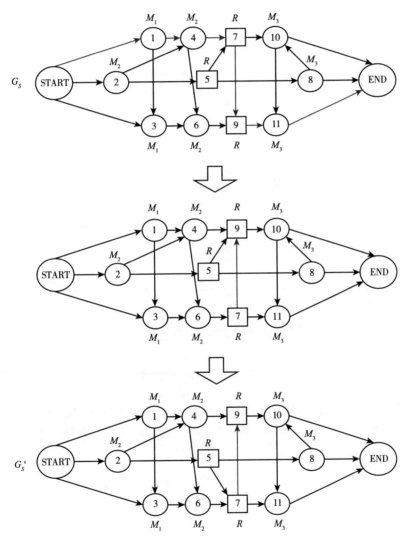

图 6 – 5　可行的邻域示例

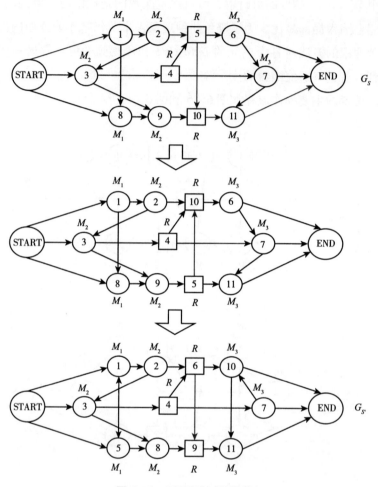

图 6-6　不可行的邻域示例

步骤 1：设定最大的迭代次数 *GENNO*，并且 *Iter* = 1，转入步骤 2。

步骤 2：根据 *Intra-CPS* 得到的可行解，确定每台设备上面工件的加工顺序，得到连通图 G_s，转入步骤 3。

步骤 3：如果 *Iter* > *GENNO*，邻域搜索停止并退出；否则转入步骤 4。

步骤 4：确定 G_s 中的关键路径，如果关键路径中存在任何一个关键块中包含两个或两个以上的关键工序，转入步骤 5；否则停止并退出。

步骤 5：选择一个（符合标准的）关键块，随机选择出两个相邻的，交换它们的位置，并根据新的加工顺序得到新的 $G_{s'}$，经过交换关键工序后得到

的 $G_{s'}$，如果如图 6-5 所示，即为合法的邻域，如果如图 6-6 所示，为非法的邻域。$Iter = Iter + 1$，返回步骤 3。

步骤 6：根据得到的新 $G_{s'}$，确定每台设备上面工件加工的顺序，并根据此顺序得到对应的染色体，并计算其适值函数，如果其适值优于原来的染色体，则用其更新种群中原来的染色体。

6.4　基于轮盘赌求解单元间 Inter-CPS 调度的启发式算法

经过 6.3 节针对每个单元进行 *Intra-CPS* 得到的初始解进行邻域搜索优化后，可以得到每个单元 *Intra-CPS* 的最终解，包含每个单元内部工件在每台设备上面的加工顺序，以及在不同单元之间的运输顺序。在此基础上，本节将求得所有工件的整体调度方案。在每个单元 *Intra-CPS* 确定的情况下，核心问题是如何确定同一台设备上面来自不同单元工件的加工顺序，即为 *Inter-CPS* 调度问题。本节将提出基于轮盘赌最大可能最小化整体 *make-span* 的启发式算法针对 *Inter-CPS* 问题进行求解。

如表 6-1 和表 6-2 所示，并不是所有的工件都能够由它所在的单元独立完成加工，同一个工件需要在不同单元进行加工是不可避免的。不同的加工顺序，对应着不同的 *Inter-CPS* 调度方案，其总体完工时间也不尽一样。例如，一组关于单元 1 和 2 的 *Intra-CPS* 调度方案如图 6-7 所示。

图 6-7 中设备 1 和 4、工件 1 和工件 2 属于单元 1；设备 2 和设备 3、工件 3 和工件 4 属于单元 2。通过图 6-7 中的调度方案我们可以发现，在 *Inter-CPS* 中，工序 O_{12} 和 O_{41} 可能会影响到对方，同样的还有 O_{13} 和 O_{42}。根据图 6-7 中的时间先后，O_{12} 和 O_{41} 会首先在同一设备上面发生冲突；O_{13} 和 O_{42} 是否会相互影响将取决于 O_{12} 和 O_{41} 的加工顺序。依照图 6-7 中的调度方案，在 *Inter-CPS* 中，如果调度的顺序为工件 4→工件 1（$O_{41} \to O_{12}$），得到的整体调度方案将如图 6-8（a）所示；如果调度的顺序为工件 1→工件 4（$O_{12} \to O_{41}$），得到的整体调度方案将如图 6-8（b）所示。

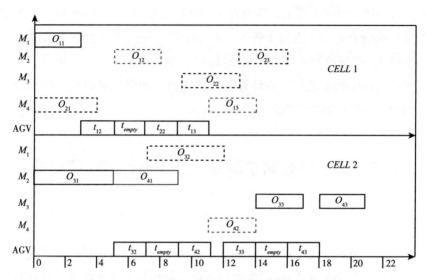

图 6-7 针对单元 1 和单元 2 调度得到的甘特图

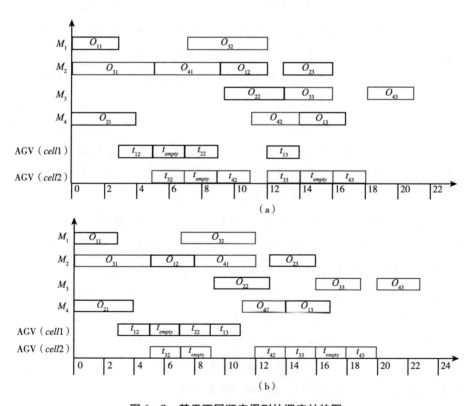

图 6-8 基于不同顺序得到的调度甘特图

基于上述算例的计算，为了尽可能快地完成所有工件的加工，我们提出基于轮盘赌的启发式算法，尽最大可能缩短整体完工的 make-span。算法的流程与主要步骤如下所述：

步骤1：设置算法的最大迭代次数 GENNO，Iter = 1，转入步骤2。

步骤2：根据每个单元 Intra-CPS 的调度结果，通过计算得到总体工件的 Inter-CPS 调度方案。从0时刻开始，在每一个时间点上判断是否存在两个或两个以上工件可能会在同一台设备上面发生冲突，如果在当前时间点上存在，我们将可能在同一设备上发生冲突的工件归为一组，在同一时间点可能会存在多组这样的工件，记录当前时间点，转入步骤3；否则，判断下一时间点是否存在可能存在冲突的工件，直到某一时间点存在冲突，转入步骤3。

步骤3：建立集合 P，将当前时间点上一组可能发生冲突的工件依次加入集合 P，确定集合 P 中元素的个数，记为 P_n，建立集合 S，将 P 中所有元素进行排列，将不同的排列顺序作为元素全部加入集合 S，确保 S 中元素的个数为 $P_n!$，转入步骤4。

步骤4：根据给定的顺序，计算出集合 S 内每个元素所代表的 make-span 值，在得到所有元素的 make-span 值之后，将 1/make-span 作为每个元素的适值函数，通过轮盘赌选择出一个集合 S 中的元素作为此组可能发生冲突工件的最终排序，转入步骤5。

步骤5：根据选出的元素，更新 Inter-CPS 调度方案（如果存在多组冲突，重复步骤3和步骤4），如果所有的工件（工序）完成了调度，转入步骤6；否则返回步骤2记录的时间点处。

步骤6：根据 Intra-CPS 和 Inter-CPS 得到最终全体工件的调度方案，将其 make-span 值作为当前迭代的最终 make-span 值并记录，Iter = Iter + 1；转入步骤7。

步骤7：如果 Iter > GENNO，转入步骤8；否则返回步骤2。

步骤8：选择 GENNO 次迭代中记录的最小 make-span 作为最终最优 make-span 值，其对应的调度方案为最优调度方案。

6.5 实验结果与分析

6.5.1 实验设计与参数设置

为了验证算法的有效性，本节采用以下三个部分对算法进行验证，比较分析。

（1）通过改变算法中的参数组合，分析两阶段 Intra-CPS 和 Inter-CPS 算法的稳定性。

（2）通过与任等（Ren et al.，2012）算法的比较，证明第一阶段 Intra-CPS 算法的有效性。

（3）通过与 CPLEX 12.1 的对比试验，说明两阶段算法的有效性。

实验中所有算法利用 C#编程实现，在 CPU 为 Inter® Core™ 2 Quad 2.66GHZ、内存为 2G 的计算机上运行，下面将给出具体的实验与分析。

6.5.2 结果与分析

对于 M-CPS-AGV 问题，由于目前仍没有标准的 benchmark 实验算例，因此本节设计 11 组算例对 *Intra-CPS* 和 *Inter-CPS* 两阶段算法进行测试。算例的规模包含小规模和中大规模，设备以及工件在各个单元的分布情况如表 6-6 所示。在不同规模的算例中，工件的数量分布从 4~35 不等，设备的数量从 5~22 不等，工件在不同单元之间的运输时间在 1~10 之间，各工序的加工时间在 10~35 之间，上述随机数（运输时间和加工时间）的生成符合均匀分布。

表 6-6　　　　　　　　　　　设备在各个单元的分布情况

算例	工件/设备/单元	单元1	单元2	单元3	单元4	单元5
1	4/5/2	M_1,M_2	M_3,M_4			
2	6/6/2	M_1,M_2,M_3	M_4,M_5,M_6			
3	9/7/3	M_1,M_2,M_3	M_4,M_5	M_6,M_7		
4	11/8/3	M_1,M_2,M_3	M_4,M_5,M_6	M_7,M_8		

续表

算例	工件/设备/单元	单元 1	单元 2	单元 3	单元 4	单元 5
5	15/10/3	M_1,M_2,M_3,M_4	M_5,M_6,M_7	M_8,M_9,M_{10}		
6	18/12/4	M_1,M_2,M_3	M_4,M_5,M_6	M_7,M_8,M_9	M_{10},M_{11},M_{12}	
7	21/14/4	M_1,M_2,M_3	M_4,M_5,M_6	M_7,M_8,M_9,M_{10}	$M_{11},M_{12},M_{13},M_{14}$	
8	24/16/4	M_1,M_2,M_3,M_4	M_5,M_6,M_7,M_8	M_9,M_{10},M_{11},M_{12}	$M_{13},M_{14},M_{15},M_{16}$	
9	27/18/5	M_1,M_2,M_3,M_4	M_5,M_6,M_7,M_8	M_9,M_{10},M_{11},M_{12}	M_{13},M_{14},M_{15}	M_{16},M_{17},M_{18}
10	30/20/5	M_1,M_2,M_3,M_4	M_5,M_6,M_7,M_8	M_9,M_{10},M_{11},M_{12}	$M_{13},M_{14},M_{15},M_{16}$	$M_{17},M_{18},M_{19},M_{20}$
11	35/22/5	M_1,M_2,M_3,M_4,M_5	M_6,M_7,M_8,M_9,M_{10}	$M_{11},M_{12},M_{13},M_{14}$	$M_{15},M_{16},M_{17},M_{18}$	$M_{19},M_{20},M_{21},M_{22}$

在第一部分实验中，Intra-CPS 和 Inter-CPS 两阶段求解算法的参数设置如下：种群数量 $N=30$，最大迭代次数为 200，通过不同的交叉率和变异率的组合来检测算法的稳定性。分别选取 4 种常用的交叉率 0.75、0.8、0.85、0.9 和变异率 0.05、0.1、0.15、0.2，组成 16 对组合进行测试，测试的算例为算例 4，算例在每组参数下运行 30 次，记录下每次运行后得到的 make-span 值，并统计每组实验 make-span 的平均值方差情况，如表 6 - 7 和表 6 - 8 所示。

表 6 - 7　　　　不同参数组合下求解算例 4 得到的 make-span 值及方差

参数	取值							
交叉率	0.75	0.75	0.75	0.75	0.8	0.8	0.8	0.8
变异率	0.2	0.15	0.1	0.05	0.2	0.15	0.1	0.05
make-span	135	134	137	133	130	135	135	130
	127	130	134	138	135	131	135	135
	129	132	134	130	134	134	128	135
	132	136	133	138	136	132	138	138
	135	134	133	133	129	133	133	137
	140	135	127	134	138	140	135	139
	136	138	130	130	130	133	134	129
	126	136	132	134	135	140	131	137
	132	136	135	133	128	134	132	131
	137	134	137	131	134	135	132	134
	139	133	134	136	133	134	137	135

续表

参数	取值							
make-span	131	135	132	130	135	128	138	136
	136	135	137	135	129	133	128	132
	136	134	134	138	133	139	138	137
	129	132	133	136	127	135	133	136
	135	136	126	132	134	125	129	134
	133	131	136	135	135	131	138	128
	133	133	137	135	131	135	140	126
	135	128	134	139	135	134	136	131
	135	134	134	134	131	133	136	136
	137	134	137	133	135	135	134	138
	138	137	130	133	139	136	131	130
	133	135	130	135	139	136	137	137
	137	131	138	129	133	133	138	136
	136	136	125	136	133	144	136	135
	128	134	129	133	133	138	136	136
	132	135	133	134	133	135	135	140
	131	136	135	137	135	135	135	137
	135	138	138	137	124	135	131	128
	138	133	136	137	137	129	137	137
均值	133.87	134.17	133.33	134.27	133.1	134.33	134.53	134.33
方差	373.47	150.17	352.67	205.67	352.7	394.67	289.47	382.67

表 6-8　　不同参数组合下求解算例 4 得到的 *make-span* 值及方差

参数	取值							
交叉率	0.85	0.85	0.85	0.85	0.9	0.9	0.9	0.9
变异率	0.2	0.15	0.1	0.05	0.2	0.15	0.1	0.05
make-span	138	132	131	139	136	136	134	133
	136	135	128	137	137	133	133	137
	134	136	133	136	135	128	130	123
	131	137	133	128	133	136	134	133
	134	136	136	130	132	134	131	131
	134	127	134	137	137	133	136	135

续表

参数	取值							
	126	132	134	135	130	133	135	138
	130	140	131	127	132	130	136	135
	134	133	131	129	135	130	138	131
	136	133	133	135	130	133	134	136
	135	132	129	131	135	136	137	134
	136	133	132	130	133	133	131	131
	138	138	133	134	136	133	128	135
	134	139	135	136	129	133	129	133
	138	134	136	135	136	140	133	135
	133	135	133	133	135	133	136	132
	133	135	133	132	135	137	132	128
make-span	134	138	133	135	136	134	136	137
	136	136	136	136	134	137	131	130
	138	126	135	129	136	134	137	138
	129	135	133	135	133	137	132	134
	135	136	127	135	131	138	131	135
	138	135	130	136	132	133	133	131
	136	139	133	133	131	137	131	135
	133	137	131	132	127	133	132	127
	138	131	134	126	126	136	136	133
	133	128	133	127	124	133	130	136
	127	131	132	135	138	135	135	133
	135	138	135	136	135	136	131	136
	140	133	131	132	136	130	137	130
均值	134.4	134.33	132.6	133.03	133.16	134.13	133.3	133.17
方差	317.2	352.67	145.2	344.97	346.17	203.47	212.3	330.17

　　通过表6-7和表6-8可以看出，当交叉率为0.85、变异率为0.1时，*make-span* 的方差最小，为145.2。可以认为，当交叉率为0.85、变异率为0.1时，两阶段算法为相对稳定的。因此在后面两部分的实验中，设置交叉率为0.85，变异率为0.1。

　　在第二部分实验中，为了验证 *Intra-CPS* 求解算法的有效性，我们将与胡瑞可等（Hurink et al.，2005）中的一阶段禁忌搜索和两阶段禁忌搜索算法分别进行比较。在这里使用经典的 Job Shop m × n benchmark 算例，m 代表算例中设备的数量；n 代表工件的数量。分别使用规模为 6×6 和 10×10 的算例 P_1 和 P_2 各 5 组，P_1 组算例中工件的加工时间分布范围为 $[1,10]$；P_2 组算例中工件的加工时间分布范围为 $[10,25]$。为了体现运输环节，假设不同设备之间运输的时间分布为 $[1,10]$，计算对比结果如表 6 - 9 所示。

表 6 - 9　　　　　　　　　三种算法求解 10 组算例得到的结果

算例	TS-OSA	TS-TSA	LSC-GA	Deviation
P_1 case1	150	153	148	
P_1 case2	123	124	120	
P_1 case3	124	132	129	4.03
P_1 case4	131	133	134	2.26
P_1 case5	106	106	107	0.94
P_2 case1	694	706	670	
P_2 case2	610	618	627	2.79
P_2 case3	967	971	965	
P_2 case4	729	763	740	1.51
P_2 case5	669	654	646	

在表 6 - 9 中，TS-OSA，TS-TSA，LSC-GA 分别代表胡瑞可等（Hurink et al.，2005）中的一阶段禁忌搜索、两阶段禁忌搜索算法以及本章的 Intra-CPS 求解算法。表中三列分别列出三种算法 15 分钟内求得每组算例的最优 make-span 值。在 10 组算例中，我们提出的 Intra-CPS 算法均能得到质量比较高的解。

为了进一步评估本章提出的两阶段算法，在第三部分实验中，将两阶段算法得到的最优解与 CPLEX 得到的最优解进行比较，结果如表 6 - 10 所示。表中的 Gap 表示两阶段算法得到的最优解与 CPLEX 得到的最优解之间的偏差，计算过程如下：

$$Gap = （两阶段算法得到的最优解 - CPLEX 得到的最优解）/$$
$$CPLEX 得到的最优解 \times 100\%$$

表 6 - 10　　　　　　两阶段算法和 CPLEX 求解算例得到的结果

序号	CPLEX			GA		
	optimal value	计算时间	Status	*make-span*	*Gap*（%）	计算时间
1	83	0 sec	全局	83	0	0 sec
2	94	1 min 54 sec	全局	94	0	7 sec
3	102	8 min 34 sec	全局	106	3.92	16 sec
4	118	41 min 15 sec	全局	123	4.24	35 sec
5	131	24 h	局部	131	0	15 min
6	155	24 h	局部	160	3.23	15 min
7	156	24 h	局部	162	3.85	15 min
8	175	24 h	局部	180	2.78	15 min
9	186	24 h	局部	195	4.84	15 min
10	197	24 h	局部	205	4.06	15 min
11	226	24 h	局部	236	4.42	15 min

　　为了更清楚地显示两阶段算法得到的最优解与 *CPLEX* 得到的最优解之间的差别，以图 6 - 9 的形式进行展示。图 6 - 9 中 *X* 轴表示算例的组数；*Y* 轴表示两阶段算法和 *CPLEX* 求解算例分别得到的 *make-span* 值。

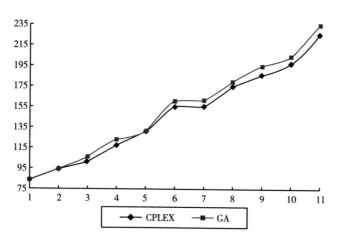

图 6 - 9　两阶段算法和 *CPLEX* 求得的 *make-span* 值

　　如表 6 - 10 所示，对于小规模算例 1 - 4，*CPLEX* 能够在 1 小时内找到全局最优解。由于 M-CPS-AGV 问题的复杂性，对于中大规模算例 5 ~ 11，

CPLEX 在 24 小时之内只能得到局部最优解。对于小规模和中大规模算例，我们分别将两阶段算法经过 40 秒和 15 分钟计算后得到的结果与 *CPLEX* 得到的最优解进行比较。对于 11 组算例，两阶段算法得到的最优解与 *CPLEX* 得到的最优解之间的偏差均小于 4.9%，在大幅度缩短计算时间的前提下，两阶段算法得到的结果还是比较理想的。所以说，本章提出的 *Intra-CPS* 和 *Inter-CPS* 两阶段算法针对 M-CPS-AGV 问题是十分有效的，尤其适用于算例规模比较大、计算时间短的情况。

6.6　本章小结

本章提出面向运输能力有限下的跨单元生产调度问题，以最小化 *make-span* 为目标，建立非线性数学规划模型，将问题分解为两个子问题：*Intra-CPS* 和 *Inter-CPS* 调度问题。针对两个子问题，分别提出基于邻域搜索的遗传算法和基于轮盘赌的启发式算法进行求解，通过测试随机算例并与 *CPLEX* 和已有文献中的算法进行比较，证明了本章提出算法的有效性。

第7章 基于拍卖的跨单元生产调度方法

在第6章研究的基础上，本章深入研究了多单元调度的核心问题：不同单元之间的合作调度问题，提出基于一级价格密封拍卖的跨单元生产调度方法，通过测试算例验证了算法的有效性、稳定性，并通过灵敏度的分析讨论了参数对算法的影响。

7.1 问题的提出与研究现状

与传统车间调度一样，多单元调度问题亦为 NP-hard 问题，且单元调度与传统车间调度有着一定的相似性（Zeng et al.，2015）。针对求解多单元调度问题，大部分文献均采用与求解传统车间调度相类似的智能优化算法（Tang et al.，2010），例如遗传算法、邻域搜索、模拟退火等。针对多单元调度的核心问题、不同单元之间的合作（协作调度）问题，尚且没有成熟的机制或解决方法去应对。本章针对此点，提出基于一级价格密封拍卖机制的求解算法，根据供需关系，每个单元既可以作为卖家也可以作为买家，拍卖中各单元之间的关系如图 7-1 所示。研究现状可见 2.5 节，此处不再赘述。

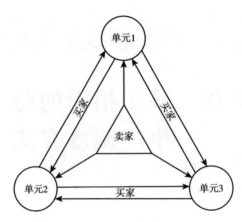

图 7 – 1　单元之间作为买家卖家的关系

7.2　跨单元生产的零部件调度问题描述与模型

跨单元生产的零部件调度问题描述。一般 M-CPS 问题描述如下：对于全体单元，具有 M 台设备和 N 个工件（族），设备的分布情况和工件与单元的所属关系均为事先给定。每个工件（族）需要进行一系列的工序加工。对于所有单元，每种设备存在一台或一台以上，即存在并行机情况，所以工件的加工路线为柔性的。每个工件在每台设备上面最多加工一次，每台设备每次只能加工一个工件，模型中需要决策每个工件的每道工序由哪台设备进行加工，以及每台设备上面工件的加工顺序，每道工序的起始加工时间以及运送时间。模型的目标函数为最小化全体工件完工时间 *make-span*。

M-CPS 问题有四个主要假设，如下所示：

（1）在加工开始前，所有工件均准备就绪。

（2）每个工件（族）在同种设备上面的加工时间相同，且事先已知。

（3）运输资源是充分的，工件在不同单元之间的转移时间满足 $t_{vv'} + t_{v'v''} \geqslant t_{vv''}$，其中 v、v' 和 v'' 代表不同的单元，$t_{vv'}$ 代表工件在单元 v 和 v' 之间的转移时间。单元内部设备之间的转移时间忽略不计。

（4）每种设备可能存在一台以上，即可能存在并行机情况，因此工件可能存在柔性生产路径。

　　为了更清楚地说明模型中包含的信息，下面通过一个小规模算例进行详细说明。表7-1展示每道工序的种类及加工时间；表7-2表示各设备的分布情况以及工件与单元之间的所属关系。在表7-1中，M_1表示此种设备为第一种类型的设备，其他类似。

表7-1　　　　　　　　　　工件加工路线及各工序加工时间

设备类型	工件			
	1	2	3	4
1	3			8
2	4	6	4	
3		2		2
4	5		3	5
5		3	3	
工艺路线	1-2-4	2-3-5	5-2-4	1-4-3

表7-2　　　　　　　　　　设备在各个单元的分布情况

	设备在各单元分布情况		工件在各单元情况	
	Cell 1	Cell 2	Cell 1	Cell 2
单元结构	M_1,M_2,M_4	M_2,M_3,M_5	P_1,P_2	P_3,P_4

7.3　跨单元生产的零部件调度问题数学模型建立

7.3.1　模型参数定义

　　模型中主要参数定义如下：J为工件总数，其中$i(1=1,2,\cdots,N)$代表工件号；M为设备总数，其中，$k(k=1,2,\cdots,M)$代表设备号；V为单元总数；P_{ij}为工件i的第j道工序需要的加工时间，由其加工工艺曲线确定；$t_{vv'}$为工件在单元v与单元v'之间的运输时间；$\alpha_{ijk}=\begin{cases}1,& \text{设备}k\text{具有加工工序}O_{ij}\text{的能力}\\0,& \text{否则}\end{cases}$；

$$\beta_{kv} = \begin{cases} 1, & \text{设备 } k \text{ 属于单元 } v \\ 0, & \text{否则} \end{cases} ; \quad \gamma_{ij} = \begin{cases} 1, & \text{工件 } i \text{ 属于单元 } v \\ 0, & \text{否则} \end{cases} 。$$

决策变量定义如下：St_{ij} 为工序 O_{ij} 的开始加工时间；Ct_{ij} 为工序 O_{ij} 的完成加工时间；T_{ij} 为工序 O_{ij-1} 和 O_{ij} 之间的开始运输的时间；$x_{ijk} = \begin{cases} 1, & \text{工序 } O_{ij} \text{最终在设备 } k \text{ 上加工} \\ 0, & \text{否则} \end{cases}$ 。

7.3.2　数学模型建立

$$Min \ max\{C_{ij}\} \tag{7-1}$$

s. t.

$$Ct_{ij} = St_{ij} + Ot_{ij}, \forall i,j \tag{7-2}$$

$$\begin{cases} St_{ij} \geq T_{ij} + \sum_{v=1}^{V} \sum_{k=1}^{M} \sum_{v'=1}^{V} \gamma_{iv} x_{ijk} \beta_{kv'} t_{vv'}, \forall i,j = 1 \\ \\ St_{ij} \geq T_{ij} + \sum_{k=1}^{M} \sum_{k'=1}^{M} \sum_{v=1}^{V} \sum_{v'=1}^{V} x_{i(j-1)k} x_{ijk'} \beta_{kv} \beta_{k'v'} t_{vv'}, \forall i,j = 2,\cdots,n \end{cases} \tag{7-3}$$

$$x_{ij} x_{i'j'} (St_{ij} - Ct_{i'j'})(St_{i'j'} - Ct_{ij}) \leq 0, i \neq i', \forall j,j' \tag{7-4}$$

$$\begin{cases} T_{ij} \geq 0, \forall i,j = 1 \\ T_{ij} \geq Ct_{i(j-1)}, \forall i,j = 2,\cdots,n \end{cases} \tag{7-5}$$

$$\sum_{k=1}^{M} \alpha_{ijk} x_{ijk} = 1, \forall i,j$$

$$\sum_{k=1}^{M} x_{ijk} = 1, \forall i,j \tag{7-6}$$

数学模型说明如下：

式（7-1）为目标函数，最小化所有工件的完工时间；式（7-2）表明一旦某道工序开始加工，直至完成前不会发生中断现象；式（7-3）表明如果工件到达设备的时候设备处在繁忙状态，工件（在缓冲空间内）进行等待；式（7-4）确保每台设备每次只能加工一个工件；式（7-5）保证只有当前工序完成加工后，才能将工件移至下一设备；式（7-6）保证每道工序仅能被一台同类型的设备加工。

7.4　求解 M-CPS 问题的拍卖算法

本节将基于拍卖原理提出 auction-based 启发式算法针对 M-CPS 问题进行求解。对于每个单元，既可以扮演卖家，也可以作为买家，每个单元内设备可用的时间（点或是区域块）作为商品，各个单元之间关系的结构如图 7-2所示。本节采用的拍卖方式为第一价格密封拍卖。

如图 7-2 所示，当某个单元内的工件需要使用其他单元设备进行加工时，此单元需要作为买家去竞争目标设备的空闲（时间）资源，反之则作为卖家出售本单元内设备的空闲资源。作为一个卖家，每个单元都希望自己的资源能够卖出最高的价格。同理，每个买家都希望以最低的价格买到自己需要的资源。因此，在拍卖过程中，卖家会选择是否宣布一位买家胜出，即为选择是否将资源卖出，因为卖家自身可能也会需要这些资源。这类似于现实拍卖中，每个卖家对自己拍卖出售商品的价格有着自己的底线，一旦所有买家（的价格）均没有达到这个底线，卖家就会选择收回商品终止拍卖。

在本节所描述的拍卖中，与德万等（Dewan et al.，2002）有着同样的假设，即在拍卖开始前，每个（拍）卖家（者）不了解任何买家的信息，包括拍卖中会有多少买家参与，每个买家的需求如何，同时也不了解其他卖家的相关信息。在拍卖（竞标）的过程中，每个买家的竞标书均为密封，买家之间不了解对方的任何信息，包括对方竞标的商品（不同的时间点或时间块）以及竞标的价格。通过拍卖竞标，所有单元内的工件均会在指定的时间到设备上面进行加工，从而得到整体的调度方案。为了便于后文的表述，首先给出几个重要的概念：

目标设备：卖家出售时间段所对应的设备。

目标单元：目标设备所在的单元，在拍卖过程中作为卖家。

竞标书：作为买家的单元上交给目标单元的文件，其中包含买家欲竞拍时间段以及价格等信息。

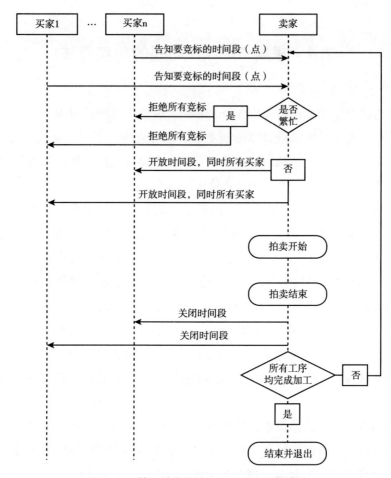

图 7 – 2　基于拍卖求解 M-CPS 问题的模型

7.4.1　准备拍卖

在每份拍卖正式开始前，需要有一系列的准备工作。每当本单元内的工件需要其他单元内的设备进行加工时，本单元就会在当前时间去通知目标单元，要求竞标目标设备（上的时间点或块）。如果目标设备正处于繁忙中，目标单元便对竞标要求予以拒绝，本单元将在下一时间点重复向目标单元发送通知直至被接受。如果有两个或两个以上的单元具有目标设备，则本单元同时发出通知；如果多个目标单元作出回应（未拒绝），则随机选择一个。然后目标单元即将开始对目标设备上的资源进行拍卖。

在目标单元（卖家）对本单元（买家）作出正式反应后，拍卖即将开始。根据纳德里等（Naderi et al.，2009）、维克里等（Vickrey et al.，1961）、扎曼等（Zaman et al.，2013）和西瓦莫格萨塔姆等（Siwamogsatham et al.，2004）的研究，在本节的拍卖中，主要包括以下四个环节：竞标书收集环节、产品估价环节、二次竞标环节和决定赢家环节。四个环节之间的结构如图 7－3所示。

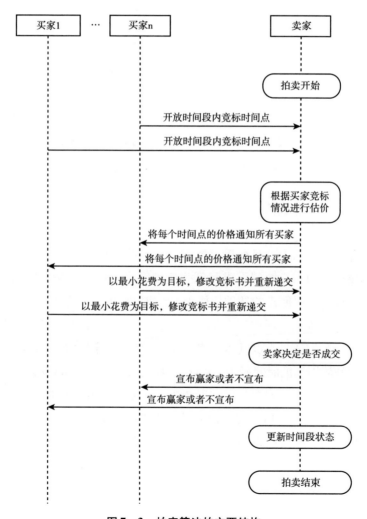

图 7－3　拍卖算法的主要结构

7.4.2　竞标书收集

　　一旦拍卖正式开始，目标单元就会在当前时间通知其他单元拍卖设备的开放时间（块）。在这里，设置参数 t，从当前时间点开始，目标设备上长度等于或小于 t 的时间块将被开放拍卖。例如，$t=10$，拍卖开始的时间点为 12，如果目标设备上从时间点 12~21 之间的每个时间点均为空闲，则时间块 12~21 开放进行拍卖；如果目标设备在时间点 19 状态为繁忙，那么对外开放拍卖的时间块为 12~18。其他的单元接到通知后，根据当前各自所属工件的加工情况，计算是否可能在开放时间段内用到目标设备，如果有可能，被通知的单元就会上交一份竞标书给目标单元，包括想要竞争的时间段，时间段的长度为工件工序的加工时长。因为竞标的时候各个被通知的单元不知道其他单元的情况，所以每个被通知的单元均按照尽早完成自身工件去竞标时间段。在收到所有的竞标书后，目标单元开始根据竞标的激烈程度估计开放时间段内每个时间点的价格。

7.4.3　时间点估价

　　从上述的竞标书中，目标单元能够了解到哪些时间点能够吸引更多的买家，根据每个时间点不同的需求程度相应地定出不同的价格。在估价开始以前，我们假设每个时间点的基础价格为 1，如果有买家来竞标某个时间点，其估价就会对应的提高，所以对于同一个时间点，竞标的人数越多，其价钱就会变得越贵。我们通过举例具体说明如何进行估价：假设有三个竞标者 A、B 和 C，卖家开放拍卖的时间段为 1~4；竞标者 A 竞标的时间段为 2~4；B 竞标的时间段为 1~3；C 竞标的时间段为 3~4。那么，在开放拍卖的时间段中，时间点 1 的估价为 1；时间点 2 和 4 的估价为 3；时间点 3 的估价为 4。在开放拍卖时间段内每一个时间点完成估价后，卖家将估价的结果通知所有的买家。

7.4.4　二次竞标

　　每个买家在被告知各个时间点的价格后，需要修改竞标书重新提交，根据卖家提供的价格重新选择时间段竞拍。每个买家都想要通过花费最少来竞得相对合适的时间段，每个买家的花费由两部分组成：第一部分是购买时间段本身价值的花费，它等于竞拍时间段内各个时间点的价钱之和；第二部分是由于惩罚造成的等效花费，其计算方式如下：首先给出一个参考矩阵，包括所有工件各道工序的开始加工时间，在拍卖实时调度中，如果工序的开始加工时间晚于矩阵中的时间点，则会产生由于惩罚造成的等效花费，每延迟单位时间惩罚的等效费用可被设置成参数 k。例如，设置 $k=1$，买家 A 竞标的时间段为 $3 \sim 5$，时间点 $3 \sim 5$ 的价格均为 2，矩阵中对应工序的开始时间为 1，那么竞标的总花费为 8。通过提出参考矩阵这个概念，可以有以下两个好处：一是可以防止买家为了减少花费而故意放弃参与竞标，使得最终的完工时间 make-span 无限制增大；二是促进工件尽可能地提早完成而避免由于延迟造成的惩罚，从而有利于最小化 make-span。

7.4.5　决定赢家

在收到买家们二次修改的竞标书后，卖家需要决定最后是否将开放的时间段卖出，因为卖家自身可能也需要此时开放拍卖的时间段。如果卖家自己不需要，卖家将会选择将时间段出售给竞标价最高的买家，这里包含两种情况：如果只有一个买家出得最高价，那么这个买家即为最后拍得时间段的买家；如果有两个或两个以上买家同时出得相同的最高价，判断这几个买家各自竞拍的时间段是否相互冲突，如果不冲突，这些买家均可以最高价拍得各自的时间段，如果发生冲突，卖家会根据几个提供相同最高竞拍价的买家信息再次对每个时间点进行估价，本次出得最高竞标价的买家根据卖家提供的新的价格再次更新竞标单，操作过程同"二次竞标"，直至卖家选出最终的买家，本次拍卖结束。

7.4.6　参考矩阵

关于"二次竞标"环节提到的参考矩阵，这里选取在斯里维纳等（Srivias

et al.，2004）已经成功使用的几种排序规则来生成初始参考矩阵，排序规则的具体情况如下：

SPT：具有最小加工时间的工序将被优先生产；

LPT：具有最大加工时间的工序将被优先生产；

LPT/TOT：工件当前工序生产时间在整个工件中占的比重越大，被生产的优先权越大；

SPT/TOT：工件当前工序生产时间在整个工件中占的比重越小，被生产的优先权越大。

基于上面几节的描述，本章提出的拍卖机制主要包括初始化拍卖环节、准备拍卖环节、竞标书收集环节、产品估价环节、二次竞标环节和决定赢家环节。由这几个环节构成的拍卖算法如图 7 – 4 所示。

基于拍卖机制的启发式算法：

步骤 1：参数初始化：设置参数 k，t，最大迭代次数 $GENNO$，$GENNO1$，$Iter1 = 1$。

步骤 2：初始化拍卖环节：按照选定的排序规则调度工件，根据得到的调度方案提取出初始参考矩阵，$Iter = 1$。

步骤 3：准备拍卖环节：从 0 时刻开始，如果本单元内的工件需要其他单元内的设备进行加工，本单元即通知目标单元。如果目标单元作出接受反应，记下当前时间点，拍卖即将开始；否则在下个时间点本单元继续通知目标单元，直到目标单元接受。

步骤 4：竞标书收集环节：在目标单元作出反应后，它将在当前时间点通知其他单元拍卖设备时间块的信息，其他单元根据当前的状况判断自己是否可能需要开放拍卖设备时间段的资源，如果需要，则向目标单元提交竞标书，包含需要竞标的时间段。

步骤 5：产品估价环节：目标单元根据其他单元提交上来的竞标书对开放拍卖时间段内的每个时间点进行估价，之后将每个时间点的价格信息通知给所有提交竞标书的单元。

步骤 6：二次竞标环节。

步骤 7：决定赢家环节：目标单元根据自身的状况以及买家二次上交竞标书的情况决定是否选择最后的买家，转入步骤 8。

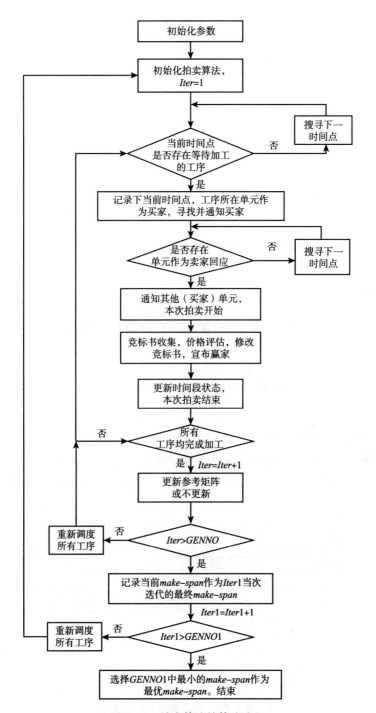

图 7-4　拍卖算法的算法流程

步骤8：当前拍卖结束，更新目标单元设备的信息，如果所有工件均完成加工，$Iter = Iter + 1$，转入步骤9，否则返回步骤3。

步骤9：比较当前迭代得到的最优解的 *make-span* 值与参考矩阵的 *make-span* 值，如果当前迭代得到的最优解的 *make-span* 值优于参考矩阵的 *make-span* 值，用当前迭代得到的调度方案更新参考矩阵，如果 $Iter > GENNO$，转入步骤10；否则返回步骤3，重新调度所有工件。

步骤10：记录下当前的参考矩阵和它的 *make-span* 值，作为 $Iter1$ 本次迭代的最终 *make-span* 值，$Iter1 = Iter1 + 1$，如果 $Iter1 > GENNO1$；转入步骤11；否则返回步骤2，重新调度所有工件。

步骤11：选择 $GENNO1$ 中最小的 *make-span* 值作为整个迭代得到的最优解，结束。

7.5 关于拍卖过程的算例说明

本节将通过一个小规模算例详细说明拍卖算法的计算过程。使用表 7 - 1 和表 7 - 2 所代表的算例，假设工件在两个单元之间的运输时间为 2。拍卖过程以及工件的调度将如下进行：

首先，使用 SPT 规则对工件进行排序调度，得到的顺序为 3、2、1、4。根据规定的顺序，工件的调度的方案如图 7 - 5 所示，得到初始参考矩阵如表 7 - 3 所示。

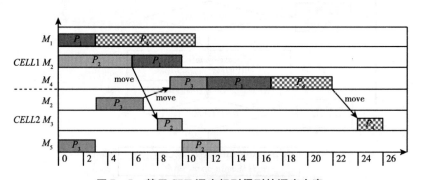

图 7 - 5 基于 SPT 调度规则得到的调度方案

表 7 - 3　　　　　　　　　　　拍卖算法的初始矩阵

	O_1	O_2	O_3
P_1	0	6	12
P_2	0	8	10
P_3	0	3	9
P_4	3	17	24

接下来，进行各个时间段的拍卖。设置 $t = 10$，$k = 1$，具体拍卖步骤如下：

步骤 1：在 0 时刻，所有工件做好准备开始加工。由于工件 2 和 3 各自需求的第一台设备没有其他的工件（单元）来竞争，可以直接到相应的设备上面进行加工。工件 1 和 4 需要竞争单元 1 中设备 1 的资源。根据前面设置的参数，设备 1 上的时间块 0 ~ 9 将对工件 1 和 4 开放，工件 1 将竞标时间块 0 ~ 2，工件 4 将竞标时间块 0 ~ 7，所以时间点 0 ~ 2 的估价为 2，时间点 3 ~ 9 的估价为 1。为了花费最少，根据初始参考矩阵，工件 1 将会以竞标价 6 修改竞标时间段为 0 ~ 2，工件 4 将以竞标价 9 修改竞标时间段为 2 ~ 9，工件 4 将会成为最后胜出的买家。更新设备 1 的状态，本次拍卖结束。

步骤 2：在时间点 3，工件 3 的第二道工序已经做好了生产准备，单元 2 的设备 2 的时间块 3 ~ 12 将对其开放。在时间点 3，工件 2 和 4 的下一道工序均不在设备 2 上加工，所以工件 3 没有其他竞标对手，可以直接在时间段 3 ~ 6 内在设备 2 上面进行加工。同样的道理，工件 2 将在时间段 8 ~ 9 内在设备 3 上面进行加工，在时间段 10 ~ 12 内在设备 5 上面进行加工。

步骤 3：在时间点 9，工件 3 第三道工序准备生产，设备 4 的时间块 9 ~ 18 将对其开放。根据当前时间点的生产情况，工件 4 有可能在开放时间段内加工其下一道工序，两者需要通过竞标完成资源配置。工件 3 将竞标时间段 9 ~ 11，工件 4 将竞标时间段 10 ~ 14。因此在本次的估价中，时间点 9、12 ~ 18 价格为 1，时间点 10 和 11 价格为 2。根据估价，工件 3 将以价格 5 修改竞标时间段为 9 ~ 11，工件 4 以价格 5 修改竞标时间段为 12 ~ 16，工件 3 和 4 互不冲突，同时为最终胜出买家。更新设备信息。

步骤4：在时间点10，工件1开始加工，由于后面没有其他的竞争者，可以直接依次在各台设备上面进行生产。最终整体工件的 *make-span* 为22，调度方案如图7-6所示。

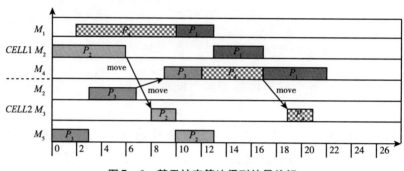

图7-6　基于拍卖算法得到的最终解

由于得到的调度方案的 *make-span* 值小于初始方案的 *make-span* 值，更新参考矩阵，运用拍卖算法在下一次迭代中重新调度所有工件。

7.6　实验结果与分析

7.6.1　实验设计和参数设置

为了验证算法的有效性，采用以下两个部分对算法进行验证，比较分析。

（1）通过改变算法中的参数组合，分析拍卖算法参数的敏感性和适用性；

（2）通过与曾等（Zeng et al., 2015）中的算法和 Lingo 的对比试验证明本章算法的有效性；

（3）通过对比拍卖算法在不同参数组合下得到的解，验证算法的稳定性。

实验中所有算法利用 C#编程实现，在 CPU 为 Inter ⓇCoreTM 2 Quad 2.66GHZ、内存为2G 的计算机上运行，下面将给出具体的实验与分析。

对于 M-CPS 问题，同样没有 benchmark 实验算例。这里选取 21 组，包含大中小不同规模的算例进行验证。算例 1 ~ 11（第一组），每个算例中的各个工件均包含 3 道工序，算例 12 ~ 21（第二组），每个算例中的各个工件均包含 5 道工序，设备在各个单元的分布情况如表 7 - 4 所示，工件数量范围为 4 ~ 35；设备数量分布为 5 ~ 22；单元数量为 2 ~ 5。工件在不同单元之间运输时间为 1 ~ 10；工件工序的加工时间为 10 ~ 30。

表 7 - 4　　　　　　　　　　设备在各单元中的分布情况

工件/设备/单元	单元 1	单元 2	单元 3	单元 4	单元 5
4/5/2	M_1, M_2, M_4	M_3, M_4			
6/6/2	M_1, M_2, M_5	M_3, M_4, M_5			
9/7/3	M_1, M_2, M_4	M_4, M_6	M_5, M_6		
11/8/3	M_1, M_5	M_2, M_5, M_6	M_3, M_5, M_6		
15/10/3	M_1, M_4, M_5, M_6	$M_2, M_5, M_7,$	M_3, M_6, M_7		
18/12/4	M_1, M_6, M_7	$M_2, M_5, M_7,$	M_3, M_6, M_8	M_4, M_6, M_8	
21/14/4	M_1, M_6, M_7	M_2, M_6, M_7	M_3, M_6, M_7, M_8	M_4, M_5, M_6, M_8	
24/16/4	M_1, M_6, M_7, M_9	M_2, M_6, M_7, M_9	M_3, M_6, M_7, M_9	M_4, M_5, M_6, M_8	
27/18/5	M_1, M_6, M_7, M_8	M_2, M_6, M_7, M_9	M_3, M_6, M_7, M_9	M_4, M_6, M_8	M_5, M_7, M_8
30/20/5	M_1, M_6, M_7, M_8	M_2, M_6, M_7, M_9	M_3, M_6, M_7, M_9	M_4, M_6, M_8, M_{10}	M_5, M_7, M_8, M_{10}
35/22/5	$M_1, M_6, M_7, M_8, M_{10}$	$M_2, M_6, M_7, M_9, M_{10}$	M_3, M_6, M_7, M_9	M_4, M_6, M_8, M_9	M_5, M_7, M_8, M_{10}

在拍卖算法测试中，基本参数如下：每个时间点的基本价格为 1，如 7.3 节所示，参数 t，代表拍卖时间段的最大长度，设置不同 4 组：30、45、60 和 75，分别是工件工序最大生产时间的 1 倍、1.5 倍、2 倍和 2.5 倍。参数 k，代表单位时间的等效惩罚花费，同样设置不同的 4 组：1、2、5 和 10，最大迭代次数 GENNO 和 GENNO1 分别设置为 20 和 200。

7.6.2　结果与分析

为了验证本章拍卖算法的有效性，分别与两阶段启发式算法和 Lingo

计算得到的结果进行比较。对于每组算例，$Lingo$ 的计算时间为 12 个小时，前一章中的算法和本章的拍卖算法均为五分钟，得到的结果如表 7 − 5 和表 7 − 6 所示。在上述两表中，"OPT" 表示 $Lingo$ 通过求解每组算例得到的最优解；"Status" 表示每组算例通过 $Lingo$ 得到的最优解是局部最优还是全局最优；"TS-GA" 表示前一章中的两阶段启发式算法通过求解每组算例得到的最优解；"$Gap1$" 表示前一章中的两阶段启发式算法得到最优解与拍卖算法得到最优解在数值上的偏差；"$Gap2$" 表示拍卖算法得到最优解与 $Lingo$ 得到的最优解在数值上面的偏差。$Gap1$ 和 $Gap2$ 的计算过程分别如下：

$$Gap1 = (两阶段算法得到的最优解 − 拍卖算法得到的最优解)/$$
$$拍卖算法得到的最优解 \times 100\%$$

$Gap2 = (拍卖算法得到的最优解 − Lingo 得到的最优解)/Lingo 得到的最优解 \times$
100%；如果拍卖算法得到的最优解 $> Lingo$ 得到的最优解

通过表 7 − 5 和表 7 − 6 可以发现，对于第一组算例，拍卖算法得到的最优解等于或优于 $Lingo$ 和两阶段启发式算法得到的最优解，两阶段算法得到最优解的与拍卖算法得到最优解的平均偏差为 1.93%。对于第二组算例，拍卖算法得到的最优解均优于两阶段启发式算法得到的最优解，两者偏差平均达 3.61%。仅有两个算例，拍卖算法得到的最优解不如 $Lingo$，偏差分别为 2.5% 和 2.7%。在两组 21 个算例中，对于 5 个（最）大规模的算例，$Lingo$ 在经过 12 小时的计算后甚至不能得到可行解。以上说明本章提出的拍卖算法针对 M-CPS 问题能够在短时间内得到相对质量很高的解，尤其对大规模算例有着很高的求解效率。

为了进一步分析拍卖算法参数的敏感性及适用性，我们统计每组参数组合下拍卖算法在每组算例中求得（相对）最优解的次数以及组内各个算例与相对应的（相对）最优解的平均偏差，如表 7 − 7 所示。所谓相对最优解，即为同一组算例在不同参数组合下得到的最好的解。例如在表 7 − 7 中，第一组算例的相对最优解为 81；第二组算例的相对最优解为 92；第三组算例的相对最优解为 99。与相对最优解平均偏差的计算方式同 $Gap1$ 和 $Gap2$。

表 7-5　三种方法求解第一组算例得到的结果

P/M/C	拍卖算法				TS-GA（%）		Lingo	
	k=1/2/5/10，t=30	k=1/2/5/10，t=45	k=1/2/5/10，t=60	k=1/2/5/10，t=75		Gap1	OPT	Status
4/5/2	83/83/83/83	83/81/81/81	83/81/81/81	83/81/81/81	81	0	81	全局
6/6/2	94/92/92/92	94/92/92/92	94/92/92/92	94/92/92/92	92	0	92	全局
9/7/3	103/99/99/99	101/100/99/99	102/99/99/99	103/100/99/99	100	1.01	99	全局
11/8/3	110/109/109/109	109/109/109/109	109/109/109/109	109/109/109/109	111	1.83	109	局部
15/10/3	138/138/138/138	138/138/138/138	138/138/138/138	138/138/138/138	140	1.45	138	局部
18/12/4	163/161/161/161	161/161/161/161	161/161/161/161	161/161/161/161	163	1.24	161	局部
21/14/4	195/191/191/191	191/191/191/191	191/191/191/191	191/191/191/191	194	1.57	191	局部
24/16/4	167/165/167/166	164/160/166/162	166/162/157/160	165/161/163/164	162	3.18	166	局部
27/18/5	168/159/164/162	166/164/157/160	162/161/163/165	166/158/160/161	163	3.82	263	局部
30/20/5	158/153/155/155	160/157/150/156	158/158/155/156	159/157/156/157	156	4	—	—
35/22/5	233/228/228/227	230/227/226/226	227/226/227/226	228/226/226/228	233	3.1	—	—
均值						1.93		

表7-6 三种算法求解第二组算例得到的结果

P/M/C	拍卖算法				TS-GA		Lingo		
	$k=1/2/5/10$, $t=30$	$k=1/2/5/10$, $t=45$	$k=1/2/5/10$, $t=60$	$k=1/2/5/10$, $t=75$		$Gap1$（%）	OPT	Status	$Gap2$（%）
6/6/2	170/168/169/170	170/165/166/168	168/164/166/165	172/171/169/169	169	3.05	160	局部	2.5
9/7/3	221/218/219/218	221/217/217/215	217/214/212/219	220/218/218/217	218	2.83	217	局部	—
11/8/3	238/236/236/234	234/228/230/232	238/232/235/236	239/234/235/240	236	3.51	222	局部	2.7
15/10/3	248/242/236/234	244/232/237/234	240/232/232/238	243/239/240/237	239	3.02	235	局部	—
18/12/4	302/297/302/303	300/299/294/297	300/294/295/294	309/307/305/304	302	2.72	302	局部	—
21/14/4	329/325/326/328	320/322/319/317	322/318/317/320	320/317/318/319	326	2.84	353	局部	—
24/16/4	333/324/325/323	330/320/322/324	320/315/318/322	339/332/333/335	328	4.13	404	局部	—
27/18/5	322/318/314/309	307/308/299/299	300/305/299/304	310/307/305/302	313	4.68	—	—	—
30/20/5	334/328/329/327	332/325/326/328	330/327/323/323	338/333/333/336	337	4.33	—	—	—
35/22/5	426/418/422/423	420/412/404/410	416/412/407/411	420/411/417/419	424	4.95	—	—	—
均值						3.61			

表 7 - 7　　　　　　　不同参数组合下得到的最优解与全局最优解的差距

	第一组				第二组			
	$k=1$	$k=2$	$k=5$	$k=10$	$k=1$	$k=2$	$k=5$	$k=10$
$t=30$	1/3.16	6/1.07	6/1.59	6/1.38	0/4.8	0/3.12	0/3.17	0/2.83
$t=45$	4/2.3	6/1.13	10/0.52	8/0.83	0/3.29	2/1.35	3/1.08	2/1.34
$t=60$	4/2.03	8/1.0	8/0.69	8/1.0	0/2.33	4/0.82	5/0.63	2/1.66
$t=75$	4/2.4	7/0.81	8/0.88	7/1.14	0/4.4	1/3.0	0/3.0	0/3.19

如表 7 - 7 所示，对于两组算例，在参数组合分别为 $t=45$、$k=5$ 和 $t=60$、$k=5$ 时得到各自总体上最好的效果。对于第一组在参数组合 $t=60$、$k=5$ 和第二组在 $t=45$、$k=5$ 组合下，也均能达到各自比较理想的效果。因此，对于本章提出的拍卖算法，开放拍卖时间段的长度为最大工序加工的 1.5~2 倍比较合适；单位时间延迟等效惩罚价格为单位时间基本价格的 5 倍比较合适。过高的惩罚价格并不能促进算法得到更优的解，而过长的开放拍卖时间段甚至会不利于算法求得最优解。

为了分析算法的稳定性，从表 7 - 5 和表 7 - 6 中选取每个算例在所有不同参数组合中得到的最优解和最差解，如表 7 - 8 所示。表中的"Deviation"为每个算例最差解与最优解之间的偏差，计算过程如下：

$$Deviation = (最差 - 最优)/最优 \times 100\%$$

表 7 - 8　　　　　　　每组算例最差解与最好解的差距

P/M/C	第一组			第二组		
	最差	最优	Deviation (%)	最差	最优	Deviation (%)
4/5/2	83	81	2.47	—	—	—
6/6/2	94	92	2.17	170	164	3.66
9/7/3	103	99	4.04	221	212	4.25
11/8/3	110	109	0.92	238	228	4.39
15/10/3	138	138	0	245	232	5.6
18/12/4	163	161	1.24	302	294	2.72
21/14/4	195	191	2.09	329	317	2.52
24/16/4	167	157	6.37	333	315	5.71

续表

P/M/C	第一组			第二组		
	最差	最优	Deviation (%)	最差	最优	Deviation (%)
27/18/5	168	157	7.01	322	299	7.69
30/20/5	160	150	6.67	334	323	3.41
35/22/5	233	226	3.1	426	404	5.45
Average			3.28			4.54

　　如表 7-8 所示，对于两组不同规模的算例，最差解和最好解的平均偏差分别为 3.28% 和 4.54%，可以看出本章提出的拍卖算法的稳定性还是很好的。综上所述，本章提出的拍卖算法适用于求解以不同单元之间合作为核心的 M-CPS 问题，尤其适合问题规模较大，而计算时间又较短的情况。

7.7　本章小结

　　本章基于不同单元之间的合作调度问题，提出了基于一级价格密封拍卖机制求解的亚启发式算法，每个单元通过扮演买家和卖家，对资源进行了优化配置，通过测试随机算例并与 Lingo 和已有文献中的算法进行比较，证明了算法的有效性和稳定性，并通过灵敏的分析讨论了参数对算法的影响。

第8章 存在运输空间约束多单元协作调度问题的拍卖算法

本章针对存在运输空间约束的多单元协作调度问题，提出了合理的运输模式，建立非线性整数规划模型对问题进行描述。通过拍卖的方式，将设备资源和运输资源分配给每一个工件，得到问题的可行解，并基于改进的（非）连通图对可行解进一步优化。通过对比试验，验证了本文所提出运输模式的合理性与算法的有效性。

8.1 问题的提出与研究现状

单元生产系统依照产品的相似度，对产品进行按族分类，适用于中小批量，且生产复杂度高的生产情境。单元生产系统的主要优势在于减少生产准备时间，生产过程占用的库存以及原料处理费用等（Tang et al.，2016）。依照单元的数量，单元生产调度问题分为单个单元调度和多单元协同调度。在多单元协作调度问题中，不同单元之间的运输是一个至关重要的因素，多用自动导引小车或是小型机器人作为运输媒介（Tang et al.，2010；Deliktas et al.，2017；Delgoshaei et al.，2017）。在针对运输媒介的处理上，先大体分为三类：运输媒介（小车）数量不受限制，每辆小车每次只能同时运送单个工件；小车数量受到限制，每辆小车每次只能同时运送单个工件；小车数量受到限制，每辆小车能够同时运送多个工件（Hurink et al.，2005；Lin et al.，2011；Ren et al.，2012；Tian et al.，2016）。在现有关于每辆小车每次只能同时运送单个工件的研究中，唐等（Tang et al.，

2010）针对考虑不同单元之间运输，且运输小车数量不受约束下的多单元协作调度问题，提出分割搜索算法进行求解。迪力克塔斯等（Deliktas et al.，2017）针对考虑不同单元之间运输和设备生产准备时间的多单元协作调度问题，分别以单目标和多目标对问题进行建模，并分别运用标量化方法、加权求和法、E-约束方法，与圆锥曲线的数值方法进行求解。曾等（Zeng et al.，2015）将唐等（Tang et al.，2010）的研究进行延伸，针对每个单元只有一辆小车下的多单元协作调度问题，提出基于邻域搜索的两阶段遗传算法进行求解。当每辆小车能够同时运送多个工件时，调度问题将变得复杂得多。在现有针对多单元协作调度的成果中，仅有田等（Tian et al.，2016）针对小车能够同时运送多个工件的情境进行了研究，然而在田等（Tian et al.，2016）研究中，每辆小车只能在其起始出发点进行装载工件，在运输过程中不允许装载任何工件，势必产生大量的空载现象，造成运输资源的浪费。本章针对这一点，提出在任何时间小车均可以装载工件的假设，这将节省大量的运输资源与时间。

针对本章提出的新假设，相对应以前的研究，会出现很多新的难点，包括对于特定的某个工件、指定的车辆在当前的状态下何时去装载，直接移向特定的工件或是先完成当前车辆上已有工件的卸载；当前车辆上面存在多个工件准备卸载，如何确定顺序；同理，多个工件等待同一辆小车装载，如何确定顺序；这些新的难点将直接影响最终的调度结果。为此，本书寻找一个合理的机制针对提出的问题进行求解。

针对上述提出的难点，如何提高设备和车辆之间的搭配是解决问题的关键所在，而合理搭配的基础则是对设备和车辆资源的价值进行恰当的评估，进而对资源进行合理的分配。本书将基于拍卖机制设计优化算法进行求解，拍卖机制能够很好地针对不同时段的资源进行价值评估，拍卖机制已经在生产调度领域得到了成功而广泛的应用（Dewan et al.，2002；Shaw，1988；Siwamogsatham et al.，2004；Veeramani et al.，2006；Adhau et al.，2012；Attanasio et al.，2006），建立了以拍卖为基础的完全分布式制造系统，并基于动态规划提出最优排序理论招标建设算法进行求解。阿德豪等（Adhau et al.，2012）针对一个新的分布式多代理系统，运用基于拍卖的协商方法，解决多个竞争项目之间的资源冲突和分配多种不同类型的共享资源。阿塔纳西奥等

（Attanasio et al.，2006）提出基于拉格朗日松弛的拍卖方法，用于求解并行机调度问题。而且唐等（Tang et al.，2016）已经成功地基于拍卖机制设计优化算法求解多单元协作调度问题。本章根据提出问题的特征，建立了非线性整数规划模型，设计了基于拍卖的两阶段优化算法，分别针对车辆和设备资源进行合理评估。并在此基础上，基于改进的非连通图（disjunctive graph model）优化得到的可行解，最终揭示了运输空间约束对多单元协作调度的影响以及本文提出运输模式的现实必要性。

8.2　存在运输空间约束的多单元协作调度问题

在多单元生产系统中，包含若干个单元，对于不同种类的设备，每种设备仅有一台。每个工件的加工路线事先给定，每台设备同时只能加工一个工件。工件在不同单元的设备之间移动需要小车运输，在同一单元内设备之间的移动忽略不计，将装载和卸载工件均视为运输任务。对于任意一道工序，装载过程为工序在当前设备完成加工后，转移到小车上准备运送到下一工序所需设备处；卸载过程为小车将当前工序运送到下一工序所需设备处，将其转移到设备上准备开始加工。假设所有运输小车的容积均为 n，即为每辆小车最多可以同时（装载）运送 n 个工件；p_{ij} 表示第 i 个工件第 j 道工序的加工时间；$t_{kk'}$ 表示工件在设备 k 与设备 k' 之间的转移时间 $S_{ij}(C_{ij})$；$UL_{ij}(DL_{ij})$ 和 Pv 为需要决策的变量；$S_{ij}(C_{ij})$ 表示第 i 个工件第 j 道工序的开始（结束）加工时间；$UL_{ij}(DL_{ij})$ 表示第 i 个工件第 j 道工序的装载（卸载）时间；P_v 表示运输小车 v 装卸工序的总数。以最小化完工时间为目标函数，给出数学模型如下：

$$Min\ max\{C_{ij}\} \tag{8-1}$$

$$C_{ij} = S_{ij} + p_{ij}, \forall i,j \tag{8-2}$$

$$DL_{ij} \geq UL_{ij} + \sum_{k=1}^{K}\sum_{k'=1}^{K} \alpha_{i(j-1)k}\alpha_{ijk'}t_{kk'}, \forall i,j \tag{8-3}$$

$$\alpha_{ijk}\alpha_{i'j'k'}(S_{ij}-C_{i'j'})(S_{i'j'}-C_{ij}) \leq 0, \forall i,i',j,j',k,k',i \neq i' \tag{8-4}$$

$$\sum_{v=1}^{V} x_{ijv} = 1, \text{如果} \beta_{ij} = 1, \forall i,j \tag{8-5}$$

$$\sum_{i=1}^{M} \sum_{j=1}^{J} x_{ijv} = P_v, \text{如果} \beta_{ij} = 1, \forall v \tag{8-6}$$

$$\begin{cases} \begin{cases} \sum_{v=1}^{V} \sum_{p=1}^{P_v} y_{ijvp} = 1, if \beta_{ij} = 1 \\ \sum_{v=1}^{V} \sum_{p=1}^{P_v} x_{ijv} |y_{ijvp}| = 1, if \beta_{ij} = 1, \forall i,j \end{cases} \text{或} \begin{cases} \sum_{v=1}^{V} \sum_{p=1}^{P_v} y_{ijvp} = -1, if \beta_{ij} = 1 \\ \sum_{v=1}^{V} \sum_{p=1}^{P_v} x_{ijv} |y_{ijvp}| = 1, if \beta_{ij} = 1, \forall i,j \end{cases} \\ \sum_{p_1=1}^{P_v} \sum_{p_2=1}^{P_v} y_{ijvp_1} y_{ijvp_2} = -1, p_1 \neq p_2, if \beta_{ij} = 1, \forall i,j,v \end{cases}$$

$$\tag{8-7}$$

$$\sum_{i=1}^{M} \sum_{j=1}^{J} |y_{ijvp}| = 1, if \beta_{ij} = 1, \forall v,p \tag{8-8}$$

$$\sum_{i=1}^{M} \sum_{j=1}^{J} \sum_{p=1}^{P_n} y_{ijvp} \leqslant N, p_n = 1,2,\cdots,p_v, if \beta_{ij} = 1, \forall v \tag{8-9}$$

$$\sum_{p=1}^{P_n} y_{ijvp} \geqslant 0, p_n = 1,2,\cdots,p_v, if \beta_{ij} = 1, \forall i,j,v \tag{8-10}$$

$$\begin{cases} |y_{ijvp} y_{i'j'v(p+1)}| (DL_{ij} - DL_{i'j'}) \leqslant 0 \text{ 或} \\ |y_{ijvp} y_{i'j'v(p+1)}| (DL_{ij} - UL_{i'j'}) \leqslant 0 \text{ 或} \\ |y_{ijvp} y_{i'j'v(p+1)}| (UL_{ij} - DL_{i'j'}) \leqslant 0 \text{ 或} \\ |y_{ijvp} y_{i'j'v(p+1)}| (UL_{ij} - UL_{i'j'}) \leqslant 0 \end{cases}, \forall i,i',j,j',v,p, i \neq i' \tag{8-11}$$

$$\alpha_{ijk} = \begin{cases} 1, \text{如果第} i \text{个工件第} j \text{道工序需要在设备} k \text{上加工} \\ 0, \text{否则} \end{cases} \tag{8-12}$$

$$\beta_{ij} = \begin{cases} 1, \text{如果第} i \text{个工件第} j \text{道工序需要被运输} \\ 0, \text{否则} \end{cases} \tag{8-13}$$

$$x_{ijv} = \begin{cases} 1, \text{如果第} i \text{个工件第} j \text{道工序被小车} v \text{运输} \\ 0, \text{否则} \end{cases} \tag{8-14}$$

$$y_{ijvp} = \begin{cases} 1, \text{如果第} i \text{个工件第} j \text{道工序的装载} \\ \text{被小车} v \text{视为其第} p \text{个运输任务} \\ -1, \text{如果第} i \text{个工件第} j \text{道工序的卸载} \\ \text{被小车} v \text{视为其第} p \text{个运输任务} \end{cases} \tag{8-15}$$

其中，式（8-1）表示最小化总体完工时间；式（8-2）表示一旦某道工序开始加工，直到当前工序完成前不能停止；式（8-3）针对需要进行运输的工序，给出其装载与卸载在时间上的关系；式（8-4）确保每台设备同时只能加工一个工件；式（8-5）确保每道工序只能被一辆小车装（卸）载；式（8-6）表示统计每辆小车最终装卸工序的数量；式（8-7）确保每个工件的装载与卸载，其负责运送小车均视为运输任务，并在运送过程中对应一个位置（顺序）点；式（8-8）限制每个小车运送过程中的每个位置点只能对应唯一的运输任务：装载或是卸载某道工序；式（8-9）保证在任何时刻，小车上装载的工件数量不能大于其最大容积；式（8-10）确保对于每个需要小车运输的工序，在时间上只有完成装载后才能进行卸载；式（8-11）给出了同一辆小车上相邻两个运输任务在时间上的关系；式（8-12）和式（8-13）为描述工件的基本信息，包括需要的设备以及是否需要被运输；式（8-14）为确定运输每个工件的具体车辆；式（8-15）与式（8-8）相对应，表示小车每个位置点上装载或是卸载某道工序，为了便于模型的表达与计算，表示装载的时候取值为1，表示卸载的时候取值为-1。

8.3　车辆资源拍卖

为了能够将存在运输空间约束的多单元协作调度问题转化为拍卖问题，将调度问题中的关键因素与拍卖中的关键环节进行映射。各个单元里的设备与小车被视为拍卖者，各个工件（工序）被视为买家，小车和设备相对应的运送和加工工件的资源被当作拍卖的商品。每个卖家的目标均为自己的商品以最高价卖出，而每个买家追求通过最小的花费购买到自己需要的资源。通过买家之间的竞价竞争，卖家能够更好地针对商品（资源）进行评估，从而进行合理的分配，卖给需求最大的买家。拍卖的过程分为两个部分：运输资源拍卖和设备资源拍卖。首先，通过一个小型算例描述运输资源如何进行拍卖，现给出算例的基本信息如表8-1所示：假设共有3个单元，共有一辆小车，出发点在单元1，小车的容积为2，各个工序的加工时间、不同设备之间的转移时间以及各单元的构成信息如表 8 - 1 所示，其中 $M_3:3$ 表示工件 1 的第一道工序 O_{11} 需要在设备 3 上面进行加工，加工时长为 3。

表 8 - 1　　　　　　　　　　演示算例基本信息

工序加工时间			设备之间的转移时间			各单元构成		
工件 1	$M_3:3$	$M_2:3$	$M_4:6$	0	2	3	单元 1	单元 2	单元 3
工件 2	$M_1:8$	$M_3:4$	$M_4:7$	2	0	4	M_1,M_2	M_3	M_4
工件 3	$M_2:5$	$M_4:4$	$M_1:4$	3	4	0	工件 1	工件 2	工件 3

根据各个工件及设备的信息，所有工序均需要进行运输才能转移到所需设备上面进行加工，转移信息如表 8 - 2 所示。

表 8 - 2　　　　　　　　　工序在各单元之间的转移

	移动路线		
工件 1	1→2	2→1	1→3
工件 2	2→1	1→2	2→3
工件 3	3→1	1→3	3→1

表 8 - 2 中，1→2 表示工序 O_{11} 需要从单元 1 转移至单元 2 才能进行加工。在 0 时刻，小车直接装载工序 O_{11}，然后从单元 1 出发。此时工序 O_{21} 和 O_{31} 将分别竞标小车在时间段 0 - 1 和 0 - 2 的运输资源。根据两个竞标情况，小车将决定移向哪个单元。将每个时间点运输资源的基本价格设定为 1，当有多于 1 个竞标者参与竞标，每增加 1 个人，价格增长 1（Tang et al.，2016）。因此，对于小车的运输资源在时间点 0、1、2 的价格分别为 2、2、1。工序 O_{21} 和 O_{31} 的暂时竞标收益为 4 和 5。但是，如果小车移至单元 2，它将能够在装载工序 O_{21} 的同时卸载工序 O_{11}，释放已占用的运输资源也将被视为小车（卖家）的一种收益。规定释放占用运输资源收益的计算方式如下：时间点的基本价格乘以在单元之间转移的时间。这里移向单元 2 可以获得价值为 2 的释放运输资源收益，因此，工序 O_{21} 和 O_{31} 的最终竞标收益为 6 和 5。小车将移至单元 2 去装载 O_{21} 并同时卸载 O_{11}。小车于时间点 2 到达单元 2，O_{31} 仍将竞标小车的运输资源，此时小车需要决策下一步的行动，移向单元 3 去装载 O_{31} 或是返回单元 1 去卸载 O_{21}。根据上述拍卖原则，移向单元 3 和 1 的收益分别为

4 和 2，小车将从单元 2 移向单元 3 去装载 O_{31}，并于时间点 6 到达。当小车到达单元 3 时，O_{11} 已完成在单元 1 内设备上的加工，工序 O_{12} 在时间点 6 将竞标小车的运输资源。由于此时运输小车已处于满载状态，无法响应任何的竞标，当前运载的 O_{31} 和 O_{21} 具有相同的目标单元 1，小车只能移向单元 1 去卸载，并于时间点 9 时到达。至此，小车的行走路线，以及行程中车内的剩余容积如表 8 - 3 所示。c_1 表示单元 1，时间点则显示了车辆到达每个单元的时间点。

表 8 - 3　　　　　　　　　　　车辆的状态信息

行走路线	c_1	c_2	c_3	c_1
时间节点	0	2	6	9
剩余空间	1	1	0	2

如上所示，小车将继续移向单元 2 去装载 O_{12}，于时间点 11 达到，然后时间点 13 返回至单元 1，卸载 O_{12}，并等待至时间点 14 装载 O_{32}。在上述过程中，不存在工序加工在设备上面的冲突，故暂时忽略针对设备的拍卖过程。最终将到小车的完整行车路线，如表 8 - 4 所示。所有工件的最终完工时间为 42，具体信息如表 8 - 5 所示。整个调度方案的甘特图如图 8 - 1 所示。

表 8 - 4　　　　　　　　　　　车辆最终状态信息

行走路线	c_1	c_2	c_3	c_1	c_2	c_1	c_1	c_3	c_1	c_3	c_2	c_1	c_2	c_3
时间节点	0	2	6	9	11	13	14	17	20	23	27	29	31	35
剩余空间	1	1	0	2	1	2	1	2	0	0	1	0	1	2

表 8 - 5　　　　　　　　　工序在各台设备上面的加工情况

	M_1	M_2	M_3	M_4
工件 1		14 - 17	2 - 5	23 - 29
工件 2	9 - 17		27 - 31	35 - 42
工件 3	29 - 33	9 - 14		17 - 21

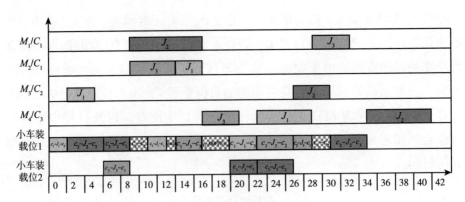

图 8-1 调度方案甘特图

上面所描述的车辆拍卖过程中，仅有一辆小车。如果同时有两辆或以上的小车，工件可以同时向它们进行竞标。如果当前仅有一个竞标者，竞标者将根据各个卖家（小车）的估价选择一个价格最低的；如果同时存在多个竞标者，竞标者之间竞标的时间段往往会发生冲突，这种情况下，将根据每个竞标者向不同卖家提供的竞标内容，列出所有竞标内容的组合。如果存在多个组合结果能够满足所有的竞标者，将选取总收益最大的一个；如果不存在能够满足所有竞标者的组合，将选取一个可以满足最多数量竞标者的组合，并把结果通知竞标成功的竞标者。这样做的目的是尽可能减少不同竞标者之间的冲突，又能保证拍卖者的收益，使资源得到有效的利用。

8.4 设备资源拍卖

在调度过程中如何针对设备资源通过拍卖进行分配也是求解本问题的关键。本书采用唐等（Tang et al., 2016）研究中的拍卖方法。拍卖过程包括四个环节：竞标构建、价格估计、竞标二次修改和宣布中标者。方法的核心思想具体细节详见唐等（Tang et al., 2016）的研究。

（1）竞标构建。当前设备开始拍卖前，将要拍卖的时间段通知所有的工件。设置参数 t，从当前时间点开始计算，包含（连续）t 个时间点的时间段将被公开进行拍卖。例如 $t = 10$，当前时间点为 12，那么时间段 12~21 将被公开进行拍卖。各工件根据自身当前的加工状态，计算是否可能需要设备拍卖时间段内的加工资源。如果需要，工件将参与竞标自身需要的时间段。当所有工件完成竞标后，卖家（设备）将根据竞标的具体情况评估拍卖时间段内每个时间点的价格。

（2）价格估计。同拍卖运输资源一样，每个时间点运输资源的基本价格设定为 1，当有多于 1 个竞标者参与竞标，每增加 1 个人，价格增长 1，将根据竞标人数给出每个时间点的最终价格。例如，现有三个竞标者 A、B、C，公开拍卖竞标的时间段为 1 - 4，A、B、C 各自竞标的时间段分别为 2 ~ 4、1 ~ 3 和 3 ~ 4。那么根据时间段内各个时间点被竞标的情况，时间点 1 的价格为 1；时间点 2 和 4 的价格为 3；时间点 3 的价格为 4。

（3）竞标二次修改。卖家完成拍卖时间段内时间点的价格评估后，将价格信息通知所有参与竞标的工件。各个参与竞标的工件将根据卖家提供的价格信息重新竞标时间段，以自身花费最小为目标。

（4）宣布中标者。卖家将根据各个竞标者最终的竞标信息宣布中标者。如果所有竞标者之间竞标的时间段均存在冲突，卖家将选择竞价最高的竞标者作为中标者；若存在可同时满足多个竞标者的情况，选择一个总价最高的组合，组合中包含的竞标者均为中标者。

8.5　基于改进（非）连通图的可行解优化

通过车辆拍卖与设备拍卖，存在运输空间约束的多单元协作调度问题将得到质量较高的可行解。接下来将通过改进非连通图（disjunctive graph model）来优化已得到的可行解。

非连通图已经广泛应用于求解作业车间（Job Shop）调度问题（Delgoshaei et al.，2017；Hurink et al.，2005）。胡瑞可等（Hurink et al.，2005）将非连通图扩展应用求解存在运输的作业车间调度问题。通过非连通图中的方向选择，使之成为连通图，可代表所对应问题的可行调度方案。图 8 - 2 为存在运输的作业车间调度问题的非连通图和与之对应的连通图。从开始点通向结束点的最长路径称为关键路径，代表着全部工件的完工时间 *make-span*。关键路径上的工序被称为关键工序，包括设备工序和运输工序。关键路径上的相邻工序如果在同一设备上进行加工或是被同一辆小车运送，这些相邻的工序则组成一个关键块。

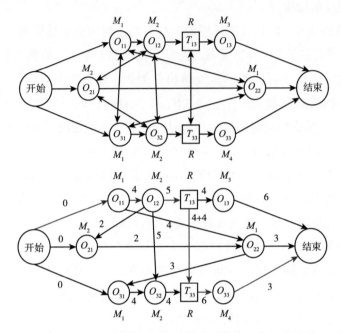

图 8 - 2　存在运输的作业车间调度问题的（非）连通图

基于可以代表调度问题可行解的连通图、关键路径、关键工序和关键块等概念，存在以下重要性质：

性质 1：若 S 为一连通图代表的可行解，其 *make-span* 值为 $C_{max}(S)$，关键路径为 P. S' 为另一连通图，其 *make-span* 值为 $C_{max}(S')$。若 $C_{max}(S') < C_{max}(S)$，那么在 S' 中，至少存在一个关键块，其中两个关键工序的加工顺序与 S 中的相反。

自诺维茨基等（Nowicki et al., 1996）研究以来，非连通图一直作为求解 Job Shop 问题最有效的方法，尤其针对大规模问题。对于给定的任何一个可行解，通过非连通图能够迅速找到其关键路径，并通过交换关键块内关键工序的位置，短时间内迅速提升解的质量，从而达到优化的效果。

对于以往存在运输的作业车间调度问题，小车的容积均为 1，意味着当小车装载着一个工件，接下来必须马上去卸载当前的工件，只有这样才能继续去装载其他的工件。然而对于本书提出的问题，小车的容积大于 1，小车装载一个工件后，若尚未处于满载状态，下一步可能会去卸载当前工件，或是去装载其他工件，这一点在现有的（非）连通图中无法表示。同理，当小车移向设备，在（非）连通图中无法区分是去装载或是卸载工件。

针对上述问题，将已有（非）连通图中描述运输任务的环节拆分成两个部分，装载工件和卸载工件。在得到改进新式（非）连通图后，图 8-2 将被表示成图 8-3 所示。图中 T_{13} 被分成 L_{13} 和 U_{13}，分别表示装载和卸载工序 O_{13}。图 8-1 甘特图描述的调度方案可以表示成图 8-4 所示。为了使得表述更加清晰，仅列出关键路径上工序的加工及运输时间（蓝色曲线部分）。在图 8-4 中，单向虚线 $U_{11} \rightarrow L_{21}$ 表示卸载 O_{11} 和装载 O_{21} 能够在同一时刻完成；单向虚线 $L_{21} \rightarrow U_{21}$ 表示装载工序 O_{21} 后不会立刻去卸载它；同理，单向线 $L_{31} \rightarrow U_{31}$ 表示装载 O_{31} 后，紧接着将马上去卸载它；单向线 $U_{11} \rightarrow L_{31}$ 表示卸载 O_{11} 后，小车将去装载 O_{31}。对于改进的（非）连通图，上面表述的性质仍然适用，因为无论改进后的（非）连通图多么复杂，只有改变关键路径上的工序顺序才可能减少整个调度的 *make-span*，否则已有的关键路径总会存在，因而现有的 *make-span* 也不会减小（Laarhoven et al.，1992）。

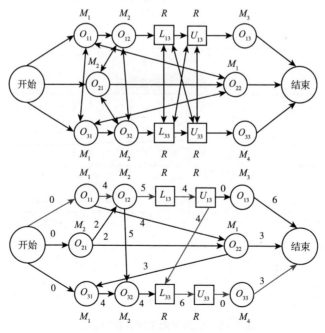

图 8-3 改进后的（非）连通图

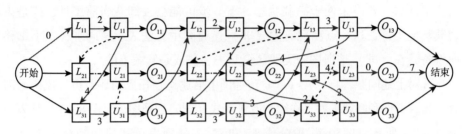

图 8-4　图 8-1 调度方案对应的连通图

根据图 8-4 的调度方案，尝试改变关键路径上关键工序的顺序来进行优化，减小 *make-span* 值。交换运输任务 U_{22} 和 U_{13} 的位置，它们对应的位置如表 8-6 中（红色）文字所示（C_3　23，C_2　27）。因此，时间点 20 以后车辆运送的路径需要重新计算。按照车辆资源拍卖原则，得到新路径的信息如表 8-7 所示，对应的新调度方案的连通图与甘特图如图 8-5 和图 8-6 所示。其 *make-span* 值为 41，与原有方案相比得到了提高。

表 8-6　　　　　　　　　　　　原有车辆调度信息

行走路线	c_1	c_2	c_3	c_1	c_2	c_1	c_1	c_3	c_1	c_3	c_2	c_1	c_2	c_3
时间节点	0	2	6	9	11	13	14	17	20	23	27	29	31	35
剩余空间	1	1	0	2	1	2	1	2	0	0	1	0	1	2

表 8-7　　　　　　　　　　　　新的车辆调度信息

行走路线	c_1	c_2	c_3	c_1	c_2	c_1	c_1	c_3	c_1	c_2	c_3	c_2	c_3	c_1
时间节点	0	2	6	9	11	13	14	17	20	22	26	30	34	37
剩余空间	1	1	0	2	1	2	1	2	0	1	0	1	1	2

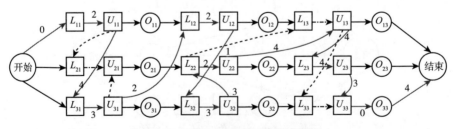

图 8-5　交换关键工序后新的连通图

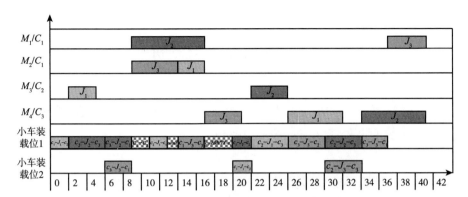

图 8-6　新调度方案的甘特图

综上所述，通过针对运输和设备资源进行拍卖，得到可行解，进而通过改进的（非）连通图进行优化，整个结构的流程如下：

步骤 1：拍卖信息初始化：设置最大迭代次数 $GENNO$，$Iter = 1$；

步骤 2：判断当前是否存在工件准备加工或是装载，如果工件准备被设备加工，转至步骤 3，如果准备被装载，转入步骤 5，否则判断下个时间点工件的状态，重复步骤 2；

步骤 3：当前工件向所需设备发出竞标信息，如果设备响应，转入步骤 4，否则工件在下一时间点继续向设备发出竞标信息，重复步骤 3；

步骤 4：设备资源开始竞拍，直至宣布某个或某些工件为中标者，本次拍卖结束，更新工件和设备信息，转至步骤 7；

步骤 5：当前工件向所有小车发出竞标信息，若有小车响应，转至步骤 6，否则工件在下一时刻继续向小车发出竞标信息，重复步骤 5；

步骤 6：运输小车开始当前拍卖，工件最终将选择价格最低的一辆小车，或是几个工件以组合的方式同时竞标成功，更新小车和工件的状态，返回步骤 2；

步骤 7：如果所有工件均完成调度，转至步骤 8，否则返回步骤 2；

步骤 8：基于改进的（非）连通图，改变关键路径中关键块内工序的位置，得到新的调度方案，若得到的新方案好于现有方案，用得到的新方案更新现有方案，$Iter = Iter + 1$，转入步骤 9；

步骤 9：如果 $Iter > GEENO$，整个算法结束，否则返回步骤 8。

8.6　实验结果与分析

为了测试算法的性能，选用标准的作业车间 benchmark 算例进行测试，算例 la01 –40 来自劳伦斯（Lawrence，1984）。

8.6.1　计算环境变量设置

最大迭代次数 $GENNO$ 为 150。对于所有的算例，假设有 3 个单元，工件和设备将尽可能地平均分配到各个单元，每个单元有一辆运输小车，工件在不同单元之间的转移时间为 30。

首先使用 $Lingo$ 基于前文中提出的模型针对算例进行求解。即使对于小规模的算例，在计算 4 个小时后尚不能得到可行解，说明 $Lingo$ 不适合求解此类问题，也证明了此问题的复杂性。

然后，利用联合改进（非）连通图的拍卖算法求解算例，结果如表 8 – 8 ~ 表 8 –10 所示。10 × 5 表示算例中包含 10 个工件，每个工件均含有 5 道工序。表 8 – 8 ~ 表 8 – 10 中信息为不同规模算例在不同运输模式、不同算法、不同车辆容积下，工件的完工时间 $make\text{-}span$ 值。若工件数量为 20，车辆的容积为 4，此时车辆容积和工件数量的比例即为 20%，每组算例的测试均在 100 秒内完成。为了分析车辆容量对调度完工时间的影响，通过表 8 – 8 中的结果，以 100% 比例下得到的 $make\text{-}span$ 值为基准，计算同规模算例在不同车辆容量下完工时间 $make\text{-}span$ 值与之的偏差，并分别计算不同规模的均值，结果如表 8 – 11 所示，计算方式如下：

$$偏差 = \frac{当前下\ make\text{-}span\ 值 - 100\% 比例下的\ make\text{-}span\ 值}{100\% 比例下的\ make\text{-}span\ 值} \times 100\%$$

表 8 - 8　　　　　　　不同小车容积下拍卖算法求得的完工时间

算例	规模	小车容积与工件数量的比例					
		10%	20%	30%	50%	80%	100%
la01	10×5	881	759	755	750	748	743
la02	10×5	1017	890	884	879	875	873
la03	10×5	899	787	782	780	779	777
la04	10×5	895	779	774	770	764	763
la05	10×5	716	624	619	615	613	610
la06	15×5	1226	1045	1037	1033	1030	1028
la07	15×5	1212	1023	1017	1011	1008	1006
la08	15×5	1151	1016	1010	1003	995	988
la09	15×5	1197	1037	1029	1022	1015	1011
la10	15×5	1187	1041	1029	1023	1016	1012
la11	20×5	1565	1356	1341	1338	1334	1333
la12	20×5	1306	1152	1146	1132	1130	1127
la13	20×5	1402	1235	1227	1218	1209	1206
la14	20×5	1502	1321	1315	1311	1304	1300
la15	20×5	1686	1431	1423	1417	1408	1401
la16	10×10	1484	1324	1316	1304	1299	1292
la17	10×10	1220	1058	1050	1047	1042	1036
la18	10×10	1375	1197	1195	1191	1186	1182
la19	10×10	1343	1149	1143	1134	1131	1126
la20	10×10	1394	1202	1192	1192	1190	1189
la21	15×10	1617	1403	1398	1396	1388	1385
la22	15×10	1550	1362	1356	1352	1349	1346
la23	15×10	1537	1356	1350	1349	1347	1344
la24	15×10	1509	1338	1334	1331	1330	1327
la25	15×10	1536	1345	1340	1331	1324	1320
la26	20×10	1799	1568	1564	1558	1550	1543
la27	20×10	1976	1667	1661	1659	1653	1650
la28	20×10	1871	1627	1619	1612	1608	1602
la29	20×10	1907	1687	1683	1681	1674	1665
la30	20×10	2000	1736	1731	1724	1716	1705
la31	30×10	2489	2123	2118	2112	2104	2099

算例	规模	小车容积与工件数量的比例					
		10%	20%	30%	50%	80%	100%
la32	30×10	2672	2258	2253	2251	2246	2243
la33	30×10	2323	2067	2052	2044	2038	2033
la34	30×10	2476	2107	2103	2099	2094	2090
la35	30×10	2593	2238	2231	2226	2225	2221
la36	15×15	2266	1883	1880	1876	1872	1869
la37	15×15	2310	1892	1888	1884	1884	1872
la38	15×15	2169	1795	1781	1772	1773	1770
la39	15×15	2154	1770	1762	1753	1750	1749
la40	15×15	2120	1775	1762	1756	1744	1726

表 8-9　　　　　不同小车容积下对比算法求得的完工时间

算例	规模	小车容积与工件数量的比例					
		10%	20%	30%	50%	80%	100%
la01	10×5	1096	781	777	770	768	764
la02	10×5	1249	927	916	908	903	901
la03	10×5	1090	828	813	805	799	797
la04	10×5	1072	822	811	804	795	789
la05	10×5	865	669	648	643	637	633
la06	15×5	1515	1071	1062	1057	1051	1045
la07	15×5	1484	1049	1046	1037	1032	1030
la08	15×5	1406	1053	1046	1039	1039	1037
la09	15×5	1459	1082	1078	1074	1068	1065
la10	15×5	1423	1064	1053	1044	1040	1036
la11	20×5	1860	1416	1403	1388	1385	1378
la12	20×5	1613	1183	1174	1169	1160	1155
la13	20×5	1773	1255	1243	1238	1233	1230
la14	20×5	1868	1412	1400	1388	1383	1381
la15	20×5	2021	1492	1479	1473	1470	1466
la16	10×10	1787	1345	1331	1324	1316	1310
la17	10×10	1479	1094	1077	1072	1071	1060
la18	10×10	1696	1275	1270	1253	1248	1246

续表

算例	规模	小车容积与工件数量的比例					
		10%	20%	30%	50%	80%	100%
la19	10×10	1670	1198	1182	1178	1178	1172
la20	10×10	1699	1298	1280	1273	1269	1265
la21	15×10	1918	1433	1425	1416	1407	1404
la22	15×10	1871	1462	1447	1428	1419	1416
la23	15×10	1870	1458	1453	1432	1430	1427
la24	15×10	1802	1412	1392	1385	1382	1375
la25	15×10	1903	1398	1386	1375	1368	1362
la26	20×10	2203	1652	1639	1618	1617	1614
la27	20×10	2359	1696	1691	1689	1688	1686
la28	20×10	2272	1674	1670	1666	1659	1654
la29	20×10	2360	1751	1736	1719	1703	1691
la30	20×10	2523	1849	1829	1807	1773	1752
la31	30×10	2980	2235	2218	2206	2199	2196
la32	30×10	3256	2367	2358	2334	2327	2313
la33	30×10	2855	2165	2159	2151	2151	2148
la34	30×10	3057	2194	2186	2179	2175	2170
la35	30×10	3251	2351	2340	2332	2324	2318
la36	15×15	3469	2076	2064	2061	2057	2054
la37	15×15	3622	2150	2138	2104	2088	2062
la38	15×15	3346	2013	2001	1994	1991	1986
la39	15×15	3226	1962	1945	1942	1942	1939
la40	15×15	3209	2058	2027	1992	1945	1920

表 8 – 10　　　　　不同小车容积下对比算法求得的完工时间

算例	规模	小车容积与工件数量的比例					
		10%	20%	30%	50%	80%	100%
la01	10×5	1021	808	802	796	796	787
la02	10×5	1187	945	939	936	936	925
la03	10×5	1045	836	832	826	826	819
la04	10×5	1031	835	830	824	824	820

算例	规模	小车容积与工件数量的比例					
		10%	20%	30%	50%	80%	100%
la05	10×5	827	668	664	662	662	657
la06	15×5	1433	1127	1122	1119	1119	1116
la07	15×5	1436	1102	1101	1096	1096	1091
la08	15×5	1396	1096	1092	1089	1089	1083
la09	15×5	1421	1121	1117	1113	1113	1109
la10	15×5	1436	1134	1130	1128	1128	1121
la11	20×5	1889	1488	1485	1483	1483	1479
la12	20×5	1552	1267	1263	1260	1260	1257
la13	20×5	1688	1342	1339	1335	1335	1330
la14	20×5	1808	1442	1439	1436	1436	1431
la15	20×5	2013	1565	1562	1558	1558	1555
la16	10×10	1813	1451	1448	1446	1446	1440
la17	10×10	1496	1162	1158	1155	1155	1152
la18	10×10	1663	1312	1308	1304	1304	1301
la19	10×10	1684	1252	1248	1244	1244	1238
la20	10×10	1708	1315	1309	1306	1306	1298
la21	15×10	1923	1548	1544	1542	1542	1536
la22	15×10	1876	1502	1498	1496	1496	1488
la23	15×10	1881	1489	1484	1483	1483	1477
la24	15×10	1828	1476	1473	1471	1471	1466
la25	15×10	1844	1482	1478	1475	1475	1471
la26	20×10	2141	1713	1708	1704	1704	1701
la27	20×10	2358	1849	1845	1843	1843	1840
la28	20×10	2295	1778	1775	1771	1771	1765
la29	20×10	2267	1854	1851	1847	1847	1840
la30	20×10	2364	1902	1896	1893	1893	1888
la31	30×10	2974	2356	2352	2349	2349	2344

续表

算例	规模	小车容积与工件数量的比例					
		10%	20%	30%	50%	80%	100%
la32	30 × 10	3286	2488	2486	2482	2482	2478
la33	30 × 10	2788	2285	2281	2280	2280	2275
la34	30 × 10	2987	2342	2339	2335	2335	2328
la35	30 × 10	3046	2488	2483	2480	2480	2475
la36	15 × 15	2812	2185	2182	2178	2178	2172
la37	15 × 15	2878	2223	2218	2215	2215	2212
la38	15 × 15	2695	2123	2120	2118	2118	2114
la39	15 × 15	2673	2112	2108	2107	2107	2102
la40	15 × 15	2668	2098	2094	2092	2092	2083

表 8 - 11　　　　　　　　不同小车容积下完工时间的偏差　　　　　　单位:%

算例	规模	小车容积与工件数量的比例				
		10%	20%	30%	50%	80%
la01 - 05	10 × 5	17.08	1.96	1.29	0.75	0.36
la06 - 10	15 × 5	18.37	2.32	1.53	0.94	0.38
la11 - 15	20 × 5	17.08	2.02	1.35	0.76	0.28
la16 - 20	10 × 10	17.09	1.8	1.21	0.74	0.4
la21 - 25	15 × 10	15.28	1.22	0.83	0.55	0.24
la26 - 30	20 × 10	17.01	1.47	1.14	0.84	0.44
la31 - 35	30 × 10	17.44	1.01	0.67	0.43	0.2
la36 - 40	15 × 15	22.63	1.45	0.98	0.62	0.41

从表 8 - 11 可以看出，算法能够成功求解不同比例下存在运输空间约束的多单元协作调度问题。从结果可以看出，当比例达到 20%，运输空间的约束对调度的约束将变得很小。

8.6.2　算法稳定性分析

进一步进行算法分析，与田等（Tian et al.，2016）研究中的运输模式并与之提出的算法进行对比，运用拍卖算法求解田等（Tian et al.，2016）运输模式下的多单元协作调度问题，结果如表 8 - 9 所示；运用田等（Tian et al.，2016）提出的算法求解运输模式下的多单元协作调度问题，如表 8 - 10 所示，并以表 8 - 8 为基准，分别计算与之的偏差，同样分别计算不同规模的均值，如表 8 - 12 中两列所示，计算方式同上。

表 8 - 12　　　　　　不同运输模式及不同算法下求得完工时间的偏差　　　　　单位:%

算例	规模	小车容积与工件数量的比例					
		10%	20%	30%	50%	80%	100%
la01 - 05	10 × 5	21.79/15.91	5/6.62	3.99/6.67	3.63/6.63	3.28/6.55	3.15/6.49
la06 - 10	15 × 5	21.99/19.27	3.04/8.1	3.18/8.59	3.13/8.9	3.29/9.3	3.34/9.42
la11 - 15	20 × 5	22.62/19.94	3.98/9.38	3.75/9.85	3.69/10.25	3.78/10.65	3.73/10.77
la16 - 20	10 × 10	22.32/22.73	4.75/9.48	4.16/9.75	3.96/9.99	4.02/10.17	3.92/10.37
la21 - 25	15 × 10	20.86/20.71	5.29/10.18	4.81/10.31	4.11/10.48	3.99/10.6	3.91/10.65
la26 - 30	20 × 10	22.64/19.62	4.06/9.78	3.71/9.89	3.22/10	2.93/10.23	2.87/10.67
la31 - 35	30 × 10	22.67/20.12	4.8/10.81	4.69/11.01	4.39/11.14	4.4/11.25	4.27/11.38
la36 - 40	15 × 15	53.05/24.58	12.56/17.87	12.16/18.21	11.66/18.5	11.1/18.59	10.87/18.94

从表 8 - 12 第一列结果可以看出，运输模式十分具有现实意义，尤其是对大规模算例。对于两种不同的运输模式而言，当小车容积与工件数量比例在 10% 时，对于中小规模算例，完工时间 make-span 的差距在 20% 左右，当算例为大规模时，差距将达到 53.05%；当比例达到 20% 及以上时，对于中小规模算例，完工时间差距在 4% 左右，当算例为大规模时，差距将超过 10%，最大达到 12.56%。说明不恰当的运输模式将在运输过程中浪费大量的时间。从表 8 - 12 中第二列结果可以看出，当比例为 10% 时，田等（Tian et al.，2016）的算法求得的结果与本书提出拍卖算法求解的效果差距在 20% 左右，最大差距可达 24.58%；当比例达到 20% 及以上时，对于中小规模算例，差距在 10% 左右，对于大规模算例，差距尤为明显，最大可达 18.94%。通过对比，充分说明了本书提出拍卖算法对于求解此问题的有效性。

为了进一步阐明本书算法针对运输空间存在约束这一特征的有效性，现与曾等（Zeng et al.，2015）算法求解本书提出问题得到的结果进行比较。曾等（Zeng et al., 2015）提出的算法为两阶段遗传算法，在小车的指派过程中，只考虑小车容积为 1 的情况，即为小车最多同时只能装载 1 个工件，因此曾等（Zeng et al., 2015）的算法缺乏针对小车能够同时装载多个工件的情境进行运送路径优化的机制。测试针对中、大规模各自分别选取 5 组算例，La11－15 和 La31－35，得到的结果如表 8－13 所示。

表 8－13　　　　　曾等（Zeng et al., 2015）算法求得的结果

算例	规模	小车容积与工件数量的比例					
		10%	20%	30%	50%	80%	100%
la11	20×5	1963	1592	1581	1578	1554	1513
la12	20×5	1685	1348	1345	1336	1326	1274
la13	20×5	1723	1454	1435	1422	1407	1356
la14	20×5	1864	1538	1532	1517	1516	1502
la15	20×5	2123	1687	1684	1664	1620	1602
la31	30×10	3305	2583	2575	2556	2538	2526
la32	30×10	3512	2765	2751	2733	2726	2711
la33	30×10	3236	2644	2621	2608	2604	2596
la34	30×10	3365	2531	2514	2506	2498	2489
la35	30×10	3658	2812	2796	2790	2778	2756

同样以表 8－8 为基准，计算表 8－13 中的结果与之的偏差，并分别计算均值，如表 8－14 中所示。

表 8－14　曾等（Zeng et al., 2015）算法与本文算法求得结果之间的偏差　　单位：%

算例	规模	小车容积与工件数量的比例					
		10%	20%	30%	50%	80%	100%
la11－15	20×5	25.47	17.29	17.41	17.17	16.31	13.77
la31－35	30×10	36.1	23.56	23.26	22.95	22.78	22.42

通过表 8－14 的结果可以看出，对于中、大规模的算例，两种算法求得结果的偏差分别高达 13%～26% 和 22%～37%。随着算例规模的增大，差距必将尤为明显。因此，针对本书运输空间存在约束的生产情境，如果没有合理运送路径优化的机制，必将浪费大量的生产时间，充分体现了路径优化对于求解本文提出的运输模式下生产调度问题的重要性。

8.7　本章小结

本章针对存在运输空间约束的多单元协作调度问题，在提出合理运输模式的基础上，运用拍卖理论，通过拍卖的方式对设备和运输资源进行合理配置，迅速找到问题的可行解，并基于改进的（非）连通图对得到的可行解进一步优化。最终通过 benchmark 算例测试，并与已有的运输方式进行对比，验证了本书提出拍卖算法的有效性，以及在运输中采用合理运输模式的重要性。

第 9 章 带有批处理的作业车间调度的拍卖算法

针对存在批处理的作业车间调度问题，本书以最小化完工时间为目标建立了混合整数线性规划模型，提出了基于关键路径的拍卖算法对问题进行求解。算法包含两个阶段：第一阶段为通过拍卖迅速找到高质量的可行解；第二阶段为基于关键路径，通过邻域搜索对得到的可行解进行优化。最后针对 benchmark 算例进行测试并与已有的算法进行对比，验证了算法的有效性与稳定性。并通过 SPSS 分析验证，提出的拍卖算法在解决中大规模的问题上具有绝对的优势。

9.1 问题的提出与研究现状

作业车间调度（Job Shop）和批调度在现实中有着广泛的应用场景与现实意义，二者分别起源于离散机加工工业和半导体工业（Chiang et al.，2010）。本书考虑存在批处理下的作业车间调度问题。

在军工企业中，为了提高产品（材料）的性能，金属制品在机加工前往往需要经历热处理环节，热处理环节的操作过程就是典型的批调度（Liu et al.，2006）。对于现有的研究，大多数文献将作业车间调度与批调度进行单独处理，其求解算法包括遗传算法、禁忌搜索算法、模拟退火算法、混合蚁群算法、贪婪随机自适应搜索算法和粒子群算法等（Zeng et al.，2015；Wang et al.，2010；Damodaran et al.，2011；Hulett et al.，2017；Cruz-Chávez et al.，2017；Xiong et al.，2018；Shen et al.，2018）。曾等（Zeng et al.，2015）提出基于邻域搜索的遗传算法求解多作业车间协同调度问题。王等（Wang et al.，2010）提出了基于模拟退火和遗传算法的元启发式算法来解决工件到达时间各不相同、体积大小各异，并存在容量限制的批调度问题。达莫达兰等（Damodaran et al.，2011）提出了一种贪婪随机自适应搜索算法，用于求解存在并行批处理设备的批调度问题。休利特等（Hulett et al.，2017）以最小化总延时工期为目标，提出了粒子群优化算法求解批调度问题。克鲁兹 – 查韦斯等（Cruz-Chávez et al.，2017）提出了一种基于局部加速的模拟退火算法来求解作业车间调度问题。熊等（Xiong et al.，2018）以最小化最大完工时间为目标，开发了免疫多智能体调度系统来描述并求解柔性作业车间问题。沈等（Shen et al.，2018）以最小化制造跨度为目标，利用时间序列相关设置求解柔性作业车间问题。截至目前，仅有汉姆等（Ham et al.，2016；2017）对两者的协同调度从模型的角度进行了描述。由于作业车间调度与批调度在问题处理机制上有着较大的差异，因此现有方法难以求解二者的协同调度问题。因此，采用拍卖方式来解决此问题。拍卖是决定商品价格的一种重要机制，特别是针对供求关系随时间变化的情况（Tang et al.，2016）。通过拍卖，可以在不同的时间点对资源进行评估，并分配给需求度最高的对象，从而提高了资源的利用率，有利于最大限度地缩短生产周期。在生产调度优化领域，拍卖方法同样得到了成功的应用（Tang et al.，2016；Zeng et al.，2019a）。唐等（Tang et al.，2016）用拍卖方法解决了跨单元调度问题。曾等（Zeng et al.，2019a）在（Tang et al.，2016）的研究基础上，进一步考虑不同单元之间运输能力受约束的限制因素，提出了基于拍卖的启发式方法，重点针对工件加工和转移过程中设备和自动引导车辆之间的合作。曾等（Zeng et al.，2019b）开发了一种拍卖方法来解决具有多个工艺计划的柔性作业车间调度问题，其目标是最小化工件跨单元的次数，最大化提高资源利用率和生产效率。据此，本文将存在批处理的作业车间调度问题描述为混合整数线性规划模型，并基于关键路径提出拍卖算法进行求解，并通过对比试验证明了算法的有效性与稳定性。最后，运用 SPSS 软件对得到的结果进行了分析。从统计结果中可以看到，本书提出的拍卖算法在解决中大规模问题上，相较现有算法具有绝对的优势。

9.2　问题描述与数学建模

在本问题中，有 n 个工件 $J = \{1, 2, \cdots, n\}$ 和 m 台设备 $M = \{1, 2, \cdots, m\}$，其中设备分为批处理设备和机加工设备。整个生产过程包括两个阶段：批处理阶段和机加工阶段。在批处理阶段，工件需要首先组成批次，然后由批处理设备进行加工，每个批次的批处理时间由该批中单个工件所需最长处理时间决定，工件完成批处理后进入机加工阶段。在机加工阶段，每个工件的加工路线固定已知，包括多道工序。在任何时刻，每台批处理和机加工设备只能同时加工一个批次或工件。p_j 为第 i 个工件的批处理时间；t_{ij} 为机加工阶段第 i 个工件第 j 道工序的加工时间；S_i 为工件 i 的体积；V_k 为批处理设备 k 的容积；M 为取值很大的正整数。$St_b(Ct_b)$ 和 $Sto_{ij}(Cto_{ij})$ 为需要决策的变量；$St_b(Ct_b)$ 为批处理阶段第 b 个批次的开始（结束）加工的时间；$Sto_{ij}(Cto_{ij})$ 为机加工阶段第 i 个工件第 j 道工序开始（结束）加工的时间。问题的目标是寻找一个合理的调度方案，使得全体工件的完工时间最小。

$$Min\ max\{Cto_{ij}\} \tag{9-1}$$

$$\sum_{b \in B} x_{ib} = 1, \forall i \tag{9-2}$$

$$\sum_{k \in M} y_{bk} = 1, \forall b \tag{9-3}$$

$$\sum_{i=1}^{n} S_i x_{ib} \leqslant \sum_{k \in M} y_{bk} V_k, \forall b \tag{9-4}$$

$$Ct_b \geqslant St_b + x_{ib} p_i, \forall b, i \tag{9-5}$$

$$\begin{cases} z_{bb'k} + z_{b'bk} \leqslant 0.5(y_{bk} + y_{b'k}), b \neq b' \\ z_{bb'k} + z_{b'bk} \geqslant y_{bk} + y_{b'k} - 1, b \neq b' \end{cases} \tag{9-6}$$

$$Ct_b - St_{b'} \leqslant M(1 - z_{bb'k}), b \neq b' \tag{9-7}$$

$$\begin{cases} Sto_{ij} \geqslant Ct_b - M(1 - x_{ib}), j = 1, \forall i, b \\ Sto_{ij} \geqslant Cto_{i(j-1)}, j = 2, \cdots, n, \forall i \end{cases} \tag{9-8}$$

$$Cto_{ij} = Sto_{ij} + t_{ij}, \forall i, j \tag{9-9}$$

$$\begin{cases} w_{(ij)(i'j')k} + w_{(i'j')(ij)k} \le 0.5(\gamma_{ijk} + \gamma_{i'j'k}), i \ne i', \forall j, j' \\ w_{(ij)(i'j')k} + w_{(i'j')(ij)k} \ge \gamma_{ijk} + \gamma_{i'j'k} - 1, i \ne i', \forall j, j' \end{cases} \quad (9-10)$$

$$Cto_{ij} - Sto_{i'j'} \le M(1 - w_{(ij)(i'j')k}), i \ne i', \gamma_{ijk} = \gamma_{i'j'k} = 1 \quad (9-11)$$

$$\gamma_{ijk} = \begin{cases} 1, & \text{如果工序 } O_{ij} \text{ 需要被设备 } k \text{ 加工} \\ 0, & \text{否则} \end{cases} \quad (9-12)$$

$$x_{ib} = \begin{cases} 1, & \text{如果工件 } i \text{ 属于批次 } b \\ 0, & \text{否则} \end{cases} \quad (9-13)$$

$$y_{bk} = \begin{cases} 1, & \text{如果批次 } b \text{ 在设备 } k \text{ 上加工} \\ 0, & \text{否则} \end{cases} \quad (9-14)$$

$$z_{bb'k} = \begin{cases} 1, & \text{如果批次 } b \text{ 在设备 } k \text{ 上加工且在批次 } b' \text{ 之前} \\ 0, & \text{否则} \end{cases} \quad (9-15)$$

$$w_{(ij)(i'j')k} = \begin{cases} 1, & \text{如果工序 } O_{ij} \text{ 在设备 } k \text{ 上加工且在工序 } O_{i'j'} \text{ 之前} \\ 0, & \text{否则} \end{cases} \quad (9-16)$$

其中 x_{ib}，y_{bk}，$z_{bb'k}$ 和 $w_{(ij)(i'j')k}$ 为决策变量。式（9-1）为模型的目标函数，最小化全体工件的完工时间；式（9-2）表示批处理阶段每个工件只能加入一个批次；式（9-3）表示每个批次只能分配给一个批处理设备进行加工；式（9-4）保证每个批次的大小必须小于指定批处理设备的容量；式（9-5）显示了批次的开始加工时间和完成时间之间的关系；式（9-6）针对分配在同一批处理设备上的两个批次之间创建了适当的连接；式（9-7）确保批处理设备每次只能加工一个批次；式（9-8）确保每个工件只有完成批处理才能进入机加工阶段；式（9-9）~式（9-11）表明在机加工阶段，每台设备每次只能加工一个工件，且一旦开始，在完成前不能中止；式（9-12）~式（9-16）标注模型中哪些变量为 0-1 变量。

9.3 面向批处理阶段的拍卖算法

针对存在批处理的作业车间调度问题，求解思路是首先使用拍卖算法找到高质量的可行解。拍卖过程将通过下面的小规模算例进行演示。算例的具体信息如表 9 – 1 所示。

表 9 – 1 　　　　　　　　　　　　**算例基本信息**

	批处理阶段		机加工阶段	
	批处理时间	工件体积	加工路线与时间	
工件 1	20	5	$OM_1 : 6$	$OM_2 : 6$
工件 2	15	6	$OM_3 : 8$	$OM_2 : 7$
工件 3	18	6	$OM_3 : 9$	$OM_1 : 5$
工件 4	9	3	$OM_1 : 10$	$OM_3 : 6$
工件 5	12	4	$OM_2 : 8$	$OM_3 : 7$

表 9 – 1 中包含工件在批处理和机加工两阶段中的必要信息，体现为批处理阶段工件所需的最短批处理时间与体积；机加工阶段每个工件的加工路线与时间，其中 $OM_1 : 6$ 表示工件 1 在机加工阶段的第一道工序由设备 1 完成，加工时长为 6。假设批处理设备的容积为 15。

在批处理阶段，每个工件均需要进行组批，批次的加工时间由批次内工件的最大加工时长决定，因此每个工件都希望与小于自身批处理时间的工件组成批次。以工件 1 为例，根据表 9 – 1 中各个工件的批处理时间，工件 1 可竞拍工件 2、3、4 和 5 进行组批；然而在机加工阶段，工件 1 和 2 的第二道工序均需要设备 2 进行加工，如果工件 1 和 2 在同一个批次内，二者在机加工阶段将有很大概率在设备 2 上发生冲突。因此工件 1 将优先竞拍工件 3 或 5 进行组批。以此类推，工件 2 将优先竞拍工件 4 或 5；工件 3 竞拍工件 4 或 5；工件 5 竞拍工件 4（工件 4 的批处理时间最小，不用作出选择）。当前工件 5 被竞拍的次数最多，为关键工件，将围绕其进行优先组批。工件 5 将选择工件 4 组成暂时性批次。同理，在下一轮竞拍中，工件 2 将加入此暂时性批次，此时批次的体积为 13。由于批处理设备的容积限制，此暂时性批次无法继续加入新的工件，形成最终批次，包含工件 2、4 和 5。接下来工件 1 和 3 将组成另一个最终批次。完成组批后，批处理设备将按照批次形成的顺序进行逐一加工。

综上所述，工件组成批次的主要框架如图 9 – 1 所示。

步骤 1：工件进入批处理阶段，每个工件确定哪些工件的批处理时间小于自身，准备开始竞拍，转至步骤 2；

步骤 2：考虑机加工阶段的操作匹配度，每个工件确定优先进行组批的工件并进行竞拍，转至步骤 3；

步骤 3：根据各个工件的竞拍情况，确定当前的关键工件，围绕其进行优先组批，形成当前暂时性批次，转至步骤 4；

步骤 4：如果所有工件都完成了组批，则转至步骤 5，否则转到步骤 6；

步骤 5：按照形成最终批次的顺序由批处理设备进行依次加工。结束；

步骤 6：如果没有其他的工件可以加入当前暂时性批次，则当前暂时性批次形成最终批次，从等待组批的工件中删除此批次中包含的工件，返回步骤 1，否则直接返回步骤 1。

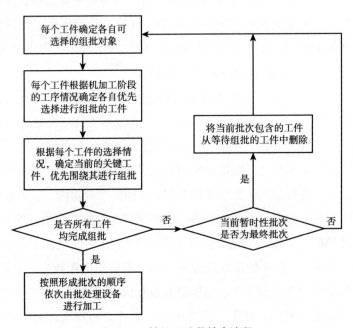

图 9-1　批处理阶段拍卖流程

9.4　面向机加工阶段的拍卖算法

在工件完成批处理后，将进入机加工阶段。在此阶段，我们首先引入一个参考矩阵概念，如果工件工序的开始加工时间晚于参考矩阵中给定的时间，将产生一个惩罚值，这是防止工件为了降低竞拍成本而故意放弃竞拍，这将有利于整体调度的效率。假设机加工阶段工件的处理顺序为 1 – 2 – 3 – 4 – 5，得到参考矩阵如表 9 – 2 所示。

表 9 – 2　　　　　　　　　　　给定初始参考矩阵

	工序 1	工序 2
工件 1	20	26
工件 2	15	32
工件 3	23	32
工件 4	37	47
工件 5	15	32

接下来将介绍在机加工阶段如何通过拍卖实现资源的分配与调度。在批处理阶段，两个批次将分别在时间点 15 和 20 完成批处理进入机加工阶段。现以工序 O_{11} 和 O_{41} 为例描述机加工阶段的竞拍过程。工件 4 在时间点 15 进入机加工阶段，并依照工序路线首先竞拍设备 1 上的时间段 15 ~ 25。在这个时间段期间，工件 1 将在时间点 20 进入机加工阶段并竞拍设备 1 上的时间段 20 ~ 26，因此工序 O_{11} 和 O_{41} 将针对设备 1 上的资源展开竞争。根据两个工序的竞争时间段，确定最终开放的竞拍时间段为 15 ~ 26。设备 1 作为竞拍者将根据竞拍情况对开放时间段内每个时间点进行估价。在这里，我们假设每个时间点的基础价格为 1，最终价格将随着竞拍人数的增多线性增长。根据 O_{11} 和 O_{41} 的竞拍情况，时间点 15 ~ 19、25 的价格为 2；时间点 20 ~ 24 的价格为 3。接下来两个竞拍者 O_{11} 和 O_{41} 将根据当前的估价，以最小花费为目标更新所竞拍时间段。竞拍的花费由两部分组成，设备资源花费和等价惩罚花费，是否存在惩罚花费由竞拍时间点和参考矩阵给定的信息决定。工序 O_{11} 将以总价 17 竞拍时间段 20 ~ 26；工序 O_{41} 将以总价 25 竞拍时间段 15 ~ 25。由于工序 O_{41} 出具了更高的竞拍价格，O_{41} 将成为此次竞拍的胜者，工序 O_{41} 将被安排到设备 1 上在时间段 15 ~ 25 进行加工。以此类推，得到可行调度方案如图 9 – 2 所示。

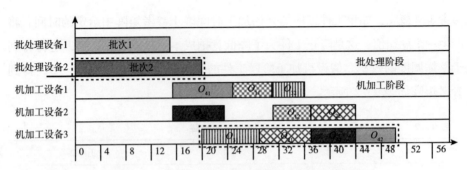

图9-2 通过拍卖算法得到的可行调度方案甘特图

综上所述，工件在机加工阶段的主要操作步骤如图9-3所示。

步骤1：拍卖开始前，给定初始参考矩阵，进入步骤2。

步骤2：当工件完成批处理进入机加工阶段后，某道工序准备开始加工时，它将确定当前工序所需要的设备及最早可能开始的时间段，并向对应的

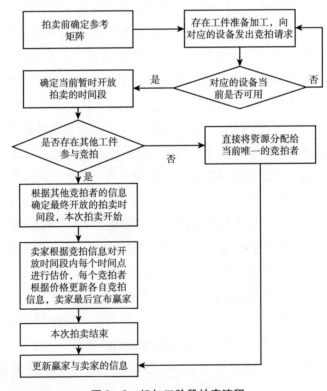

图9-3 机加工阶段拍卖流程

设备发出竞拍信息。如果对应的机加工设备在被竞拍的时间段空闲，则转至步骤3；否则转到下一个时间点，重复步骤2。

步骤3：被竞拍时间段的设备将通知其他工件当前暂定开放竞拍的时间段。如果在暂定时间段内存在其他工件将参与竞拍，则转至步骤4；否则转到步骤5。

步骤4：依据当前暂定开放的时间段，其他竞拍者将根据自身工序的信息竞拍所需的时间段，设备将依据来自不同竞拍者的信息确定最终开放的竞拍时间段，并对时间段内的每个时间点进行估价。然后将每个时间点的估价通知所有参与竞标的工序，每个竞标工序将根据给定的价格和参考矩阵，以最小成本为目标修改竞标时间段，出价最高的竞拍者为最终赢家，进入步骤6。

步骤5：由于没有其他工件参与竞拍，时间段将直接分配给唯一的投标工序，进入步骤6。

步骤6：将时间段分配给获胜工序。更新工序和当前设备的状态，结束本次拍卖。

9.5　基于改进非连通图的邻域搜索

在得到可行解后，将对其继续进行优化，提出基于关键路径的邻域搜索。对于每个邻域，关键路径的长度可以表示调度方案的制造跨度。具有较短临界路径的邻域表示更好的解决方案。

基于关键路径与非连通图的属性，前文已经进行了较为详尽的描述。原有的连通图模型仅能够描述本问题中机加工阶段的调度过程，因此针对本章提出的问题，需要对原有模型进行改进，以表示本问题中批处理阶段的调度过程以及批处理与机加工阶段的过渡过程，包括在批处理阶段每个批次的组成，同一批处理机中批次的处理顺序、每个批次的处理时间，以及区分不同批处理机处理的批次。

为了解决这些问题，按照如下思路对原有模型进行改进。以图9-4为例，图9-4（a）表示图9-2所示的调度方案。在图9-4（a）中，虚线

连接弧 $J_1 \rightarrow J_3$ 意味着工件 1 和 3 被分组为同一批；连接弧 $J_1 \rightarrow O_{31}$ 和虚线连接弧 $J_3 \rightarrow O_{31}$ 表示当前批次的处理时间由工件 1 支配。在图 9-4（a）中，两个批次由不同的批处理机处理。对此，在图 9-4（b）中，紫色连接弧 $J_1 \rightarrow J_2$ 表示这两个批次由同一个批处理机处理，圆弧的方向表示批次的处理顺序。因此，改进的非连通图模型可以表示我们提出问题的调度方案，无论新的改进图模型的复杂性如何，只有改变现有的关键路径才能减少完工时间。

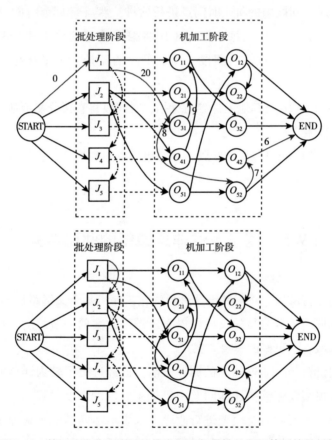

图 9-4　基于改进非连通图的具有不同数量批处理机算例的可行解

为了减少整体调度方案的完工时间，首先需要找出能够代表完工时间的关键路径。所谓关键路径，即从调度开始到结束的连续工序集合，中间不允许存在任何中断。如图 9-2 所示，（蓝色）虚线框内所示的工件形成了一条关键路径。对于当前的调度方案，只有减小关键路径的长度，才有可能减少整个调度方案的总体完工时间。对此，将通过改变关键路径上工件的加工顺序来到达目的。机加工阶段的工序路径改变方法详见曾等（Zeng et al.，2015）的研究，将主要介绍如何通过对关键路径上的批次进行重新组批来改变现有的关键路径。以当前关键路径为例，为了减少批次 2 的批处理时间，将批次 2 中支配批处理时间的工件 5 与批次 1 中的工件进行交换，批次 1 中所选工件的批处理时间不能大于工件 5。这里选择工件 1 进行交换，批次 2 的批处理时间由 20 缩减到 18，得到新方案如图 9 - 5 和图 9 - 6 所示，优于图 9 - 2 中的调度方案。

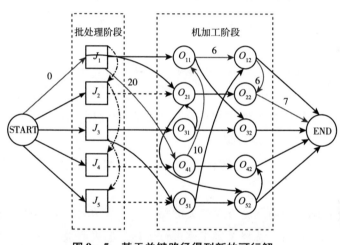

图 9 - 5　基于关键路径得到新的可行解

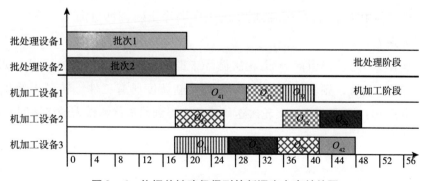

图 9 - 6　依据关键路径得到的新调度方案甘特图

通过上面的例子，说明通过寻找关键路径，对路径上的批次进行重新组批，能够达到减少最终完工时间的效果。据此，提出基于邻域搜索的拍卖算法，步骤如图 9 - 7 所示。

步骤 1：初始化参数。设置最大迭代次数 $GENNO$，$GENNO1$，$Iter = 1$，$Iter1 = 1$，进入步骤 2。

步骤 2：工件进入批处理阶段，通过竞拍组成批次并由批处理设备进行加工。批处理完成后，进入机加工阶段，转入步骤 3。

步骤 3：如果当前时间点有需要竞拍设备资源的工序，进入步骤 4，否则转到下一个时间点，重复步骤 3。

步骤 4：准备竞拍资源的工序将竞拍信息发送给对应的设备。如果设备上被竞拍的时间段是空闲状态，则转到步骤 5，否则转到下一时间点，返回步骤 3。

步骤 5：通过竞拍确定最终的赢家，更新获胜工序和当前设备的状态，进入步骤 6。

步骤 6：如果所有工件均完成在机加工阶段处理，则进入步骤 7；否则，转到下一个时间点，返回步骤 3。

步骤 7：如果新得到的解优于现有最好的解，更新参考矩阵，进入步骤 8。

步骤 8：确定当前调度方案的关键路径。如果 $Iter > GENNO$，则进入步骤 9；否则 $Iter = Iter + 1$，选择关键工序进行优化。如果所选关键工序处于机加工阶段，则对所选批次进行重新组批，返回步骤 3；如果在机加工阶段，交换改变关键路径中工序的位置，根据新的工序顺序重新调度机加工阶段的工件，返回步骤 7。

步骤 9：记录在当前 $Iter1$ 轮次循环中的最优解，$Iter1 = Iter1 + 1$。如果 $Iter1 > GENNO1$，则转到步骤 10；否则重新调度所有工件，转至步骤 2。

步骤 10：记录 $GENNO1$ 轮次迭代循环中得到的最优解作为最终调度方案，算法结束。

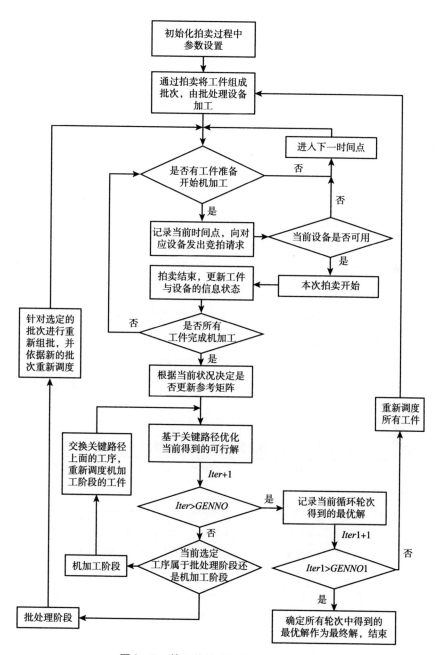

图 9-7 基于关键路径的拍卖算法流程

9.6　实验结果与分析

为了测试算法的性能，选用标准的作业车间 benchmark 算例进行测试。算例 la01～la40 参考了劳伦斯的测试（Lawrence，1984）。

实验参数设置。对于每组算例，基于关键路径的邻域搜索最大迭代次数 *GENNO* 和 *GENNO*1 分别为 100 和 300。在 benchmark 算例的基础上，我们扩展了批处理阶段工件的体积和加工时间，分别符合在区间［1,20］和［1,100］内的均匀分布，批处理的设备的容积为 40。在测试过程中，涉及两种情境，分别对应批处理阶段的批处理设备数量为 1 和 2。

为了验证拍卖算法的有效性，引入休利特等（Hulett et al.，2017）、纳西尔等（Nasiri et al.，2012）、库尔迪等（Kurdi et al.，2015）和孟等（Meng et al.，2018）的算法进行对比。其中休利特等（Hulett et al.，2017）的算法用于求解单阶段批处理调度问题；纳西尔等（Nasiri et al.，2012）、库尔迪等（Kurdi et al.，2015）和孟等（Meng et al.，2018）的算法用于求解单阶段机加工问题。将其组合后用于求解本书提出的问题。每组算例的测试时间为 30 秒，得到的结果如表 9 - 3 所示。

表 9 - 3　　　　两种不同情境下拍卖算法与对比算法得到的最优解

算例	规模	ABA	PSO + TS	PSO + GA	PSO + ABC
la01	10 × 5	796/746	814/771	810/759	817/766
la02	10 × 5	822/805	838/823	840/828	846/827
la03	10 × 5	809/714	829/730	826/733	827/738
la04	10 × 5	719/687	739/701	735/708	734/709
la05	10 × 5	712/650	732/667	730/668	729/665
la06	15 × 5	1069/989	1107/1024	1105/1018	1107/1022
la07	15 × 5	988/964	1020/993	1022/991	1019/998
la08	15 × 5	1000/972	1038/1009	1028/999	1039/1002
la09	15 × 5	1060/1039	1095/1074	1095/1072	1094/1077
la10	15 × 5	1024/1024	1056/1068	1054/1060	1063/1062

续表

算例	规模	ABA	PSO + TS	PSO + GA	PSO + ABC
la11	20×5	1277/1247	1328/1311	1336/1306	1333/1313
la12	20×5	1147/1103	1200/1148	1200/1148	1199/1158
la13	20×5	1284/1231	1342/1280	1335/1289	1334/1285
la14	20×5	1414/1361	1478/1432	1472/1418	1473/1421
la15	20×5	1412/1310	1476/1377	1467/1370	1471/1379
la16	10×10	1152/1098	1213/1156	1211/1155	1218/1157
la17	10×10	994/900	1049/949	1045/946	1048/958
la18	10×10	1030/971	1085/1026	1085/1024	1084/1019
la19	10×10	1048/968	1108/1029	1102/1022	1101/1017
la20	10×10	1153/1099	1220/1165	1215/1153	1219/1156
la21	15×10	1299/1247	1378/1327	1383/1333	1382/1323
la22	15×10	1231/1157	1307/1229	1309/1226	1316/1233
la23	15×10	1304/1184	1382/1262	1385/1268	1385/1261
la24	15×10	1170/1114	1243/1188	1247/1177	1243/1183
la25	15×10	1224/1179	1300/1260	1297/1259	1307/1263
la26	20×10	1627/1501	1751/1618	1741/1608	1741/1611
la27	20×10	1659/1529	1775/1654	1777/1648	1785/1641
la28	20×10	1531/1467	1644/1581	1635/1565	1647/1581
la29	20×10	1475/1428	1586/1544	1583/1525	1589/1541
la30	20×10	1668/1580	1788/1705	1795/1695	1793/1700
la31	30×10	2082/1973	2265/2162	2253/2141	2261/2162
la32	30×10	2144/2088	2328/2286	2335/2274	2343/2274
la33	30×10	2063/1955	2251/2139	2251/2125	2238/2143
la34	30×10	2133/1995	2331/2189	2323/2165	2316/2187
la35	30×10	2218/2125	2413/2318	2415/2323	2418/2329
la36	15×15	1619/1515	1805/1707	1802/1697	1818/1709
la37	15×15	1704/1588	1912/1775	1898/1771	1903/1780
la38	15×15	1482/1421	1659/1600	1660/1592	1653/1601
la39	15×15	1498/1437	1679/1621	1669/1618	1681/1602
la40	15×15	1525/1454	1710/1627	1696/1620	1712/1634

在表 9 - 3 中，10×5 表示算例中包含 10 个工件，每个工件在机加工阶段均含有 5 道工序。"ABA""PSO + TS""PSO + GA"和"PSO + ABC"表示本书提出的拍卖算法与三种组合对比算法通过测试算例在两种不同情境下得到的最优解。其中"ABA"代表本书拍卖算法得到的结果。796/746 表示在两种不同生产情境下得到的最优方案。在此基础上计算了拍卖算法得到的结果与对比算法结果之间的百分比偏差。

从表 9 - 3 可以看出，对于存在批处理的作业车间调度问题，提出拍卖算法得到的结果均优于已有组合算法。在两种情境下，其平均偏差分别为 6.27%、6.07%、6.3% 和 6.61%、6.21%、6.55%。充分证明了拍卖算法对于此问题求解的有效性。

紧接着运用 SPSS 22.0 软件对表 9 - 3 中的结果进行假设检验分析。其中"ABA"列中的数据作为标准样本数据。实验进行独立样本 t 检验，默认置信区间为 95%，得到的双尾检验值如表 9 - 4 所示。

表 9 - 4   情境 1 和情境 2 的统计分析结果

算例	规模	双尾检验值		
		PSO + TS	PSO + GA	PSO + ABC
la01 - 05	10×5	0.58/0.647	0.628/0.631	0.59/0.602
la06 - 10	15×5	0.167/0.136	0.199/0.201	0.153/0.148
la11 - 15	20×5	0.444/0.389	0.458/0.403	0.462/0.361
la16 - 20	10×10	0.246/0.342	0.271/0.379	0.259/0.364
la21 - 25	15×10	0.068/0.04	0.064/0.052	0.057/0.041
la26 - 30	20×10	0.041/0.046	0.048/0.065	0.04/0.055
la31 - 35	30×10	0.001/0.004	0.002/0.009	0.002/0.004
la36 - 40	15×15	0.018/0.004	0.02/0.004	0.017/0.004

如表 9 - 4 所示，在大型算例和部分中型算例中，双尾检验值小于 0.05。这表明标准样本和比较样本之间存在显著差异，说明本书提出的拍卖算法具有绝对优势，特别是在大规模算例情况下。

接下来分析讨论拍卖算法的稳定性。针对每组算例，经过多次计算，选取其得到的最优解与最差解，如表9-5所示，并计算表9-5中结果的偏差。从上述结果可以得到，对于同组算例，在多次计算下得到的最差解与最优解的平均偏差分别为2.86%和2.59%，充分验证了本书提出拍卖算法的稳定性。

表9-5　　　　　两种情况下每个测试算例中最差解与最优解的偏差

算例	规模	最优	最差	偏差（%）
la01	10×5	796/746	808/754	1.51/1.07
la02	10×5	822/805	832/824	1.22/2.36
la03	10×5	809/714	825/720	1.98/0.84
la04	10×5	719/687	737/703	2.50/2.33
la05	10×5	712/650	726/660	1.97/1.54
la06	15×5	1069/989	1078/1004	0.84/1.52
la07	15×5	988/964	1006/978	1.82/1.45
la08	15×5	1000/972	1018/994	1.80/2.26
la09	15×5	1060/1039	1072/1051	1.13/1.15
la10	15×5	1024/1024	1032/1042	0.78/1.76
la11	20×5	1277/1247	1301/1274	1.88/2.17
la12	20×5	1147/1103	1158/1126	0.96/2.09
la13	20×5	1284/1231	1308/1261	1.87/2.44
la14	20×5	1414/1361	1427/1373	0.92/0.88
la15	20×5	1412/1310	1439/1330	1.91/1.53
la16	10×10	1152/1098	1176/1130	2.08/2.91
la17	10×10	994/900	1010/921	1.61/2.33
la18	10×10	1030/971	1063/1000	3.20/2.99
la19	10×10	1048/968	1065/983	1.62/1.55
la20	10×10	1153/1099	1177/1121	2.08/2.00
la21	15×10	1299/1247	1318/1271	1.46/1.92
la22	15×10	1231/1157	1265/1176	2.76/1.64
la23	15×10	1304/1184	1326/1206	1.69/1.86
la24	15×10	1170/1114	1209/1145	3.33/2.78
la25	15×10	1224/1179	1258/1203	2.78/2.04
la26	20×10	1627/1501	1682/1530	3.38/1.93

续表

算例	规模	最优	最差	偏差（%）
la27	20×10	1659/1529	1691/1564	1.93/2.29
la28	20×10	1531/1467	1572/1505	2.68/2.59
la29	20×10	1475/1428	1513/1454	2.58/1.82
la30	20×10	1668/1580	1733/1627	3.90/2.97
la31	30×10	2082/1973	2165/2080	3.99/5.42
la32	30×10	2144/2088	2270/2165	5.88/3.69
la33	30×10	2063/1955	2166/2049	4.99/4.81
la34	30×10	2133/1995	2250/2075	5.49/4.01
la35	30×10	2218/2125	2356/2210	6.22/4.00
la36	15×15	1619/1515	1698/1595	4.88/5.28
la37	15×15	1704/1588	1784/1656	4.69/4.28
la38	15×15	1482/1421	1578/1472	6.48/3.59
la39	15×15	1498/1437	1591/1496	6.21/4.11
la40	15×15	1525/1454	1610/1533	5.57/5.43

9.7　本章小结

本书针对存在批处理的作业车间调度问题，以最小化完工时间为目标，建立了混合整数规划模型，并设计了基于关键路径的拍卖算法。通过与已有算法进行对比，验证了拍卖算法的有效性与稳定性。

参考文献

[1] 崔继辉. 单元生产方式 [M]. 广州: 广东经济出版社, 2005: 1-4.

[2] 何伟. 机器故障下柔性 Job Shop 调度研究 [D]. 重庆: 重庆大学, 2012.

[3] 何霆, 刘飞, 马玉林. 车间生产调度问题研究 [J]. 机械工程学报, 2000, 36 (5): 97-102.

[4] 林仁. 离散制造企业资源弹性约束下作业车间调度问题研究 [D]. 成都: 西南交通大学, 2010.

[5] 马正元, 王伟玲, 王玉生. 生产调度问题的系统研究 [J]. 成组技术与现代化, 2005 (1): 10-14.

[6] 李倩. 融合人性因素的单元装配线多目标交叉培训规划方法 [D]. 大连: 东北大学, 2012.

[7] 李宝娣. 组合拍卖机制设计理论研究 [D]. 长沙: 湖南师范大学, 2009.

[8] 刘洪利. 精益生产探究 [J]. 现代企业教育, 2008, 4 (49): 53-61.

[9] 马天牧. 炼钢-连铸批量计划智能优化编制方法 [D]. 大连: 东北大学, 2013.

[10] 门田安弘, 王瑞珠. 新丰田生产方式 [M]. 保定: 河北大学出版社, 2001: 10-18.

[11] 孟盈. 钢铁企业并行批生产决策与调度问题研究 [D]. 大连: 东北大学, 2011.

[12] 宁树实. 炼钢-连铸-热轧一体化生产调度研究及应用 [D]. 大

连：大连理工大学，2006.

[13] 孙志峻. 智能制造系统车间生产优化调度 [D]. 南京：南京航空航天大学，2002.

[14] 唐铭春. 传统优化方法求解 job-shop 调度问题的特征分析及改进策略研究 [D]. 武汉：武汉理工大学，2010.

[15] 王晓晴. 面向单元制造企业的单元构建和调度方法的研究 [D]. 大连：东北大学，2009.

[16] 王元清，宗亮，施刚，石永久. 特种钢结构关键技术研究及其工程应用 [J]. 钢结构工程研究，2012（9）：21-30.

[17] 吴双平. 炼钢-连铸区段一体化生产调度的优化研究 [D]. 北京：北京科技大学，2021.

[18] 谢其湘. 钢铁企业节能降耗绿色制造的管理创新 [J]. 冶金动力，2016（2）：61-65.

[19] 徐文杰. 炼钢生产批调度多目标整数优化方法 [D]. 大连：东北大学，2018.

[20] 徐宗本，高勇. 遗传算法过早收敛现象的特征分析及其预防 [J]. 中国科学，1996，26（4）：364-375.

[21] 玄光男，程润伟. 遗传算法与工程优化 [M]. 北京：清华大学出版社，2004：11-14.

[22] 薛灵虎. 面对轧辊市场全球化的战略思考 [J]. 世界有色金属，2002（10）：35-37.

[23] 薛灵虎. 推进我国轧辊行业的技术进步 [J]. 中国冶金，2002（6）：35-36.

[24] 杨阳. 钢铁企业轧线批调度问题的建模与最优化方法的研究 [D]. 大连：东北大学，2010.

[25] 殷红. 几类特性物品的拍卖机制设计理论及方法研究 [D]. 武汉：武汉大学，2005.

[26] 曾程宽. 面向具有多重机加装配混合车间调度策略研究 [D]. 沈阳：东北大学，2012.

[27] 曾立平. 求解工件加工调度问题的一种混合邻域搜索算法 [D].

武汉：华中科技大学，2006.

　　[28] 张国辉. 柔性作业车间调度方法研究 [D]. 武汉：华中科技大学，2009.

　　[29] 张静. 基于混合离散粒子群算法的柔性作业车间调度问题研究 [D]. 杭州：浙江工业大学，2014.

　　[30] 张超勇. 基于自然启发式算法的作业车间调度问题理论与应用研究 [D]. 武汉：华中科技大学，2006.

　　[31] 朱剑英. 现代制造系统模式、建模方法及关键技术的新发展 [J]. 机械工程学报，2000，36（8）：1-5.

　　[32] 周密，张准. 基于精益生产思想的知识型员工团队管理 [J]. 企业活力，2008，2（44）：90-91.

　　[33] Abdelmaguid, T. F. , Nassef, O. N. , Kamal, B. A. , Hassan, M. F. A hybrid GA/heuristic approach to the simultaneous scheduling of machines and automated guided vehicles [J]. International Journal of Production Research, 2004, 42: 267-281.

　　[34] Adibi, M. A. , Zandieh, M. , Amiri, M. Multi-objective scheduling of dynamic job shop using variable neighborhood search [J]. Expert Systems with Applications, 2010, 37 (1): 282-287.

　　[35] Adhau, S. , Mittal, M. L. , Mittal, A. A multi-agent system for distributed multi-project scheduling: An auction-based negotiation approach [J]. Engineering Applications of Artificial Intelligence, 2012, 25 (8): 1738-1751.

　　[36] Afshinmanesh, F. , Marandi, A. , Rahimi-Kian, A. A Novel Binary Particle Swarm Optimization Method Using Artificial Immune System [C]. Eurocon, 2005.

　　[37] Ahani, G. , Asyabani, M. A tabu search algorithm for no-wait job shop scheduling problem [J]. International Journal of Operational Research, 2014, 19 (2): 246-258.

　　[38] AitZai, A. , Benmedjdoub, B. , Boudhar, M. A branch and bound and parallel genetic algorithm for the job shop scheduling problem with blocking [J]. International Journal of Operational Research, 2012, 14 (3): 343-365.

［39］AitZai, A. , Boudhar, M. Parallel branch-and-bound and parallel PSO algorithms for job shop scheduling problem with blocking ［J］. International Journal of Operational Research, 2013, 16 (1): 14 –37.

［40］Applegate, D. , Cook, W. A computational study of the job shop scheduling problem ［J］. ORSA Journal on Computing, 1991, 3 (2): 149 –156.

［41］Artigues, C. , Feillet, D. A branch and bound method for the job-shop problem with sequence-dependent setup times ［J］. Annals of Operations Research, 2008, 159: 135 –159.

［42］Asadzadeh, L. A local search genetic algorithm for the job shop scheduling problem with intelligent agents ［J］. Computers & Industrial Engineering, 2015, 85: 376 –383.

［43］Attanasio, A. , Ghiani, G. , Grandinetti, L. , Guerriero, F. Auction algorithms for decentralized parallel machine scheduling ［J］. Parallel Computing, 2006, 32 (9): 701 –709.

［44］Baidas, M. W. , MacKenzie, A. B. An auction mechanism for power allocation in multi-source multi-relay cooperative wireless networks ［J］. IEEE Transactions on Wireless Communications, 2012, 11 (9): 3250 –3260.

［45］Bensana, E. , Correge, M. , Bel, G. , Dubois, D. An expert-system approach to industrial job-shop scheduling ［C］. Proceedings 1986 IEEE International Conference on Robotics and Automation, 1986, 3: 1645 –1650.

［46］Bezirgan, A. , Schildt, G. H. Dynamic job-shop scheduling in CIM: A novel expert system approach ［C］. CIM in Process and Manufacturing Industries. IFAC Workshop, 1993: 175 –179.

［47］Bilge, U. , Ulusoy, G. A time window approach to simultaneous scheduling of machines and material handling system in an FMS ［J］. Operations Research, 1995, 43: 1058 –1070.

［48］Blazewicz, J. , Eiselt, H. , Finke, G. , Laporte, G. , Weglarz, J. Scheduling tasks and vehicles in a flexible manufacturing system ［J］. International Journal of Flexible Manufacturing Systems, 1991, 4 (1): 5 –16.

［49］Bouabda, R. , Jarboui, B. , Eddaly, M. , Reba, A. A branch and bound enhanced genetic algorithm for scheduling a flowline manufacturing cell with sequence dependent family setup times [J]. Computers and Operations Research, 2011, 38 (1): 387 – 393.

[50] Brasel, H. , Herms, A. , Morig, M. , Tautenhahn, T. , Tusch, J. , Werner, F. Heuristic constructive algorithms for open shop scheduling to minimize mean flow time [J]. European Journal of Operational Research, 2008, 189 (3): 856 – 870.

[51] Brizuela, C. A. , Zhao, Y. , Sannomiya, N. No-wait and blocking job-shops: Challenging problems for GA's [C]. IEEE 0 – 7803 – 77 – 2/2001, 1: 2349 – 2354.

[52] Brucker, P. , Burke, E. K. , Groenemeyer, S. A branch and bound algorithm for the cyclic job-shop problem with transportation [J]. Computers & Operations Research, 2012, 39 (12): 3200 – 3214.

[53] Brucker, P. , Heitmann, S. , Hurink, J. Job-shop scheduling with limited capacity buffers [J]. OR Spectrum, 2006, 28 (2): 151 – 176.

[54] Brucker, P. , Kampmeyer, T. Cyclic job shop scheduling problems with blocking [J]. Annals of Operations Research, 2008, 159: 161 – 181.

[55] Burbidge, J. L. Production flow analysis [J]. Production Engineer, 1971, 50: 139 – 152.

[56] Cao, Y. , Du, J. An Improved Simulated Annealing Algorithm for Real-time Dynamic Job-shop Scheduling [J]. Advanced Materials Research, 2011, 186: 636 – 639.

[57] Caumond, A. , Lacomme, P. , Moukrim, A. , Tchernev, N. An MILP for scheduling problems in an FMS with one vehicle [J]. European Journal of Operational Research, 2009, 199 (3): 706 – 722.

[58] Chang, R. I. , Lin, S. Y. , Hung, Y. Particle swarm optimization with query-based learning for multi-objective power contract problem [J]. Expert Systems with Applications, 2012, 39 (3): 3116 – 3126.

[59] Chaudhry, I. A. , S. Mahmood, M. Shami. Simultaneous scheduling of machines and automated guided vehicles in flexible manufacturing systems using

genetic algorithms [J]. Journal of Central South University of Technology, 2011, 18: 1473 – 1486.

[60] Chen, A. L. , Yang, G. K. , Wu, Z. M. Production scheduling optimization algorithm for the hot rolling processes [J]. International Journal of Production Research, 2008, 46 (7): 1955 – 1973.

[61] Chen, S. , Pitt, G. The coordination of parallel search with common components [C]. Proceedings of the 18th international conference on Innovations in Applied Artificial Intelligence, 2005: 619 – 627.

[62] Chew, E. P, Ong, C. J. , Lim, K. H. Variable period adaptive genetic algorithm [J]. Computers & Industrial Engineering, 2002, 42 (2 – 4): 353 – 360.

[63] Chiang, T. C. , Cheng, H. C. , Fu, L. C. A memetic algorithm for minimizing total weighted tardiness on parallel batch machines within compatible job families and dynamic job arrival [J]. Computers & Operations Research, 2010, 37: 2257 – 2269.

[64] Chung, S. H. , Tai, Y. T. , Pearn, W. L. Minimising makespan on parallel batch processing machines with non-identical ready time and arbitrary job sizes [J]. International Journal of Production Research, 2009, 47, 18 (15): 5109 – 5128.

[65] Chutima, P. , Chimklai, P. Multi-objective two-sided mixed-model assembly line balancing using particle swarm optimisation with negative knowledge [J]. Computers & Industrial Engineering, 2012, 62 (1): 39 – 55.

[66] Cruz-Chávez, M. A. , M. G. Martínez-Rangel and M. H. Cruz-Rosales. Accelerated simulated annealing algorithm applied to the flexible job shop scheduling problem [J]. International Transactions in Operational Research, 2017, 24 (5): 1119 – 1137.

[67] Dai, T. , Kim, K. , Yokota, T. Adaptive probabilities of crossover and mutation in genetic algorithms [J]. IEEE Transactions on Systems, Man and Cybernetics, 1994, 24 (4): 656 – 667.

[68] Damodaran, P. , Ve′ lez-Gallego, M. C. , Maya, J. A GRASP ap-

proach for makespan minimization on parallel batch processing machines [J]. Journal of Intelligent Manufacturing, 2011, 22 (5): 767 –777.

[69] Delgoshaei, A. , Ali, A. An applicable method for scheduling temporary and skilled-workers in dynamic cellular manufacturing systems using hybrid ant colony optimization and tabu search algorithms [J]. Journal of Industrial and Production Engineering, 2017, 34 (6): 425 –449.

[70] Deroussi, L. , Gourgand, M. , Tchernev, N. A simple metaheuristic approach to the simultaneous scheduling of machines and automated guided vehicles [J]. International Journal of Production Research, 2008, 46: 2143 –2164.

[71] Dewan, P. , Joshi, S. Implementation of an auction-based distributed scheduling model for a dynamic job shop environment [J]. International Journal of Computer Integrated Manufacturing, 2001, 14 (5): 446 –456.

[72] Dewan, P. , Joshi, S. Auction-based distributed scheduling in a dynamic job shop environment [J]. International Journal of Production Research, 2002, 40 (5): 1173 –1191.

[73] Doh, H. H. , J. M. Yu, J. S. Kim, D. H. Lee and S. H. Nam. A priority scheduling approach for flexible job shops with multiple process plans [J]. International Journal of Production Research, 2013, 51 (12): 3748 –3764.

[74] Dominic, P. D. D. , Kaliyamoorthy, S. , Kumar, M. S. Efficient dispatching rules for dynamic job shop scheduling [J]. International Journal of Advanced Manufacturing Technology, 2004, 24 (1 –2): 70 –75.

[75] Dousthaghi, S. , Tavakkoli-Moghaddam, R. , Makui, A. Solving the economic lot and delivery scheduling problem in a flexible job shop with unrelated parallel machines and a shelf life by a proposed hybrid PSO [J]. International Journal of Advanced Manufacturing Technology, 2013, 68 (5 –8): 1401 –1416.

[76] Duan, P. Y. , J. Q. Li, Y. Wang, H. Y. Sang and B. X. Jia. Solving chiller loading optimization problems using an improved teaching-learning-based optimization algorithm [J]. Optimal Control Applications & Methods, 2018, 39 (1): 65 –77.

[77] Eberhart, R. C. , Kennedy, J. A new optimizer using particle swarm

theory [C]. Proceedings on 6th International Symposium on Micromachine and Human Science, Piscataway: NJ: IEEE Service Center, 1995: 39 -43.

[78] Eguchi, T., Oba, F., Toyooka, S. A robust scheduling rule using a neural network in dynamically changing job-shop environments [J]. International Journal of Manufacturing Technology and Management, 2008, 14 (3 -4): 266 - 288.

[79] Elmi, A., Solimanpur, M., Topaloglu, S. A simulated annealing algorithm for the job shop cell scheduling problem with intercellular moves and reentrant parts [J]. Computers and Industrial Engineering, 2011, 61 (1): 171 - 178.

[80] Ennigrou, M. and K. Ghédira. New local diversification techniques for the flexible job shop problem with a multi-agent approach [J]. Autonomous Agents and Multi-Agent Systems, 2008, 17 (2): 270 -287.

[81] Faruk, G. and T. D. Ayse. Process plan and part routing optimization in a dynamic flexible job shop scheduling environment: An optimization via simulation approach [J]. Neural Computing & Applications, 2013, 23: 1631 -1641.

[82] Fox, M. Constraint-Directed Search: A case study of Job Shop Scheduling [D]. Ph. D. Dissertation, Carnegie-Mellon University, 1983.

[83] Fu, Q., Sivakumar, A. I., Li, K. P. Optimisation of flow-shop scheduling with batch processor and limited buffer [J]. International Journal of Production Research, 2012, 50 (8): 2267 -2285.

[84] Gao, K. Z., P. N. Suganthan, Q. K. Pan, T. J. Chua, C. S. Chong and T. X. Cai. An improved artificial bee colony algorithm for flexible job-shop scheduling problem with fuzzy processing time. [J]. Expert Systems with Applications, 2016, 65: 52 -67.

[85] Gao, K. Z., P. N. Suganthan, Q. K. Pan, M. F. Tasgetiren and A. Sadollah. Artificial bee colony algorithm for scheduling and rescheduling fuzzy flexible job shop problem with new job insertion. [J]. Knowledge-Based Systems, 2016, 109: 1 -16.

[86] Gao, K. Z., F. Y. Yang, M. C. Zhou, Q. K. Pan and P. N. Suganthan.

Flexible Job-Shop Rescheduling for New Job Insertion by Using Discrete Jaya Algorithm [C]. IEEE Transactions on Cybernetics, Article in press, 2018.

[87] Gerst, E. , Mosheiov, G. A two-stage flow shop batch-scheduling problem with the option of using Not-All-Machines [J]. International Journal of Production Economics, 2013, 146 (1): 161 – 166.

[88] George, K. , Cem, C. , Brian, D. N. The impact of lot-sizing on net profits and cycle times in the n-job, m-machine job shop with both discrete and batch processing [J]. International Journal of Production Economics, 2005, 97 (3): 263 – 278.

[89] González, M. A. , Vela, C. R. , González-Rodríguez, I. , Varela, R. Lateness minimization with Tabu search for job shop scheduling problem with sequence dependent setup times [J]. Journal of Intelligent Manufacturing, 2013, 24 (4): 741 – 754.

[90] Gottlieb, J. , Kruse, T. Selection in evolutionary algorithms for the traveling salesman problem [C]. Proceedings of the 1994 ACM symposium on Applied computing, 2000: 415 – 421.

[91] Grabot, B. , Geneste, L. Dispatching rules in scheduling: A fuzzy approach [J]. International Jounral of Porduction Research, 1994, 32 (4): 903 – 915.

[92] Gröflin, H. , Klinkert, A. A new neighborhood and tabu search for the Blocking Job Shop [J]. Discrete Applied Mathematics, 2009, 157 (17): 3643 – 3655.

[93] Gröflin, H. , Pham, D. H. , Bürgy, R. The flexible blocking job shop with transfer and set-up times [J]. Journal of Combinatorial Optimization, 2011, 22 (2): 121 – 144.

[94] Haddadzade, M. , M. R. Razfar and Z. M. H. Fazel. Integration of process planning and job shop scheduling with stochastic processing time [J]. Journal of Intelligent Manufacturing, 2014, 71: 241 – 252.

[95] Ham, A. M. , Cakici, E. Flexible job shop scheduling problem with parallel batch processing machines: MIP and CP approaches [J]. Computers &

Industrial Engineering, 2016, 102: 160 – 165.

[96] Ham, A. Flexible job shop scheduling problem for parallel batch pro-cessing machine with compatible job families [J]. Applied Mathematical Modelling, 2017, 45: 551 – 562.

[97] Hsieh, Y. C. , You, P. S. , Liou, C. D. A note of using effective im-mune based approach for the flow shop scheduling with buffers [J]. Applied Math-ematics and Computation, 2009, 215 (5): 1984 – 1989.

[98] Holland, H. J. Adaptation in Natural and Artificial Systems [M]. MIT Press, 1992: 24 – 25.

[99] Hurink, J. , Knust. S. Tabu search algorithms for job-shop problems with a single transport robot [J]. European Journal of Operational Research, 2005, 162: 99 – 111.

[100] Hou, P. Y. , Wang, D. D. , Li, X. P. An improved harmony search algorithm for blocking job shop to minimize makespan [C]. Proceedings of IEEE 16th International Conference on Computer Supported Cooperative Work in Design, 2012: 763 – 768.

[101] Hulett, M. , Damodaran, P. , Amouie, M. Scheduling non-identical parallel batch processing machines to minimize total weighted tardiness using particle swarm optimization [J]. Computers & Industrial Engineering, 2017, 113: 425 – 436.

[102] Imran, A. C. and A. K. Abid. A research survey: Review of flexible job shop scheduling techniques [J]. International Transactions in Operational Re-search, 2016, 23: 551 – 591.

[103] Jia, S. J. , Zhu, J. , Yang, G. K. , Yi, J. , Du, B. A decomposi-tion-based hierarchical optimization algorithm for hot rolling batch scheduling prob-lem [J]. Adv Manuf Technol, 2012, 61: 487 – 501.

[104] Jia S. J. , Yi J. , Yang G. K. , Du B. , Zhu J. A multi-objective op-timisation algorithm for the hot rolling batch scheduling problem [J]. International Journal of Production Research, 2013, 51 (3): 667 – 681.

[105] Jia, Z. H. , Li, K. , Leung, J. Y. T. Effective heuristic for makespan

minimization in parallel batch machines with non-identical capacities [J]. Production Economics, 2015, 169: 1 – 10.

[106] Jia, Z. Y. , Lu, X. H. , Yang, J. Y. , Jia, D. F. Research on job-shop scheduling problem based on genetic algorithm [J]. International Journal of Production Research, 2011, 49 (12): 3585 – 3604.

[107] Jun, X. X. , Jin, P. Z. , Hai, N. T. The study of job shop scheduling based on genetic algorithm [J]. Advanced Materials Research, 2011, 201 – 203: 795 – 798.

[108] Kaplanoğlu, V. An object-oriented approach for multi-objective flexible job-shop scheduling problem [J]. Expert Systems with Applications, 2016, 45: 71 – 84.

[109] Kennedy, J. , Eberhart, R. C. Particle Swarm Optimization [C]. Proceedings of IEEE International Conference on Neural Networks, Piscataway: NJ: IEEE Service Center, 1995: 1942 – 1948.

[110] Kennedy, J. , Eberhart, R. C. A discrete binary version of the particle swarm algorithm [C]. Proc the World Multiconference on Systemics, Cybernetics and Informatics: IEEE Press, 1997: 4104 – 4109.

[111] Kerem. A hybrid shifting bottleneck-tabu search heuristic for the job shop total weighted tardiness problem [J]. Computers & Operations Research, 2011, 38: 967 – 983.

[112] Kianfar, K. , Ghomi, S. M. T. F. , Karimi, B. New dispatching rules to minimize rejection and tardiness costs in a dynamic flexible flow shop [J]. International Journal of Advanced Manufacturing Technology, 2009, 45 (7 – 8): 759 – 771.

[113] Kim, J. U. , Kim, Y. D. Simulated annealing and genetic algorithms for scheduling products with multi-level product structure [J]. Computers & Operations Research, 1996, 23 (9): 857 – 868.

[114] Kim, Y. K. , K. Park and J. Ko A symbiotic evolutionary algorithm for the integration of process planning and job shop scheduling [J]. Computers & Operations Research, 2003, 30: 1151 – 1171.

[115] Kurdi, M. A new hybrid island model genetic algorithm for job shop scheduling problem [J]. Computers & Industrial Engineering, 2015, 88: 273 – 283.

[116] Laarhoven, P. J. M. V. and Lenstra, J. K. Job Shop Scheduling by Simulated Annealing [J]. Operations Research, 1992, 40 (1), 113 – 125.

[117] Lacomme, P. , Larabi, M. , Tchernev, N. Job-shop based framework for simultaneous scheduling of machines and automated guided vehicles [J]. International Journal of Production Economics, 2013, 143 (1): 24 – 34.

[118] Lawrence, S. Supplement to Resource Constrained Project Scheduling: An Experimental Investigation of Heuristic Scheduling Techniques [R]. GSIA, Carnegie Mellon University, Pittsburgh, PA, 1984.

[119] Lei, D. Simplified multi-objective genetic algorithms for stochastic job shop scheduling [J]. Applied Soft Computing, 2011, 11 (8): 4991 – 4996.

[120] Li, J. Q. , Pan, Q. K. , Chen, J. A Hybrid Pareto-based Local Search Algorithm for Multi-objective Flexible job shop Scheduling Problems [J]. International Journal of Production Research, 2012, 50 (4): 1063 – 1078.

[121] Li, L. , Huo, J. Z. Multi-objective flexible job shop scheduling with buffer storage constraints [J]. Xitong Gongcheng Lilun yu Shijian/System Engineering Theory and Practice, 2010, 30 (10): 1803 – 1814.

[122] Li, S. S. , Zhang, Y. Z. Serial batch scheduling on uniform parallel machines to minimize total completion time [J]. Information Processing Letters, 2014, 114: 692 – 695.

[123] Li, X. Y. and L. Gao. An effective hybrid genetic algorithm and tabu search for flexible job shop scheduling problem [J]. International Journal of Production Economics, 2016, 174: 93 – 110.

[124] Liang, J. J. , Pan, Q. K. , Chen, T. J. , Wang, L. Solving the blocking flow shop scheduling problem by a dynamic multi-swarm particle swarm optimizer [J]. The International Journal of Advanced Manufacturing Technology, 2011, 55 (5 – 8): 755 – 762.

[125] Lin, S. W. , Ying, K. C. , Lu, C. C. , Gupta, J. N. D. Applying

multi-start simulated annealing to schedule a flowline manufacturing cell with sequence dependent family setup times [J]. International Journal of Production Economics, 2011, 130 (2): 246 –254.

[126] Liu, B., Wang, L., Jin, Y. H. An effective hybrid PSO-based algorithm for flow shop scheduling with limited buffers [J]. Computers & Operations Research, 2008, 35 (9): 2791 –2806.

[127] Liu, K., Shan, Y. Y., Yang, Z. Y., Liang, J. X, Lu, L, Yang, K. Effect of heat treatment on prior grain size and mechanical property of a maraging stainless steel [J]. Journal of Materials Science and Technology, 2006, 22 (6): 769 –774.

[128] Liu, L. L., Hu, R. S., Hu, X. P., Zhao, G. P., Wang, S. A hybrid PSO-GA algorithm for job shop scheduling in machine tool production [J]. International Journal of Production Research, 2015, 53 (19): 5755 –5781.

[129] Lu, L. F., Zhang, L. Q., Wan, L. Integrated production and delivery scheduling on a serial batch machine to minimize the make-span [J]. Theoretical Computer Science, 2015, 572: 50 –57.

[130] Manikas, A., Yih-Long Chang. Multi-criteria sequence-dependent job shop scheduling using genetic algorithms [J]. Computers & Industrial Engineering, 2009, 56 (1): 179 –185.

[131] Mario, C. V. G., Purushothaman, D. Heuristics for makespan minimization on parallel batch processing machines with unequal job ready times [J]. Adv Manuf Technol, 2010, 49: 1119 –1128.

[132] Marzouki, B., O. Belkahla Driss and K. Ghédira. Multi-agent model based on combination of chemical reaction optimization metaheuristic with Tabu search for flexible job shop scheduling problem [J]. International Journal of Intelligent Engineering Informatics, 2018, 6 (3 –4): 242 –265.

[133] Nasiri, M. M., Kianfar, F. A guided tabu search/path relinking algorithm for the job shop problem [J]. International Journal of Advanced Manufacturing Technology, 2012, 58 (9 –12): 1105 –1113.

[134] Mascis, A., Pacciarelli, D. Job-shop scheduling with blocking and

no-wait constraints [J]. European Journal of Operational Research, 2002, 143: 498 – 517.

[135] Mathirajan, M., Chandru, V., Sivakumar, A. I. Heuristic algorithms for scheduling heat-treatment furnaces of steel casting industries [J]. Sādhanā, 2007, 32 (5): 479 – 500.

[136] Nawaz, M., Enscore, E. E. J., Ham, I. A heuristic algorithm for the m-machine, n-job flow shop sequencing problem [J]. OMEGA-International Journal of Management Science, 1983, 11 (1): 91 – 95.

[137] Meeran, S., Morshed, M. S. A hybrid genetic tabu search algorithm for solving job shop scheduling problems: A case study [J]. Journal of Intelligent Manufacturing, 2012, 23 (4): 1063 – 1078.

[138] Mehdi, A., Hany, S., Hamed, F., Rohollah, B. Bi-objective optimisation for scheduling the identical parallel batch-processing machines with arbitrary job sizes, unequal job release times and capacity limits [J]. International Journal of Production Research, 2015, 53 (6): 1680 – 1711.

[139] Meng, T., Pan, Q. K., Sang, H. Y. A hybrid artificial bee colony algorithm for a flexible job shop scheduling problem with overlapping in operations [J]. International Journal of Production Research, 2018, 56 (16), 5278 – 5292.

[140] Murovec, B., Suhel, P. A repairing technique for the local search of the job-shop problem [J]. European Journal of Operational Research, 2004, 153 (1): 220 – 238.

[141] Naderi, B., Zandieh, M., Fatemi Ghomi, S. M. T. Scheduling job shop problems with sequence-dependent setup times [J]. International Journal of Production Research, 2009, 47 (21): 5959 – 5976.

[142] Ng, C. T., Wang, J. B., Cheng, T. C. E., Liu, L. L. A branch-and-bound algorithm for solving a two-machine flow shop problem with deteriorating jobs [J]. Computers & Operations Research, 2010, 37 (1): 83 – 90.

[143] Nouiri, M., A. Bekrar, A. Jemai, S. Niar and A. C. Ammari. An effective and distributed particle swarm optimization algorithm for flexible job-shop

scheduling problem [J]. Journal of Intelligent Manufacturing, Article in Press, 2015.

[144] Nouri, H. E. , O. Belkahla Driss and K. Ghédira. Hybrid metaheuristics within a holonic multiagent model for the flexible job shop problem [J]. Procedia Computer Science, 2015, 60 (1): 83 – 92.

[145] Nouri, H. E. , O. Belkahla Driss and K. Ghédira. Simultaneous scheduling of machines and transport robots in flexible job shop environment using hybrid metaheuristics based on clustered holonic multiagent model [J]. Computers & Industrial Engineering, 2016, 102: 488 – 501.

[146] Nouri, H. E. , O. Belkahla Driss and K. Ghédira. Solving the flexible job shop problem by hybrid metaheuristics-based multiagent model [J]. Journal of Industrial Engineering International, 2017, 204 (1): 1 – 14.

[147] Nowicki, E. , Smutnicki, C. A fast taboo search algorithm for the job shop problem [J]. Management Science, 1996, 42 (6), 797 – 813.

[148] Okuda, K. , Takagi, M. , Hasegawa, M. , Nunobiki, M. A genetic algorithm based approach for job-shop type scheduling in manufacturing systems constrained by machine tool and skilled worker [J]. Reports of the Faculty of Engineering, Himeji Institute of Technology, 2000, 53: 35 – 41.

[149] Özgüven, C. , L. Özbakır and Y. Yavuz. Mathematical models for job-shop scheduling problems with routing and process plan flexibility [J]. Applied Mathematical Modelling, 2010, 34: 1539 – 1548.

[150] Pan, Q. K. , Wang, L. , Gao, L. A chaotic harmony search algorithm for the flow shop scheduling problem with limited buffers [J]. Applied Soft Computing, 2011, 11 (8): 5270 – 5280.

[151] Pan, Q. K. , Wang, L. , Gao, L. , Li, W. D. An effective hybrid discrete differential evolution algorithm for the flow shop scheduling with intermediate buffers [J]. Inform Sciences, 2011, 181 (3): 668 – 685.

[152] Pan, Q. K. , Tasgetiren, M. F. , Suganthan, P. N. A discrete artificial bee colony algorithm for the lot-streaming flow shop scheduling problem [J]. Information Science, 2011, 181 (12): 2455 – 2468.

[153] Peteri, C., Djamila, O., Sanja, P. A multi-agent architecture for dynamic scheduling of steel hot rolling [J]. Journal of Intelligent Manufacturing, 2003, 14: 457 – 470.

[154] Pongchairerks, P. A self-tuning PSO for job-shop scheduling problems [J]. International Journal of Operational Research, 2014, 19 (1): 96 – 113.

[155] Potts, C. N., Kovalyov, M. Y. Scheduling with batching: A review [J]. European Journal of Operational Research, 2000, 120 (2): 228 – 249.

[156] Purushothaman, D. A GRASP approach for make-span minimization on parallel batch processing machines [J]. Journal of Intelligent Manufacturing, 2011, 22: 767 – 777.

[157] Qian, B., Wang, L., Huang, D. X., Wang, X. An effective hybrid DE-based algorithm for flow shop scheduling with limited buffers [J]. International Journal of Production Research, 2009, 47 (1): 1 – 24.

[158] Rabelo, L., Sahinoglu, M., Avula, X. Flexible manufacturing systems scheduling using Q leaming [C]. Porceedings of-the World Congress on Neural Networks, San Diego, California, 1994: 1378 – 1385.

[159] Raeesi, N. M. R., Kobti, Z. A memetic algorithm for job shop scheduling using a critical-path-based local search heuristic [J]. Memetic Computing, 2012, 4 (3): 231 – 245.

[160] Rahman, H., Sarker, R., Essam, D. Permutation Flow Shop Scheduling with dynamic job order arrival [C]. IEEE Conference on Cybernetics and Intelligent Systems (CIS) & Robotics, Automation and Mechatronics (RAM), 2013: 30 – 35.

[161] Reddy, B. S. P., Rao, C. S. P. A hybrid multi-objective GA for simultaneous scheduling of machines and AGVs in FMS [J]. International Journal of Advanced Manufacturing Technology, 2006, 31: 602 – 613.

[162] Ren, Q. D. E. J., Wang, Y. P. A new hybrid genetic algorithm for job shop scheduling problem [J]. Computers & Operations Research, 2012, 39 (10): 2291 – 2299.

[163] Rohaninejad, M., Kheirkhah, A. S., Vahedi, N. B. Fattahi Par-

viz. Two hybrid tabu search-firefly algorithms for the capacitated job shop scheduling problem with sequence-dependent setup cost [J]. International Journal of Computer Integrated Manufacturing, 2015, 28 (5): 470 –487.

[164] Rojas-Santiago, M. , Damodaran, P. , Muthuswamy, S. , Ve'lez-Gallego, M. C. Makespan minimization in a job shop with a BPM using simulated annealing [J]. International Journal of Advanced Manufacturing Technology, 2013, 68 (9 – 12) 2383 – 2391.

[165] Savino, M. M. , Mazza, A. , Neubert, G. Agent-based flow-shop modelling in dynamic environment [J]. Production Planning Control, 2014, 25 (2): 110 – 122.

[166] Sha, D. Y. , Lin, H. H. A multi-objective PSO for job-shop scheduling problems [J]. Expert Systems with Applications, 2010, 37 (2): 1065 – 1070.

[167] Sharma, P. , Jain, A. Analysis of dispatching rules in a stochastic dynamic job shop manufacturing system with sequence-dependent setup times [J]. Frontiers of Mechanical Engineering, 2014, 9 (4): 380 – 389.

[168] Shaw, M. J. A distributed knowledge-based approach to flexible automation: thecontractnet framework [J]. International Journal of Flexible Manufacturing Systems, 1988, 1 (1), 85 – 104.

[169] Shen, L. J. A tabu search algorithm for the job shop problem with sequence dependent setup times [J]. Computers and Industrial Engineering, 2014, 78: 95 – 106.

[170] Shen, L. J. , Buscher, U. Solving the serial batching problem in job shop manufacturing systems [J]. European Journal of Operational Research, 2012, 221: 14 – 26.

[171] Shen, L. J. , Dauzère-Pe'rès, S. , Neufeld, J. S. Solving the flexible job shop scheduling problem with sequence-dependent setup times [J]. European Journal of Operational Research, 2018, 265 (2): 503 – 516.

[172] Shi, Y. , Eberhart, R. C. A modified particle swarm optimizer [C]. Proceedings of IEEE International Conference on Evolutionary Computation, Piscat-

away: NJ: IEEE Press, 1998: 69 – 73.

[173] Singer, M. Forecasting policies for scheduling a stochastic due date job shop [J]. International Journal of Production Research, 2000, 38 (15): 3623 – 3637.

[174] Singh, N. , Rajamaani, D. Cellular Manufacturing Systems: Design, Planning and Control [M]. New York: Chapman and Hall, 1996: 58 – 75.

[175] Siwamogsatham, T. and Saygin, C. Auction-based distributed scheduling and control scheme for flexible manufacturing systems [J]. International Journal of Production Research, 2004, 42 (3): 547 – 572.

[176] Slany, W. Scheduling as a fuzzy multiple criteria optimization problem [J]. CD-Technical Report, Technical University of Vienna, 1994: 94: 62.

[177] Slomp, J. , Bokhorst, J. A. C. , Molleman, E. Cross-training in a cellular manufacturing environment [J]. Computer and Industrial Engineering, 2005, 48 (3): 609 – 624.

[178] Solimanpur, M. , Vrat, P. , Shankar, R. A Heuristic to minimize make-span of cell scheduling problem [J]. International Journal of Production Economics, 2004, 88 (3): 231 – 241.

[179] Srivinas, Tiwari, M. K. , Allada, V. Solving the machine-loading problem in a flexible manufacturing system using a combinatorial auction-based approach [J]. International Journal of Production Research, 2004, 42 (9): 1879 – 1893.

[180] Storer, R. H. , Wu, S. D. , Vaccari, R. New search spaces for sequencing problems with application to job shop scheduling [J]. Management Science, 1992, 38 (10): 1495 – 1509.

[181] Sun, L. L. , Yu, S. P. Scheduling a real-world hybrid flow shop with variable processing times using Lagrangian relaxation [J]. International Journal of Advanced Manufacturing Technology, 2015, 78 (9 – 12): 1961 – 1970.

[182] Suresh, R. K. , Mohanasundaram, K. M. Pareto archived simulated annealing for job shop scheduling with multiple objectives [J]. International Journal of Advanced Manufacturing Technology, 2006, 29 (1 – 2): 184 – 196.

［183］ Tamura, H. , Shibata, T. , Masunaga, K. , Hatono, I. , Tomiyama, S. A dynamic search method for job shop scheduling using Lagrange relaxation method and genetic algorithm ［J］. Transactions of the Society of Instrument and Control Engineers, 1998, 34 (11): 1660 – 1666.

［184］ Tamzalit, D. , Oussalah, C. From object evolution to object emergence ［C］. Proceedings of the Eighth International Conference on Information and Knowledge Management, 1999: 514 – 521.

［185］ Tang, J. F. , Wang, X. , Kaku, I. , Yung, K. L. Optimization of parts scheduling in multiple cells considering intercell move using scatter search approach ［J］. Journal of Intelligent Manufacturing, 2010, 21 (4): 525 – 537.

［186］ Tang, J. F. , Zeng, C. K. , Pan, Z. D. Auction-based cooperation mechanism to parts scheduling for flexible job shop with inter-cells ［J］. Applied Soft Computing Journal, 2016, 49: 590 – 602.

［187］ Tang, L. X. , Liu, J. Y. , Rong, A. Y. , Yang, Z. H. A multiple traveling salesman problem model for hot rolling scheduling in Shanghai Baoshan Iron & Steel Complex ［J］. European Journal of Operational Research, 2000, 124: 267 – 282.

［188］ Tang, L. X. , Zhang, X. X. , Guo, Q. X. Two Hybrid Metaheuristic Algorithms for Hot Rolling Scheduling ［J］. ISIJ International, 2009, 49 (4): 529 – 538.

［189］ Tavakkoli-Moghaddam, R. , Daneshmand-Mehr, M. A computer simulation model for job shop scheduling problems minimizing makespan ［J］. Computers & Industrial Engineering, 2005, 48 (4): 811 – 823.

［190］ Tavakkoli-Moghaddam, R. , Javadian, N. , Khorrami, A. , Gholipour-Kanani, Y. Design of a scatter search method for a novel multi-criteria group scheduling problem in a cellular manufacturing system ［J］. Expert Systems with Applications, 2010, 37 (3): 2661 – 2669.

［191］ Tavakkoli-Moghaddam, R. , Azarkish, M. , Sadeghnejad-Barkousaraie, A. A new hybrid multi-objective Pareto archive PSO algorithm for a bi-objective job shop scheduling problem ［J］. Expert Systems with Applications, 2011, 38

(9): 10812 – 10821.

[192] Thomas, N. J. , Mark, J. Spacetime constraints revisited [C]. Proceedings of the 20th Annual Conference on Computer Graphics and Interactive Techniques, 1993: 343 – 350.

[193] Tian, Y. N. , Li, D. N. , Zhou, P. Y. , Wang, L. H. Coordinated scheduling of intercell production and inter-cell transportation in the equipment manufacturing industry [J]. Engineering Optimization, 2016, 48 (12), 2046 – 2063.

[194] Topaloglu, S. , Kilincli, G. A modified shifting bottleneck heuristic for the reentrant job shop scheduling problem with makespan minimization [J]. International Journal of Advanced Manufacturing Technology, 2009, 44 (7 – 8): 781 – 794.

[195] Tsujimura, Y. , Park, S. , Chang, S. , Gen, M. An effective method for solving flow shop scheduling problems with fuzzy processing times [J]. Computers and Industrial Engineering, 1993, 25: 239 – 242.

[196] Türkylmaz, A. , Bulkan, S. A hybrid algorithm for total tardiness minimisation in flexible job shop: Genetic algorithm with parallel VNS execution [J]. International Journal of Production Research, 2015, 53 (6): 1832 – 1848.

[197] Ulusoy, G. , Sivrikaya-Serfioglu, F. , Bilge, U. A genetic algorithm approach to the simultaneous scheduling of machines and automated guided vehicles [J]. Computer and Operations Research, 1997, 24: 335 – 351.

[198] Van Hop, N. , Tabucanon, M. T. Adaptive genetic algorithm for lot-sizing problem with self-adjustment operation rate [J]. International Journal of Production Economics, 2005, 98 (2): 129 – 135.

[199] Veeramani, D. , Wang, K. J. Bid construction scheme for job flow time reduction in auction-based fully-distributed manufacturing systems [J]. International Journal of Advanced Manufacturing Technology, 2006, 28 (5 – 6): 541 – 550.

[200] Vickrey, W. Conterspeculation, Auctions, and Competitive Sealed Tenders [J]. Journal of Finance, 1961, 16: 8 – 37.

[201] Wang, H. M. , Chou, F. D. Solving the parallel batch-processing machines with different release times, job sizes, and capacity limits by meta-heuristics [J]. Expert Systems with Applications, 2010, 37 (2): 1510 – 1521.

[202] Wang, J. Q. , Chen, J. , Zhai, Y. N. , Zhang, S. F. , Yang, J. B. , Sun, S. D. Influence of bottleneck utilization on job shop scheduling under random disturbance [J]. Computer Integrated Manufacturing Systems, 2010, 16 (12): 2680 – 2687.

[203] Wang, L. , Pan, Q. K. , Suganthan, P. N. , Wang, W. H. , Wang, Y. M. A novel hybrid discrete differential evolution algorithm for blocking flow shop scheduling problems [J]. Computers & Operations Research, 2010, 37 (3): 509 – 520.

[204] Wang, L. , Pan, Q. K. , Tasgetiren, M. F. A hybrid harmony search algorithm for the blocking permutation flow shop scheduling problem [J]. Computers and Industrial Engineering, 2011, 61 (1): 76 – 83.

[205] Wang, L. , Zhang, L. , Zheng, D. Z. An effective hybrid genetic algorithm for flow shop scheduling with limited buffers [J]. Computers & Operations Research, 2006, 33 (10): 2960 – 2971.

[206] Wang, R. , Zhou, G. H. Optimization of Dynamic Job-shop Scheduling Based on Game Theory [J]. Applied Mechanics and Materials, 2013, 373 – 375: 1045 – 1048.

[207] Wang, S. J. Filtered Beam Search based Flexible Job Shop Scheduling Problem with Transportation Time [J]. Advanced Materials Research, 2010, 97 – 101: 2440 – 2443.

[208] Wemmerlov, U. , Johnson, D. J. Cellular manufacturing at 46 user plants: implementation experiences and performance improvements [J]. International Journal of Production Research, 1997, 35 (1): 29 – 49.

[209] Weng, M. X. , Ren, H. Y. An efficient priority rule for scheduling job shops to minimize mean tardiness [J]. IIE Transactions, 2006, 38 (9): 789 – 795.

[210] Wysk, R. , Wu, D. , Yang, R. A multi-pass expert control system

（MPECS） for flexible Manufacturing systems ［J］. NBS Special Publication, 1986, 724: 251 –278.

［211］Xie, Z. Q. , Mo, T. , Tan, G. Y. Dynamic job-shop scheduling algorithm of the non-close-joining operations ［J］. Chinese Journal of Mechanical Engineering, 2008, 44 (1): 155 –160.

［212］Xie, Z. P. , Zhang, C. Y. , Shao, X. Y. Flow shop scheduling with limited buffers based on memetic algorithm ［J］. Computer Integrated Manufacturing Systems, 2015, 21 (5): 1253 –1261.

［213］Xing, L. N. , Chen, Y. W. , Yang, K. W. Multi-objective flexible job shop schedule: Design and evaluation by simulation modeling ［J］. Applied Soft Computing, 2009, 9 (1): 362 –376.

［214］ Xiong, H. , Li, J. J. , Kong, J. Y. , Yang, J. T. , Jiang, G. Z. Heuristic method for dynamic job shop scheduling problem with operation relativity ［J］. Chinese Journal of Mechanical Engineering, 2006, 42 (8): 50 –55.

［215］Xiong, W. , Fu, D. M. Multi-agent system for flexible job-shop scheduling problem based on human immune system ［C］. Proceedings of the 31st Chinese Control Conference, Hefei, 2012: 2476 –2480.

［216］Xiong, W. , Fu, D. M. A new immune multi-agent system for the flexible job shop scheduling problem ［J］. Journal of Intelligent Manufacturing, 2018, 29 (4): 857 –873.

［217］Yang, H. A. , Sun, Q. F. , Can, S. , Sun, S. D. Job shop scheduling based on earliness and tardiness penalties with due dates and deadlines: An enhanced genetic algorithm ［J］. International Journal of Advanced Manufacturing Technology, 2012, 61 (5 –8): 657 –666.

［218］ Yang, S. X. , Wang, D. W. , Chai, T. Y. , Kendall, G. An improved constraint satisfaction adaptive neural network for job-shop scheduling ［J］. Journal of Scheduling, 2010, 13 (1): 17 –38.

［219］ Yao, F. S. , Zhao, M. , Zhang, H. Two-stage hybrid flow shop scheduling with dynamic job arrivals ［J］. Computers & Operations Research, 2012, 39 (7): 1701 –1712.

[220] Yazdani, M., Gholami, M., Zandieh, M., Mousakhani, M. A simulated annealing algorithm for flexible job-shop scheduling problem [J]. Journal of Applied Sciences, 2009, 9 (4): 662 – 670.

[221] Yin, Y. Q., Cheng, T. C. E., Wang, D. J., Wu, C. C. Improved Algorithms for Single-Machine Serial-Batch Scheduling With Rejection to Minimize Total Completion Time and Total Rejection Cost [J]. IEEE Transactions On Systems, Man, and Cybernetics: Systems, 2016, 46 (11): 1578 – 1588.

[222] Yong, L. X. Molecular docking using genetic algorithms [C]. Proceedings of the 1994 ACM symposium on Applied computing, 1994: 196 – 200.

[223] Yuan, J. J., Lin, Y. X., Cheng, T. C. E., Ng, C. T. Single machine serial-batching scheduling problem with a common batch size to minimize total weighted completion time [J]. Production Economics, 2007, 105: 402 – 406.

[224] Yuan, J. J., Qi, X. L., Lu, L. F., Li, W. H. Single machine unbounded parallel-batch scheduling with forbidden intervals [J]. European Journal of Operational Research, 2008, 186: 1212 – 1217.

[225] Zaman, S., Grosu, D. Combinatorial auction-based allocation of virtual machine instances in clouds [J]. Journal of Parallel and Distributed Computing, 2013, 73 (4): 495 – 508.

[226] Zandieh, M., Adibi, M. A. Dynamic job shop scheduling using variable neighbourhood search [J]. International Journal of Production Research, 2010, 48 (8): 2449 – 2458.

[227] Zeng, C. K., Tang, J. F., Yan, C. J. Scheduling of no buffer job shop cells with blocking constraints and automated guided vehicles [J]. Applied Soft Computing Journal, 2014, 24: 1033 – 1046.

[228] Zeng, C. K., Tang, J. F., Yan, C. J. Job-shop cell-scheduling problem with inter-cell moves and automated guided vehicles [J]. Journal of Intelligent Manufacturing, 2015, 26 (5): 845 – 859.

[229] Zeng, C. K., Tang, J. F., Fan, Z. P. Auction-based cooperation mechanism for cell part scheduling with transportation capacity constraint [J]. International Journal of Production Research, 2019a, 57 (12): 3831 – 3846.

［230］ Zeng, C. K. , Tang, J. F. , Fan, Z. P. , Yan, C. J. Auction-based approach for a flexible job shop scheduling problem with multiple process plans ［J］. Engineering Optimization, 2019b, 51 (11): 1902 – 1919.

［231］ Zhang, C. , Shi, Z. S. , Huang, Z. W. Flow shop scheduling with a batch processor and limited buffer ［J］. International Journal of Production Research, 2017, 55 (11): 3217 – 3233.

［232］ Zhang, G. H. , L. Gao and Y. Shi. An effective genetic algorithm for the flexible job-shop scheduling problem ［J］. Expert Systems with Applications, 2011, 38 (4): 3563 – 3573.

［233］ Zhang, Q. , Manier, H. , Manier, M. A. A genetic algorithm with tabu search procedure for flexible job shop scheduling with transportation constraints and bounded processing times ［J］. Computers & Operations Research, 2012, 39: 1713 – 1723.

［234］ Zhang, R. , Chang, P. C. , Wu, C. A hybrid genetic algorithm for the job shop scheduling problem with practical considerations for manufacturing costs: Investigations motivated by vehicle production ［J］. International Journal of Production Economics, 2013, 145 (1): 38 – 52.

［235］ Zhang, R. , Wu, C. A hybrid immune simulated annealing algorithm for the job shop scheduling problem ［J］. Applied Soft Computing, 2010, 10 (1): 79 – 89.

［236］ Zhao, J. , Wang, W. , Liu, Q. L. , Wang, Z. G. , Shi, P. A two-stage scheduling method for hot rolling and its application ［J］. Control Engineering Practice, 2009, 17: 629 – 641.

［237］ Zheng, Z. X. and J. Q. Li. Optimal chiller loading by improved invasive weed optimization algorithm for reducing energy consumption ［J］. Energy and Buildings, 2018, 161: 80 – 88.

［238］ Zhou, D. , Cherkassky, V. , Baldwin, T. , Hong, D. Scaling neural networks for job shop scheduling ［C］. Proceedings of the Intenrational Confeernce on Neural Networks, 1990, 3: 889 – 894.

［239］ Zhou, G. G. , Min, H. , Gen, M. The balanced allocation of customers to multiple distribution centers in the supply chain network: A genetic algorithm approach [J]. Computers & Industrial Engineering, 2002, 43 (1 - 2): 251 - 261.

[240] Zhou, S. C. , Liu, M. , Chen, H. P. , Li, X. P. An effective discrete differential evolution algorithm for scheduling uniform parallel batch processing machines with non-identical capacities and arbitrary job sizes [J]. Int. J. Production Economics, 2016, 179: 1 - 11.